Detlef Witt

Die Evolution der menschlichen Gottesbeziehung

Detlef Witt

Die Evolution der menschlichen Gottesbeziehung

Das Unterwegssein der Religionen zur globalen Gemeinschaft,
wie es sich zeigt in ihrem geschichtlichen Miteinander
im Bereich der Seidenstraßen
von Altägypten über Abraham, Buddha und Christus bis Zen

Christliches Zen-Zentrum, Eintürnen

Herausgeber:
Christliches Zen-Zentrum,
D-88410 Bad Wurzach – Eintürnen

Umschlagsillustration: „Die Geburt des kosmischen Menschen in uns“ Collage von Max Bailly nach Offb. 12 (Hauswand 2 × 2 m)

Printed in Germany
Gesamtherstellung: MZ-Verlagsdruckerei GmbH, Memmingen.
ISBN 3-927003-35-2

„Evolution ist Selbst-Verwirklichung durch Selbsttranszendenz.“[1]

(Dieses Wort von Erich Jantsch drückt auch das Wesen jeder *lebendigen* Religion aus!)

Inhaltsverzeichnis

III. Zwei weitere Ursprungsreligionen: China und Indien

IV. Die Offenbarungsreligion

V. Israel und die archaischen Religionen

VI. Das sechste Jahrhundert vor Christus

VII. Vom Alexanderreich bis zur Zeitenwende: der Hellenismus

IX. Das Kushan-Reich als Schmelztiegel der Religionen und die Entstehung des Mahayana

X. Die unterschiedliche Entwicklung des jungen Christentums Die Ablösung der Antike durch Christentum, Buddhismus und Manichäer

Großen Dank schulde ich Frau W. Becker für ihr unermüdliches Korrekturlesen, Herrn J. Goeze für seine theologische und redaktionelle Beratung, Herrn D. Kuntze für seinen großzügigen finanziellen Beitrag und der Memminger Zeitung Verlagsdruckerei für ihre Geduld mit meinen vielen Änderungswünschen.

I. Grundlegendes Vorwort

Durch die zeitgenössischen Kommunikationsmittel sind heute die Menschen weltweit näher zusammengerückt, und suchenden Menschen drängt es sich geradezu auf, andere Religionen kennenzulernen, um zu der durch verkrustete Traditionen eng gewordenen eigenen Kultur ein neues Verhältnis zu gewinnen. Die Hinwendung zu neuen Horizonten kann sowohl eine Erweiterung des bisher Gelebten sein wie auch eine Abwendung von der alten, als tot empfundenen Wurzel.

Denn Religionen sind keine fertigen, in sich geschlossenen Systeme, sondern sind Ausdruck des existentiellen Suchens der Menschen nach einem sinnvollen, der Schöpfung gemäßen Leben. Die Schöpfung ist aber unübersehbar ein gewaltiges, unermeßlich sich ständig weiterentwickelndes, lebendiges Wunderwerk, in welchem der Mensch sich als Staubkorn nur staunend erleben kann. Wenn er auch einerseits nur ein winziges Glied dieses sich wandelnden Ganzen ist, so trägt er aber andererseits seit jeher durch zunehmend eingreifendes Handeln zur weiteren Veränderung des Ganzen aktiv bei.

In diesem stets sich wandelnden Fluß von allem ändern sich gemäß den sich ändernden Menschen auch ihre religiösen Einsichten und Formen. Die Evolution der Religion ist also (entsprechend dem makro-mikro-kosmischen Zusammenhang) nur der ganz natürliche, bzw. kultürliche Ausdruck des lebendig sich verändernden, sich entwickelnden Weltalls.

Völlig unreligiös aufgewachsen, begegnete mir in der Kriegsgefangenschaft auf der Suche nach einer alle Menschen verbindenden Wahrheit und Gerechtigkeit zuerst das Christentum. Bald darauf entdeckte ich während meines Studiums die östlichen Religionen und wuchs so religiös gewissermaßen zweisprachig auf. Praktizierend und wissenschaftlich forschend, bestätigte sich mir im Laufe der Jahrzehnte, wie sehr alle echten Religionen von ihrem Ursprung her aufeinander hingeordnet sind und sich in ihrer geschichtlich bedingten Vielfalt und ihren unterschiedlichen Schwerpunkten im Laufe der Jahrtausende zur **einen, lebendig sich wandelnden** Wahrheit ergänzen.

Als ich durch die Übung des Zen dem Mahayana-Buddhismus begegnete, fielen mir, wie so vielen anderen Interessierten, große Ähnlichkeiten mit dem Christentum auf, die wir im Buddhismus vor der Zeitenwende explizit nicht finden. Beruhen diese Ähnlichkeiten auf einer rein innerbuddhistischen Entwicklung, wie es manche Religionswissenschaftler annehmen, oder hat ein Austausch zwischen den Religionen stattgefunden?
Ich bin kein Historiker. Aber dieser Frage nachgehend, stieß ich zwangsläufig auf die Religionsgeschichte der Seidenstraßen. Hierüber gibt es schon seit dem Beginn unseres Jahrhunderts Arbeiten und Bücher, auf denen auch mein Suchen fußt. Gerade in den letzten Jahrzehnten ist durch archäologische Funde und Auswertung von Texten eine Fülle von neuem Material hinzugekommen.
Alle diese Arbeiten sind weitgehend wissenschaftlicher Objektivität verpflichtet, d.h. sie beschränken sich bewußt auf das, was gegenständlich den Sinnen und dem Verstand faßbar ist. Religiöse Prozesse – und das sind die Wechselwirkungen der Religionen auf den Seidenstraßen – sind aber letztlich nur aus ihrem lebendigen, transzendenten Ursprung zu verstehen, der schon vom Selbstverständnis der traditionellen Wissenschaften her kein Gegen-stand objektiver Forschung sein kann.

Seit jeher und bis auf den heutigen Tag erleben die Menschen Gott und die Welt auf die verschiedensten Weisen. Menschen auf einer frühen Entwicklungsstufe, wie sie heute noch in abgeschiedenen Gegenden zu finden sind, aber auch Kinder, erfahren sich mehr oder minder eins mit allen Geschöpfen und den numinosen Mächten (Göttern, Gott). Sie leben weitgehend praepersonal. Ihre Ausdrucksweise ist der Mythos.
Dem oft kopflastigen, westlichen Menschen unserer Tage ist diese praerationale „Participation mystique" unverständlich, fremd. Denn er empfindet sich dank seiner Ich-Rolle als eine einmalige Person, die objektiv sich und allem anderen gegen-über-steht. Darum ist Vielen auch die religiöse Erfahrens- und Sprechweise unbegreiflich. Sie haben eine objektivierende, gegen-ständlich-machende Mentalität.

In ausnahmslos allen Wissenschaftsbereichen setzt sich heute – leider erst langsam – die Einsicht durch, daß man dem Einzelnen in seiner jeweiligen geschichtlichen Besonderheit mit abstrahierenden, d.h. auch verallgemeinernden Betrachtungsweisen nicht gerecht wird. Man muß das Einzelne auch als die sich wandelnde Wirkung unendlich vieler, ständig wechselnder anderer Daseinsfaktoren verstehen. Es ist eben nur ein winzig kleiner Baustein **eines sich ständig verändernden** Ganzen, des Weltalls, der Schöpfung. **Dieses Ganze ist aber mehr als die Summe aller gegenständlich erfaßbaren Daten. Und dennoch manifestiert es sich nur in ihnen.**
Diese ganzheitliche, holistische Weise, Wissenschaft zu treiben, gebraucht zur Mitteilung Symbole, Bilder, bildhafte Sprechweisen, die von der Natur (Physis) genommen sind, um auf allgemeingültige, übergegenständliche (meta-physische) Wahrheiten hinzudeuten. Es ist die Sprechweise des Mythos, der Märchen und Legenden. Dies zu übersehen, trägt leider dazu bei, den Charakter religiöser Aussagen und deren Erforschung zu verkennen.

Platon, der in einer Zeit lebte, als die Griechen versuchten, sich vom mythischen Reden zu befreien, mußte genau wie wir heute entdekken, daß sich meta-physische, ganzheitliche Wahrheiten wohl nur durch „mythologein“ ausdrücken lassen. Der Mythos erzählt, was immer wahr, aber niemals war (Sallust).

„Symbolisches Denken“, so schreibt Mircea Eliade, „ist kein ausschließliches Privileg des Kindes, des Poeten und des unausgewogenen Geistes: Es ist wesensgleich mit der menschlichen Existenz und rangiert vor der Sprache und dem diskursiven Verstand. Das Symbol enthüllt gewisse Aspekte der Wirklichkeit – die tiefsten Aspekte –, die allen anderen Erkenntnisformen unzugänglich bleiben. Bilder, Symbole und Mythen sind keine unverantwortlichen Kreationen der Psyche; vielmehr antworten sie auf ein Bedürfnis und erfüllen eine Funktion: Licht in die verborgensten Formen des Seins zu bringen.“[2]

Dieser Auffassung von Religion sind unsere Untersuchungen verpflichtet.

Heute erobert langsam eine transpersonale, integrale Erlebens- und Ausdrucksweise die Menschheit, die die Unio mystica mit der Kraft der Unterscheidung auf transzendenter Ebene vereint. Sie ist zwar alt, fängt aber erst heute langsam (!) an, Allgemeingut der Menscheit zu werden. Wir werden einen wichtigen Ausschnitt aus diesem lang andauernden Evolutionsprozeß in dem vorliegenden Buch verfolgen.

Im Folgenden will ich versuchen, die von den Wissenschaftlern erarbeiteten objektiven Fakten aus ihrem gelebten, transzendenten Ursprung zu interpretieren, um so zu einem tieferen Verständnis der religiösen Prozesse beizutragen, die sich auf den Seidenstraßen abgespielt haben. Hierbei will ich mich vor allem auf das Verhältnis von Buddhismus, Taoismus und der jüdisch-christlichen Offenbarungsreligion beschränken, weil ich mich bemühe, diese Religionen aus ihrem Ursprung zu leben. Die zahlreichen anderen Einflüsse (vor allem die der altägyptischen Religion, wie auch von Hinduismus, Mazdanismus, Islam) werden nur soweit herangezogen, wie sie dem Verständnis unserer Untersuchung bezüglich der religiösen Grunderfahrung dienen.

Die religiöse Grunderfahrung

Anläßlich eines Vortrages zu diesem Thema wurde ich von einem Historiker gefragt, welches mein Standpunkt sei, da ja jede Geschichtsbetrachtung von einer bestimmten Perspektive ausgehe, und man sich diese bewußt machen müsse. Meine spontane Antwort war: „Die Leere". Diese Antwort ist ziemlich anspruchsvoll, und solch ein schnell dahingeworfenes Wort bewahrt einen nicht davor, doch noch standpunkthafte Fehler in der Betrachtung zu machen.

Dennoch ist das Leersein von den Dingen und von sich selbst die grundlegende Voraussetzung, ein jedes so zu schauen, wie es aus seinem Ursprung, d.h. in Wahrheit ist. So sagt uns exemplarisch das taoistisch-buddhistisch-christliche Buch (vgl. 13. Kap.) ‚Das Geheimnis der Goldenen Blüte': „Die erste Stufe der dreifachen Kontemplation ist die Leere (shunyata): Alles und jedes erscheint als leer. Dann folgt Bedingtheit: Obwohl man weiß, daß jegliches Ding leer ist, zerstört man es nicht, **sondern läßt es sicher inmitten von shunyata wohnen.** So vermag man, die Myriaden von Dingen bestehen zu lassen, ohne ihnen verhaftet zu sein."[3]
In der Leere können tatsächlich alle Dinge sicher vor standpunkthaften Betrachtungsweisen wohnen, wie auch schon Aristoteles wußte[4]. Das Problem liegt nur beim Denken und Aussprechen (intellectus agens) der (vom intellectus possibilis) richtig erkannten Wahrheiten, weil die Formulierungen stets ichhaft oder kulturell und somit standpunkthaft bedingt sind. So bleiben Aussagen, auch wenn die Sicht wahr ist, stets fragwürdig und mißverständlich.

Das mutet freilich westlichen Denkgewohnheiten einiges zu. Denn dieser für die meisten westlichen Menschen so ungewohnten Sicht liegt eine **Erfahrung** zu Grunde, die zwar auch heute noch jeder in der Meditation geübte, kontemplative Mensch machen kann, die aber den kopflastigen Abendländern weitgehend verloren gegangen ist.

Diese Erfahrung beruht auf der Grundstruktur des menschlichen Bewußtseins, des menschlichen Geistes: Unser Bewußtsein an sich ist leer, ungeformt. Das ist der intellectus *possibilis*. Darum ist es *fähig*, aller Formen innezuwerden.

Daß das eine Binsenweisheit ist, kann jeder Mensch jederzeit überprüfen: Jetzt habe ich dieses Buch vor Augen: mein Bewußtsein ist ganz Buch. Jetzt schaue ich zum Fenster hinaus und sehe einen Baum: mein Bewußtsein ist ganz vom Baum erfüllt. Jetzt schließe ich die Augen, und mein Bewußtsein ist voll wechselnder Gedanken. Jetzt bin ich ganz erfüllt vom Gesang einer Amsel. – Immerzu ist mir irgend etwas bewußt, aber nichts bleibt: mein Bewußtsein an sich ist leer, denn sonst könnte es ja gar nicht zu all den wechselnden Inhalten werden.

Obwohl das bei allen Menschen so ist, wird es den meisten Zeitgenossen unserer Zivilisation nicht bewußt. Der Unterschied zwischen einem kontemplativen und einem gewöhnlichen Menschen ist nun, daß der Kontemplative sich grundsätzlich mit seinem *Geist* (int. possibilis) identifiziert und sich darum als leer erfährt, während der gewöhnliche Mensch sich mit selbstgemachten (int. agens) *Gedanken und Vorstellungen von sich selbst* und den Dingen identifiziert: z.B. „Ich habe einen Leib", „Ich bin eine Frau" usw. Von diesen Ich-Identifikationen her beurteilt er alles: er steht so als Ich-Subjekt standpunkthaft **wertend** allen erkannten Objekten **gegenüber.** Er **hat** Welt-**an**-Schauungen, **ist** sie aber nicht.

Der Kontemplative dagegen **ist** wie ein leeres Gefäß, eine tabula rasa, wie ein Spiegel, der selbst keine Inhalte hat, aber zu allem und jedem werden kann und doch nichts festhält. Weil er leer von sich selbst ist, kann er aller Dinge **inne-werden**, so wie sie aus ihrem Ursprung sind. Er steht den Dingen nicht mehr standpunkthaft gegenüber – er hat keine Welt-**an**-schauung –, sondern ist ihrer aus ihrem Wesen her teilhaft. Denn alles ur-springt aus derselben Leere, die eben nicht dies und nicht das ist, dennoch aber nicht Nichts ist. Sie ist der Schnitt- oder Brennpunkt zwischen Schöpfer und Schöpfung. Denn einerseits kann ich, wenn ich leer bin, eines jeden Geschöpfes innewerden, andererseits erfahre ich mich und alles Werdende und Vergehende als abhängig, als gewirkt von einem unbegreiflichen Urheber. Der aber ist eben gerade kein Gewirktes, Gewordenes, Vergehendes.

Diese Leere, die selbst inhaltslos ist, aber zu allen Formen und auch zu meiner eigenen Gestalt werden kann, ist nicht begreifbar; sie ist kein Objekt, kein Gegen-stand des Denkens und Vorstellens, der Phantasie. Darum kommen die meisten Denker mit ihr nicht zurecht. Sie ist eine **Seinsweise**, zu der ich ganz und gar werden kann, weil ich sie von Natur aus immer schon bin. Die Leere ist nichts anderes als der Schöpfer im Aspekt des alles Ermöglichenden (s. 6. Kap.), und sie ist der auf Erleuchtung angewiesene menschliche Geist (Intellectus possibilis). Sie ist die **MITTE** zwischen Schöpfer und Schöpfung und hat immer Teil an beiden (vgl. Tib. Totenbuch S. 293 f.).

Einerseits mit der Leere, andrerseits mit meiner sich unaufhörlich ändernden Gestalt identifiziert – bin ich im Schnittpunkt, Brennpunkt (lat. *templum*) zwischen Schöpfer und den ständig aus seiner Hand entstehenden Gestalten, (zu denen auch die meine gehört). Einerseits gehöre ich so zum Bereich der geistigen Wesen, bin aber, weil leer, nur ein potentieller Geist, der auf Verwirklichung, Erleuchtung durch die eigentlichen geistigen Mächte und Gewalten angelegt ist. Andrerseits gehöre ich durch meine sich stets ändernde Leibgestalt zu den körperlichen Wesen.

So aus dieser nach beiden Bereichen hin offenen **MITTE** lebend, bin ich – bewußt oder unbewußt – immer schon ein Schnitt- oder

Brennpunkt (lat. *Templum*) zwischen Geistmächten und den körperlichen Gestalten. Ich bin ein Kon-*templ*-ativer. Das ‚kon' (lat. ‚cum') besagt, daß ich immer schon ‚mit' einem Geistwesen, d.h im Kraftfeld eines Geistwesens wirke. Dabei bleibt es aber offen, wes Geistes Kind ich bin, in was für einem aktuellen Geist ich jeweils handle.
Bin ich nun hilflos irgendwelchen geistigen Mächten ausgeliefert? Keineswegs. Menschlicher Geist muß zwar geprägt, not-wendigerweise kultiviert werden. Und das erfolgt im Kult. In was für einem Kult aber, das bleibt der menschlichen Freiheit überlassen. Wir werden so mancherlei Kultformen im Laufe dieses Buches begegnen. Aber ohne Kultivierung im Kult ist der Mensch wie ein Schiff, das sein richtunggebendes Leuchtfeuer am Bug befestigt hat. Als Steuermann hat er es zwar ständig vor Augen, ist aber in Wahrheit richtungslos allen Winden, d. h. seinen subjektiven Welt-an-schauungen, preisgegeben.

In allen archaischen Kulten und damit in ihren Kulturen geht es deshalb immer darum, durch Sich-Einfügen in die vorgefundene Schöpfungsordnung[5] – die gottgegebene, natürliche Offenbarung – und durch Leerwerden von standpunkthaften An-Schauungen, seiner selbst als Bild, als In-Erscheinung-Treten des Schöpfers **inne-zu-werden**. Denn, wenn der Mensch leer von sich selbst ist, kann er seiner selbst und aller Dinge in ihrem Entstehen aus der Leere innewerden und so sehen, wie ständig ein jedes und alles, also auch er selbst, aus der Leere hervorgehen. So ist er von seinem Ursprung her ein Bild des Schöpfers, der durch sich alle Dinge, auch sich selbst, – im Mitvollziehen der Schöpfung – aus der Leere ständig neu werden läßt.

So, wie er sich aus der Leere als In-Erscheinung-Treten des Schöpfers erfährt, so erfährt er zugleich, daß alle Dinge Bilder seiner selbst sind. So ist zum Beispiel der Hamster ein Bild seiner Raffgier, die Rose ein Bild seiner geheimnisvollen Schönheit, der Baum ein Bild

seiner Verwurzelung in der Erde und des Sich-Öffnens zum Himmel usw.
So wird ihm die gesamte Schöpfung in dem Maße, wie er sie in sich einläßt und er sich in sie einläßt, zu einem die Sinne erfüllenden, heiligen Zeichen (Sakrament) für das geheimnisvolle, allgegenwärtige Wirken des Schöpfers.

Nur so wird die Schöpfung in mir und um mich im Sinne ihres Schöpfers in Gang gehalten. Denn die Schöpfung ist ganz und gar in die Hände der Menschen gegeben. – Nicht im Geiste des Schöpfers mit sich und den Dingen umzugehen, ist schon Teilhabe an einem Verwirrung stiftenden Geist, und **ich bewirke Un-Ordnung** (Diabolus = Durcheinanderwerfer). Dagegen ist Leerwerden durch Einüben im Kult (z.B. Meditation) ein menschliches und darum *schöpferisches* Teilhaben am Inganghalten des Weltgeschehens: Diese kon-templative Grunderfahrung der Leere bzw. Mitte und ihrer Kultivierung im Kult steht am Ursprung jeder echten Religion.

Wir finden die Leere u.a. in der altägyptischen Erfahrung vom ‚Nun', im Schöpfungshymnus des Rgveda (129), aus ihr (Shunyata) lebt der Buddhismus wie auch der Taoismus, sie steht am Beginn der Bibel (Gen. 1,2) und ist ein zentrales Mysterium der Kabala (s. 6. Kap.), sie sollte die fundamentale Gesinnung der Christen sein (Phil. 2,5-7).
Wir haben also aus diesen sechs genannten Hochreligionen grundlegende **Selbstzeugnisse** für die Berechtigung, sie auf unsere oben erläuterte Weise zu betrachten. Wir gehen damit empirisch (!), sachgemäß vor, weil unsere Darstellung von der Eigenstruktur ihrer Aussagen ausgeht.

Bei unserem Weg von Altägypten über Abraham, Buddha und Christus bis Zen nehmen wir darum die Leere als Interprationsschlüssel und zugleich als Ausdruck religiöser Grunderfahrung. Dieses Ausgehen von der Leere erlaubt uns, eine den ursprüngli-

chen Anliegen dieser Religionen entsprechende, also empirisch-sachgerechte Darstellung und bildet das Fundament für die Auswertung unserer Untersuchungsergebnisse.

Grundsätzliches zu unserer Geschichtsbetrachtung

Bevor wir mit der Geschichtsbetrachtung beginnen, wollen wir uns kurz ein paar Gedanken zu unserer Vorgehensweise machen. Was bedeutet eigentlich Wechselbeziehung, Austausch der Kulturen miteinander? Wo ist der Sitz im praktischen Leben? –

Wenn Menschen verschiedener Kulturen neu aufeinandertreffen, entdecken sie Ideen und Kultformen, die ihnen bisher unbekannt waren. Entweder werden diese dann als unbrauchbar abgelehnt oder aber als heilsam in die bisherigen Formen inkulturiert. Letzteres dürfte dann weniger als Übernahme fremden Gutes aufgefaßt werden, sondern als Bereicherung des Eigenen durch Formen, die potentiell schon bisher da waren und nun durch den Kontakt mit den anderen Menschen in das Bewußtsein treten und als Eigenes im Eigenen neu entfaltet werden.

Gerade diese unkritische Übernahme neuer Formen als eigene ist typisch für die nichtwestlichen Kulturen und nimmt ihre Berechtigung aus der Tatsache, daß Religionen nicht privates Eigentum, sondern verschiedene Wege der Menschen mit ein und demselben Gott sind, – auch wenn die Menschen sich von ihm höchst unterschiedliche Bilder machen und in höchst unterschiedlicher Weise von ihm reden.

Bei unserer Untersuchung soll es nun nicht um eine objektive Religionsgeschichtsschreibung gehen, die feststellbare Daten sammelt, ohne diese Religionen aus ihrem Wesen zu verstehen. Wir wollen nicht abstrakt, sondern – dem Forschungsgegenstand gerecht – versuchen, die Wechselwirkungen der Religionen gemäß der Mentalität ihrer Zeit nachzuvollziehen. Das kann man nur, wenn man sie aus ihrem überrationalen, also objektiv nicht faßbaren, Ursprung erlebt.

Das bedeutet nicht ein Herumwandern in Hirngespinsten, sondern das Deuten der objektiven Fakten aus ihrem Sitz in dem religiösen Leben, welches die Menschen damals gelebt haben und welches ein religiöser Mensch auch heute noch nachvollziehen kann, wenn er leer von sich selbst und frei von Vorurteilen ist.
Die Ergebnisse sind daher auch im strengen Sinne allgemeingültig, weil für jeden Menschen wiederholbar, der sich auf solche Erfahrungen (!) z. B. durch Meditation-Kontemplation einläßt.

Die objektiven Fakten

Bei den objektiven Fakten handelt es sich um archäologische Funde, kunsthistorische und schriftliche Zeugnisse und – in unserem Falle sehr wichtig zum Verständnis – um die geographischen Bedingungen. Die gegenseitige Durchdringung der Religionen in unserem historischen und geographischen Bereich können wir nur verstehen, wenn wir uns mit den Seidenstraßen vertraut machen, soweit dies für unsere Thematik nötig ist.

Die **Seidenstraßen** sind die alten, von der Natur vorgegebenen Handelswege zwischen dem fernen Osten, Indien, dem Mittelmeerraum, dem heutigen Europa und Nordost-Afrika. Sie waren bis zur Ermöglichung des Seeweges durch die Entwicklung der Schiffahrt praktisch die einzige Verbindung zwischen dem fernen Osten und dem Westen.
Der Name „Seidenstraße“ stammt von dem berühmten Geographen Freiherr v. Richthofen, der durch seine Vermessungen (1868-1872) wesentlich zur wissenschaftlichen Erschließung Asiens beitrug. Der Name „Seidenstraße“ ist insofern berechtigt, als die Seide eines der wichtigsten Handelsgüter und zugleich die genormten Seidenballen im Osten eine gebräuchliche Währung waren, mit der andere Waren, Tribute, Söldner usw. bezahlt wurden.
Wer mehr über dieses interessante Gebiet wissen will, dem empfehle

ich als neuere Werke neben anderen: H.J. Klimkeit, „Die Seidenstraße“, DuMont Köln 1988 [gut fundiert, umfassend, allgemeinverständlich]; H.G. Franz, „Kunst und Kultur entlang der Seidenstraße“, Graz 1986; H.W. Haussig, „Die Geschichte Zentralasiens und der Seidenstraßen“, Darmstadt 1983 [wissenschaftlich].
Im 12. Kapitel werden wir uns mit den Seidenstraßen vertraut machen.

Bei den archäologischen Funden und den kunsthistorischen und schriftlichen Zeugnissen liegt in unserem historisch-geographischen Bereich bis zur Zeitenwende, je weiter zurück um so mehr, vieles noch im Dunkel.
Mit dem 8./7. Jahrhundert vor Christus kommen wir zunehmend in geschichtlich faßbare Bereiche. Aber auch hier steckt die wissenschaftliche Forschung, gerade was Asien und besonders Zentralasien anbetrifft, noch in den Anfängen, und ständig eröffnen sich auf Grund archäologischer Funde und der Entzifferung von bisher unbekannten Texten neue Perspektiven. Noch bis zu den Jahrhunderten nach der Zeitenwende hin differieren die Datierungen der verschiedenen Wissenschaftler mitunter um ca. zweihundert Jahre, was bei der Deutung von Fakten entscheidend sein kann.

Eine besondere Schwierigkeit der Darstellung besteht darin, daß Stämme und Völker in vielerlei Hinsicht großen Wandlungen unterworfen sind. „Fast alle zentralasiatischen Völker an der Seidenstraße erlebten ständige ethnogenetische Umbildungsprozesse, indem sie neue, zunächst fremde Volksschichten integrierten oder sich ihrerseits fremden Völkern unterordneten“.[6] Das gilt vor allem auch für die Nomadenstämme, die sich zu Stammesgruppen zusammenschlossen und dabei öfter ihre Namen änderten bzw. ohnehin von den verschiedenen Völkern unterschiedlich genannt wurden. Solche Wandlungen erstrecken sich bis zu Änderungen der Religion, Sprache und Schrift.

Ich möchte das an zwei Beispielen skizzenhaft verdeutlichen, die für unseren Zusammenhang von Interesse sind: den Skythen und den Sogdiern.[7]
Europa und Asien sind immer nur *ein* Kontinent gewesen, der vor allem in den endlosen Steppen des Innern und je früher um so mehr von nomadisierenden Volksstämmen aller Rassen durchwandert wurde. Im warmen Süden und in den fruchtbaren Flußtälern wurden die Menschen zunehmend seßhaft. So finden wir häufig auch Gruppen, die teils seßhaft, teils Nomaden sind und doch zu demselben Stamm gehören.

Für unser Forschen nach dem Austausch der Kulturen und als Verbindungsglied zwischen China, Indien, Westeuropa, Griechenland und Ägypten sind in der Mitte des 1. Jt. v. Chr. von besonderem Interesse die Skythen. Rassisch gehören sie zu den arischen Völkern Eurasiens. Wir finden sie als Söldner bei den Chinesen, als Eroberer in Indien, als Polizeitruppe in Athen, als Leibgarde eines Ägyptischen Pharao und unter den Verehrern der Großen Mutter von Ephesus. Ob die Volksstämme, die lange im Gansu-Korridor im NW Chinas lebten und dort von den Hiungnu (Hunnen?) 169 v. Chr. vertrieben wurden und von den Chinesen Yüeh-chi oder Wusun, von den Griechen aber Issedonen und Serer genannt wurden, ein oder zwei Stämme waren und ob sie Skythen waren? Ob die großgewachsenen, blauäugigen Tocharer mit typisch westlichem Gesichtsschnitt, die lange die Nordseite des Tarimbeckens beherrschten, auch Skythen oder ein Teilstamm von ihnen waren, ist umstritten, – evtl. zu Recht, weil sie es vielleicht selbst nicht wußten. Wo kommen diese Volksstämme und Stammesgruppen her? Wohl eine illusorische Frage bei Stämmen, die ihrer Natur nach als Nomaden nur eine Heimat haben: die Innereurasischen Steppen, und die zum Teil erst in unseren Tagen seßhaft werden.
Ähnlich wie die Skythen finden wir die Sogdier weit in unserem Bereich verstreut, nicht aber, weil sie Nomaden waren. Sie waren ein seßhaftes Volk in Mittelasien, zu dessen Eigenart es zählt, schon jung

als Händler in die damalige weite Welt hinauszuziehen, um andere Religionen und Kulturen kennenzulernen, sich anzueignen und weiterzutragen.

Ich habe diese beiden Beispiele gebracht, um uns klarzumachen, daß in der damaligen Zeit in Innereurasien alles im ständigen Wandel war und ein gewaltiger Kulturaustausch bestand, der sich vom Pazifik bis zum Atlantik und von Sibirien bis nach Indien und Afrika auswirkte. Die innerasiatischen archäologischen Funde und Abertausende von Schriften, deren Entzifferung und Auswertung noch Jahrzehnte brauchen wird, zwingen uns, unser allzu statisches Bild von sich abgrenzenden Rassen oder Monokulturen, insbesondere von einer Grenze zwischen Asien und Europa und Afrika aufzugeben.

Der objektiv nicht fassbare, „verborgene Bereich" der Geschichte

Wer die Kulturgeschichte der Menschheit und damit zwangsläufig den Austausch der Religionen betrachtet, darf, wie schon gesagt, seine Untersuchungen nicht allein auf die objektiven Fakten einschränken. Er muß berücksichtigen, daß bei den Religionen (und nicht nur bei den Religionen) die raumzeitlichen Fakten nur der sichtbare Teil eines Eisberges sind. Neunzehntel von ihnen sind ihr unsichtbarer, Raum und Zeit überschreitender, dem objektiven Beobachter unbewußt bleibender Bereich.

So wird das Auftreten bedeutender religiöser Gestalten wie Laotse, Buddha oder Christus sich niemals nur auf den kleinen Bereich beschränken, in welchem sie gelehrt haben. Sie wirkten und wirken unmittelbar weit über ihre historisch-geographische Begrenzung hinaus.

Dieses raum-zeitlich überschreitende Wirken bedeutender Ereignisse – im Religiösen wie im Profanen; im Guten wie im Bösen; wie bei Menschen so auch bei Pflanzen und Tieren – wird im Unterschied zur objektiven oder Tagseite der Geschichte ihre Nachtseite genannt, weil es für das einseitig auf das Objektive gerichtete, westliche Bewußtsein im Dunkel liegt. Für die aus der Ursprungsmitte, dem Brennpunkt zwischen Schöpfer und Schöpfung lebenden Menschen aller Zeiten entlarvt sich dagegen die vom Schöpfer losgelöste, objektive Betrachtungsweise als Schein, der der geheimnisvollen, lichtvollen Tiefe der Dinge nicht gerecht wird. Deshalb nennt Laotse die Oberfläche der Dinge abgründig dunkel und ihre Tiefe oberflächenhell.

So wollen wir im Folgenden zwischen den objektiven Fakten und dem Verborgenen Bereich der Geschichte unterscheiden. Dabei sollte es uns ständig bewußt bleiben, daß diese beiden Perspektiven nur zwei Seiten ein und derselben Münze sind, die untrennbar zusammengehören. Gerade, wenn man die Wechselbeziehungen zwischen Religionen untersucht, darf man nicht von der einen oder der anderen Seite absehen, weil man sonst den zu erkennenden Fakten nicht gerecht wird.

Es ist eine häufig zu beobachtende Tatsache, daß sowohl bei dem einzelnen Menschen wie auch bei ganzen Kulturen die Begegnung mit neuen Formen einen belebenden Aufbruch bewirkt. Auf die nun einsetzende Blütezeit kultureller Hochformen pflegt dann eine Zeit des Abstiegs und Verfalls zu folgen, weil die Menschen durch das Sich-Identifizieren mit den hochentwickelten Formen den lebendigen, transzendenten Ursprung – eben den verborgenen Bereich, die Mystik – aus dem Sinn verlieren. Solche Zeiten des Aufschwungs und Niedergangs ereignen sich oft in mehreren Kulturen zugleich, also synchron: ein Indiz für die weitgehend geistigen und darum auch objektiv nicht immer faßbaren Wechselbeziehungen der Kulturen.

Wir beginnen nun mit den Zeugnissen der altägyptischen Kultur.

II. Das Wesen der archaischen- oder Ursprungsreligionen dargelegt am Beispiel Altägyptens

Die altägyptische Religion hat für unsere Untersuchung insofern eine große Bedeutung, als sie über Palästina und dessen Offenbarungsreligion und dann vor allem über den Hellenismus vor und nach der Zeitenwende eine große Ausstrahlungskraft auf die kulturelle Entwicklung entlang der Seidenstraßen gehabt hat. Der griechische Historiker Hekataios (320 v. Chr.), der eine vierbändige Geschichte Ägyptens schrieb, meint: „Alle Kulturen sind miteinander verwandt, und Ägypten ist der Ursprung von allen. Von hier sind Eroberer und Kolonisatoren in alle Weltgegenden ausgezogen. Auch Griechenland verdankt seinen Ursprung Auswanderern aus Ägypten."[8] Schon Solon (640-559 v. Chr.), der berühmte Gesetzgeber Griechenlands, ließ sich von der ägyptischen Religion und Staatsform inspirieren, wie uns Platon berichtet. Und die Griechen führen viele ihrer Götter auf Ägypten zurück.

Wenn wir im Folgenden die Besonderheiten der ägyptischen Kultur darstellen, soll das nicht heißen, daß, wie Hekataios – als zweckorientierter Haushistoriker der griechischen Ptolemäer in Ägypten – meint, diese Eigenheiten nur in Ägypten entwickelt worden wären und von dort aus die anderen Kulturen erst angestoßen hätten. Vieles von dem, was wir hier darstellen, sind eben archätypische Strukturen des Menschen, die wir weltweit finden. Nur finden wir sie hier im Niltal, wie in keiner anderen Kultur, zuerst greifbar in einer überreichen Fülle von schriftlichen und künstlerischen Zeugnissen und in einer außergewöhnlichen Klarheit, Ausgewogenheit und Beständigkeit durch dreieinhalb Jahrtausende (!) hin vor.

Im Rahmen dieses Buches müssen wir uns leider auf einige wesentliche Grundzüge beschränken. Auch diese haben in der langen Geschichte Ägyptens Wandlungen durchgemacht, ohne sich allerdings in ihrer wesentlichen Bedeutung zu ändern. Auch hierin können wir auf detaillierte Entwicklungen meist nicht eingehen.

Ein Grund für die erwähnte Qualität der Kulturzeugnisse Ägyptens liegt in den geographischen Bedingungen des Landes, mit denen wir beginnen wollen.

Die geographischen Bedingungen

„Ägypten ist Wüste. Sand, Stein und Ödland bilden 96,5 % seiner Landfläche. Aber mitten durch diese sterile Wüste strömt der Nil von Süd nach Nord und macht mit seinen jährlichen Überschwemmungen die beiderseitigen Uferstreifen zu einem sprichwörtlichen Garten Eden. Die Breite dieses Fruchtstreifens, des eigentlichen, lebenden Ägypten, schwankt zwischen 1 km in der Nähe von Assuan und dem 20fachen bei Kairo. Von hier aus ergießt sich das Nildelta mit seinen zahlreichen Wasseradern wie ein Fächer breit gegen das Meer.“[9] „Soweit die Überschwemmungswasser des Nils die Ufer netzten, soweit konnte das Land angebaut werden. Wo der Boden sich hebt und von der Flut nicht mehr erreicht wurde, beginnt die Wüste. Die Grenze zwischen Fruchtland und Wüste verläuft so haarscharf, daß man in Ägypten mit einem Fuß im Wüstensand stehen kann, mit dem anderen auf Ackerboden. Es gibt kaum je einen Übergang.“[10]
Im Unterschied zu den anderen großen Flußtalkulturen konnte sich Ägypten, geschützt von den Wüsten und dem Roten- und dem Mittelmeer und den ausgedehnten Sumpfgebieten im Süden bis zu dem Einfall der Hyksos (1715 v.Chr.) ungestört entwickeln.

Aus der Fülle der erhaltenen Kulturgüter wollen wir mit den Aussagen über die Weltentstehung beginnen.

Die Schöpfung

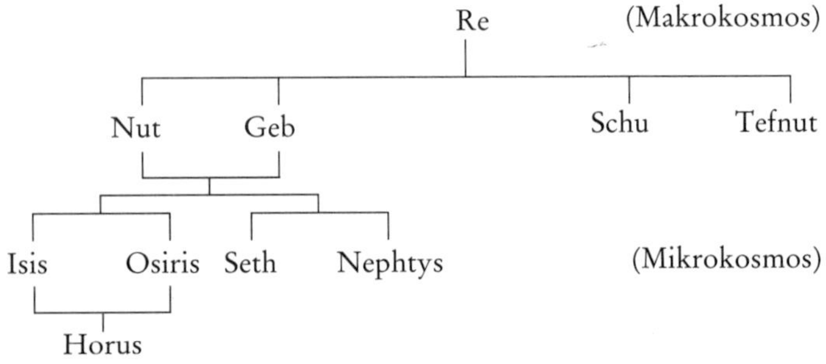

Wir finden verschiedene Schöpfungsdarstellungen vor. Die bekanntesten sind die heliopolitanische und die memphitische Kosmogonieen. Diese und andere bestehen nebeneinander, ohne daß dies den Ägypter beunruhigt. **Denn für ihn sind alle Götter und mythische Gestalten nur Bilder für das in ihnen dargestellte, unaussprechliche Geheimnis,** welches man eben so oder auch anders darstellen kann. Man darf wohl sagen, daß sie einander zu einem vollständigeren Bild des Geheimnisses ergänzen.
In der heliopolitanischen Kosmologie ist Re, im Bild der Sonne, der Schöpfer. Aber auch dieser Name wechselte im Laufe der Zeiten. Re entfaltet sich und schafft so die ersten zwei *makrokosmischen* Paare: Schu (Luft, Atem) und Tefnut (Feuchtigkeit, Speichel), Geb (*der* Erdgott) und Nut (*die* Himmelsgöttin).
Nut und Geb, Himmel und Erde, erzeugen die nächsten zwei *mikrokosmischen* Paare: Isis und Osiris, Seth und Nephthys.

Schöpfung entsteht also immer durch Scheidung in zwei aufeinander bezogene Pole, die jeder für sich gar nicht existieren können, sondern nur durch das bloß zwischen ihnen entstehende Feld zu komplementären Polen werden und so miteinander eine Einheit, eine Dreieinheit (z. B. Nordpol, Südpol, Feld) bilden! Mit dieser Grundstruktur der Schöpfung, die die heutigen Physiker bis in den Aufbau der Elementarteilchen hinein finden, entdecken wir einen durchgehenden Faden in der Schöpfung und ihrer Entwicklung, der bis zu der Offenbarung der Dreieinigkeit als Bild des Schöpfers im Christentum führt (s. 8. Kap.).

Hiermit befinden wir uns schon bei einem zentralen Wesenszug der ägyptischen Kultur: der Ägypter kann nur **Denken, Reden und Handeln in Polaritäten**. Es gibt in der Schöpfung nichts, was nur für sich allein da wäre; es gibt immer auch ein anderes, auf das es hingeordnet ist. Das heißt für den Menschen, daß er sich schöpfungsgemäß zu seinen Mitgeschöpfen verhalten muß, damit die Schöpfungsordnung, die Ma'at, nicht durcheinander gerät. So entsteht z. B. Ägypten durch Teilung von Ober- und Unterägypten und ihre Einigung in dem Gott-König, dem Pharao, der stets beide Kronen auf seinem Haupte trägt. Denn das unaussprechlich Göttliche, das Absolute, offenbart seine Gegenwart nur in der rechten Einheit der relativen, d. h. aufeinander bezogenen Polaritäten. Denn diese sind ja entstanden durch das Sich-Entfalten des Unbegreiflichen in Begreifliches.

Das Unbegreifliche bleibt für den Ägypter unbegreiflich. Wenn er von Re als dem Schöpfer spricht, der der Schöpfung gegenübersteht, also in Relation zu ihr, so ist das für ihn nur ein Name, ein Bild, welches das Eigentliche, das Absolute, mehr verhüllt als enthüllt. – Denn Re, die Sonne als Bild des Schöpfers, wird – wie jedes andere Geschöpf (!) – jeden Morgen neu von der Himmelsgöttin Nut im

Bild der Sonne geboren und jeden Abend wieder von ihr verschlungen, bzw. er stirbt in seinen Leichnam, die Erde, hinein. Der Begriff „Schöpfer“ ist eben auch nur ein relatives, in Hinsicht auf die Schöpfung bezogenes Bild, welches für den Unbegreiflichen steht.

Bevor wir das Wesen dieser Götter, der ersten 8 Kinder des Schöpfers, anschauen, wollen wir uns noch den Schöpfergott der memphitischen Kosmogonie, den Gott Ptah, anschauen: Ptah ersinnt (Sia) ständig alle Geschöpfe in seinem Herzen, er spricht sie im Worte (Hu) aus, und so werden sie durch seine geheimnisvolle Zaubermacht (Hike) wirkliche Geschöpfe. Ptah ist durch sein schöpferisches Wort in allen Dingen und Menschen lebendig gegenwärtig. Die in Granit gehauenen Hieroglyphen (heilige Zeichen) verleihen seinen allzeit geltenden Worten endlose Dauer. Ägypten verdankt seine über 3000 Jahre sich erstreckende Beständigkeit diesen in den Pyramiden, Gräbern und Tempeln überlieferten Wahrheiten. Und auch wir können in ihnen viele Wurzeln unserer abendländischen Kultur wiederfinden.

Re wie auch Ptah erschaffen alles aus dem ungeformten Nun, bzw. Nun und Naunet, der noch gestaltlosen und darum dunklen Leere, dem Noch-nicht-etwas- und doch nicht Nichts-Sein. Aber Re bzw. Ptah und Nun, Schöpfer und formlose Leere, gehören, weil komplementär, zur Schöpfung: sind Bilder für Unaussprechliches.

Wie kam es zur Entstehung dieser bildhaften Mythen?

Die Entstehung des bildhaften mythischen Denkens, des Schreibens in Hieroglyphen und der Darstellung der Götter in Menschengestalt mit Tierköpfen.

Der Mythos entsteht aus der kontemplativen Erfahrung, die alles nur Gegenständliche, Objektive überschreitet. Diese geistigen Erfahrungen haben die frühen Menschen weltweit immer schon in den

Bildern ausgedrückt, die sie in der Schöpfung vorfanden, den Tieren, Steinen, Pflanzen, den Himmelsmächten wie Sturm, Blitz und Donner, und allem anderen mehr. „Der Mensch erkennt sich im Kosmos wieder."[11] Der Makrokosmos ist ein Bild des Mikrokosmos (des Menschen)!
„‚Wenn die Menschen', schreibt Moses Mendelssohn, ‚die Dinge selbst oder ihre Bildnisse und Umrisse Zeichen der Begriffe sein lassen, so können sie zur Bezeichnung moralischer Eigenschaften keine Dinge bequemer und bedeutender finden als die Tiere. So kann der Löwe ein Zeichen der Tapferkeit, ein Hund ein Zeichen der Treue geworden sein ... Jedes Tier hat seinen bestimmten, auszeichnenden Charakter." ... „Am Anfang steht das Schreiben und Denken in Bildern; erst später folgt das Schreiben in Buchstaben und das Denken in Argumenten."[12] Durch dieses Schreiben in Bildern mag die Hieroglyphenschrift in Ägypten entstanden sein.

So nehme ich an, daß auf diesem Wege auch jene für Ägypten so typischen menschengestaltigen Götterbilder mit Tierköpfen entstanden sind. Die Götter sind archätypische Strukturen, die in der Schöpfung, und gerade auch im Menschen, erfahren werden. Das Zusammenspiel dieser erfahrenen Mächte und Gewalten wurde dem Volke dramatisch in den liturgischen Festen, vor allem in Prozessionen dargestellt, begleitet von dem erzählenden Vortrag der Mythen. Dabei trugen die Darsteller den Eigenschaften der Götter entsprechende Tiermasken, wie wir das weltweit und auch heute noch z. B. in Tibet finden. Die mit zum Teil phantastischen Tierköpfen versehenen menschengestaltigen Bilder der Götter, die wir überall in den Tempeln und Gräbern Ägyptens finden, waren dann nichts anderes als die typologische Wiedergabe jener Schauspieler, die die unsichtbaren Mächte und Gewalten in ihrem Zusammenwirken darstellten.

Wir werden in den folgenden Kapiteln noch sehen, welche ungeheuren Auswirkungen bis in unsere Tage diese Götterbilder auf die Entwicklung der Menschheit hatten und haben.

Die Sonne (Chepre, Re, Atum) spielt als Bild des himmlischen Schöpfers in Ägypten eine zentrale Rolle.

Wir beginnen mit dem Sonnenaufgang. Ein kontemplativer Mensch – und das sollte der Pharao sein – ist, wie der Himmel, leer von sich selbst (nicht voll von eigenen, subjektiven Gedanken und Vorstellungen von sich und den Dingen) und kann so dem kosmischen Geschehen des Sonnenaufgangs uneingeschränkt **in sich** Raum geben, *ganz des kosmischen Geschehens inne-werden*, mit ihm eins werden. „Mit der Anbetung der ordnenden Kräfte, die den Kosmos durchwalten, mobilisiert der Mensch auch den Kosmos in sich selbst. Er legt die Welt aus, indem er sich in sie hineinlegt. Letztlich geht es um Teilnahme und Teilhabe. ‚Wer das weiß, ist ein Ebenbild des großen Gottes', heißt es ausdrücklich im Amduat."[13] *Er kann so durch das Mitvollziehen des Werdens und Vergehens der Dinge zum Teilhaber an dem Schöpfer werden, durch den alle Dinge entstehen und vergehen*: **das ist das Grundprinzip aller archaischen Religionen!**

Es ist die essentielle Aufgabe des Priesterkönigs, vor dem ersten Morgengrauen wach und bewußt, leer von sich und den Dingen, mit dem Gesicht nach Osten dazusein. Teilhabend am Geschehen vollzieht der Meditierende den Sonnenaufgang, der sich in diesen südlichen Breiten schnell und in der trockenen Luft klar und in Ägypten fast täglich abspielt, da es dort fast keinen Regen gibt.
Noch gibt es, wie vor dem ersten Schöpfungsmorgen, keine unterscheidbaren Dinge: alles dunkel, leer: „Nun", das Ungeformte, aus dem alles werden kann! So auch das Bewußtsein des Meditierenden. – In der kurzen Morgendämmerung wird Licht von der Finsternis geschieden: es wird Tag. Er kann den Himmel (*die Himmelsgöttin* Nut) von der Erde (*dem Erdgott* Geb) unterscheiden. Himmel und Erde, Nut und Geb, sind also mit Schu, dem Luft-

raum, und Tefnut, der Feuchtigkeit, die ersten Kinder des schöpferischen Lichtes. Denn nur durch das Sonnenlicht treten alle Dinge in Erscheinung.

Einen für die ägyptische Kultur wesentlichen Ausdruck findet dieser eben betrachtete Sonnenaufgang in dem Mythos von der ‚jungfräulichen Geburt der Sonne'.

Die jungfräuliche Geburt der Sonne[14]

„Der" Himmel wird schon in Ägypten seit früher Zeit dargestellt als „die" Göttin Nut, wie sie sich, gestützt auf ihre langgestreckten Arme und Beine, über den auf dem Rücken liegenden Erdgott Geb wölbt (Bild 1). In der ersten Morgenstunde gebiert sie aus ihrer Vulva die jugendliche Sonne, „Chepri", in Gestalt des Skarabäus. ‚Chepr' bedeutet: durch sich selbst werden, sich selbst erzeugen.
Der Skarabäus ist der Mistkäfer, der seine Eier in Mist legt und diesen im goldgelben Sand zu einer Kugel rollt, aus der er dann, scheinbar jungfräulich sich selbst erzeugend, schlüpft. Für den Ägypter ist dies ein Symbol für den Schöpfer, der, sich selbst im jungfräulichen Schoß der Nut erzeugend, morgens von ihr (d.h. am Himmel) im Bild der Sonne geboren wird.
Denn das Licht ist, im Bilde der Sonne, Re, der Schöpfer von allem, weil alles erst durch das Licht sichtbar in Erscheinung tritt. Damit ist Re sowohl der Schöpfer des Himmels bzw. der Himmelsgöttin Nut, als auch der Erzeuger der an ihr aufgehenden Sonne.
Der Schöpfer erzeugt sich also selbst als Sonne jeden Morgen in seinem Geschöpf, seiner Tochter, der Himmelsgöttin Nut, die so zugleich seine Gattin und Mutter wird: Er ist der „Ka-Mutef", der sich selbst im Bild der Sonne erzeugende „Stier seiner Mutter".

Nut empfängt also jungfräulich vom Schöpfer ihr strahlendes Sonnen-Kind. Der unsichtbare Schöpfer **SCHEINT** also jeden Morgen

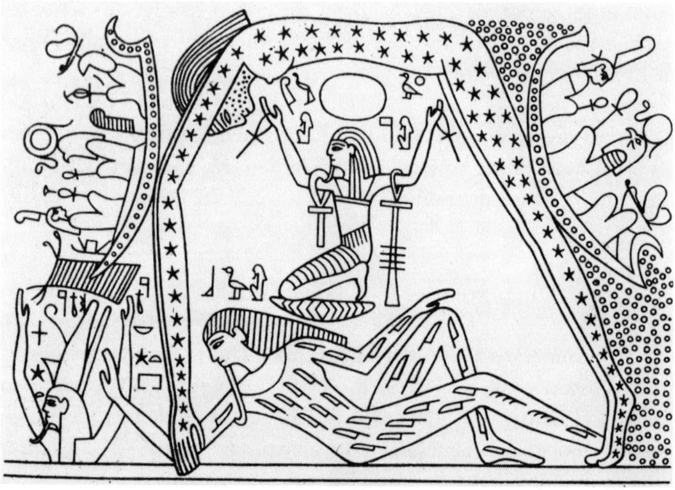

Abb. 1: Die Himmelsgöttin Nut, die morgens die Sonne gebiert und sie abends wieder verschlingt, wölbt sich über den Erdgott Geb. (Bildnachw.: Archiv)

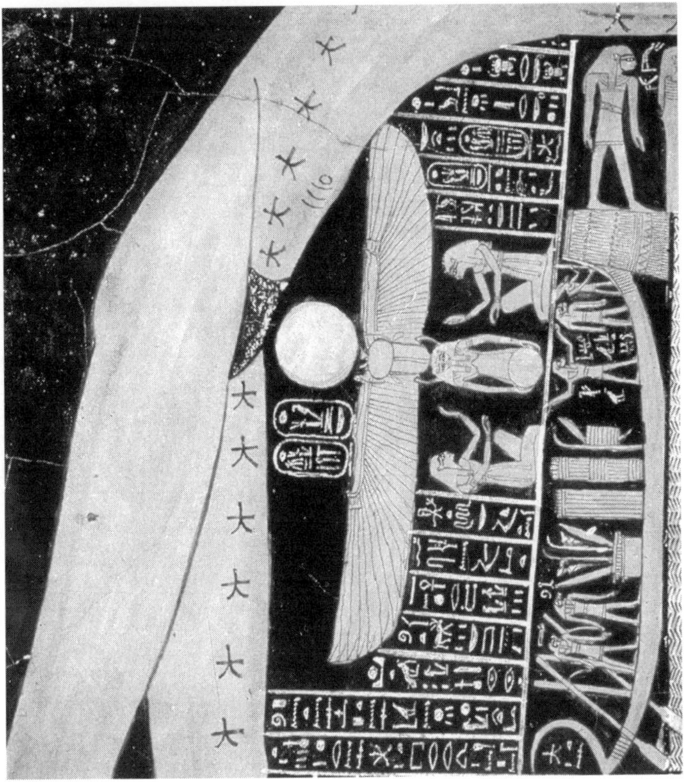

Abb. 2: Detail: Die Geburtsgruppe: (von links nach rechts) Die Göttin Nut; die Sonne; der geflügelte Skarabäus; die Göttin Hathor, die zwischen Isis und Nephtys die Sonne gebiert (Bildnachw.: Adolf Weis, Die Madonna Platytera).

neu auf in Gestalt der aufgehenden Sonne am Himmel als Sohn der Nut.
Wie schon erwähnt, finden wir diese Thematik etwa seit der Mitte des 2. Jt. v. Chr. dargestellt an den Gewölben der Grabkammern und an den Deckeln der Sarkophage. Die sich über den Verstorbenen wölbende Nut gebiert den Skarabäus, die aufgehende Sonne, mit der der Verstorbene aufersteht. Zugleich wird (z. B. in den Grabkammern Ramses VI. und XI.) Nut zusätzlich unterhalb des Skarabäus als Hathor knieend dargestellt, wie sie das Sonnenkind aus ihrem Schoß gebiert (Bild 2). Dieses ist ithyphallisch, d. h. mit aufgerichtetem Phallus dargestellt, als Zeichen, daß es sich selbst in seiner jungfräulichen Mutter erzeugt hat.

Wie wir im Folgenden noch sehen werden, ist dieses ein archätypisches, von der makrokosmischen Schöpfung genommenes Bild für die jungfräuliche Erzeugung und Geburt aller erleuchteten Priesterkönige und Herrscher, deren Macht nicht von dieser Welt, sondern von Gott ist. Denn Re, der Schöpfer, geht nicht für sich im Bild der Sonne jeden Morgen am Horizont auf, sondern **für den Pharao**, der sich im Bild der urspringenden Sonne jeden Morgen neu kontemplativ von seinem Schöpfer als Gottkönig aus der ursprünglichen Leere, dem „Nun", seinem eigenen Schoß, jungfräulich empfangen muß. Eins mit dem Horizont, der „Achet", wo Himmel, Erde und Unterwelt sich berühren und die Sonne, das Licht, auf- und untergeht, ist er ein Erleuchteter.

So gebiert also der im transzendenten LICHT schauende, leer von sich selbst seiende Gott-König, eins mit dem Himmel, der Nut, die Sonne, durch die alle Geschöpfe in Erscheinung treten. So wird er selbst durch seine kon-templative Schau eine Inkarnation des Schöpfergottes. Er ist (eins mit) Gott. In der Frühzeit beten die Ägypter den in ihm anwesenden Gott an.

„Der König
betet den Sonnengott an in der Morgenfrühe
bei seinem Herauskommen, wenn er seine Kugel öffnet,
wenn er auffliegt zum Himmel als Skarabäus.
...
Der König kennt
diese geheime Rede, die die ‚östlichen Seelen' sprechen,
wenn sie Jubelmusik machen für den Sonnengottt
bei seinem Aufgang, **seinem Erscheinen im Horizont**
und wenn sie ihm die Türflügel öffnen
an den Toren des östlichen Horizonts,
damit er zu Schiff dahinfahren kann auf den Wegen des Himmels.

Er kennt das Geborenwerden des Re
und seine Verwandlung in der Flut.
Er kennt jenes geheime Tor, durch das der große Gott herauskommt,
er kennt den, der in der Morgenbarke ist, und das große Bild in der Nachtbarke. Er kennt seine Landeplätze am Horizont
und seine Steuergeräte in der Himmelsgöttin."[15]

Der kontemplative Mensch als Teilhaber am Werden und Vergehen der Geschöpfe

Bislang haben wir erst mit dem Pharao aus dem unerschaffenen LICHT Himmel und Erde geschaffen und mit der Himmelsgöttin die Sonne jungfräulich geboren, die das Bild des Schöpfers ist. Noch lassen sich gegen das aufgehende Licht keine Dinge unterscheiden; alles ist noch formlos, dunkel.
Aber nun kann der Schauende durch die aufgehende Sonne zunehmend die einzelnen Dinge unterscheiden mit ihren vielfältigen Formen und Farben und sie so jeden Morgen mit Re, der Sonne, dem Lichte, mit-erschaffen.

Der im unerschaffenen LICHT schauende Mensch erfährt so, wie er Teil hat an der Schöpfung von Himmel und Erde und wie er dann mit dem Himmel die Sonne und durch sie alle Dinge gebiert. Erst nach der Geburt der Sonne (Chepri) durch die Nut treten die anderen Geschöpfe in Erscheinung. So ist zwar die Sonne nur ein Bild, aber **DAS** Bild des unerschaffenen LICHTES, durch das alles wird.

Jeder Morgen ist also eine Neuschöpfung des Kosmos aus der Leere mittels der Himmelsgöttin Nut, die ihn auch jeden Abend wieder verschlingt, wenn sie die Sonne, das Licht, verschlingt.
Denn im Blick gegen die untergehende Sonne, gegen das Licht, sieht der Betrachter bald nicht mehr die Einzelheiten der Dinge, der Palmen und Berge und Lehmhäuser, sondern nur noch ihre schwarzwerdenden Konturen. Die Einzelheiten verwischen sich schnell. Alles wird von der schwarzen Leere, dem Nun, aus dem am Morgen alles geworden war, wieder verschlungen. Die Menschen, die ja früher kaum künstliches Licht hatten, versinken in das bewußtlose Dunkel des Schlafes. Der wach und aufmerksam Meditierende aber entdeckt (!) – leer von sich und den Dingen – in sich das reine, von allen wahrnehmbaren Formen und denkbaren Inhalten leere, also alle geschöpflichen Einzelheiten überschreitende, transzendente Bewußtseinslicht, welches nicht mit dem Licht der untergehenden Sonne verlischt. Er hat mit dem Abendhimmel, der Nut, die Sonne verschluckt, welche in ihm, dem Menschen, als unsterbliches LICHT weiterscheint. Er **erfährt** sich also als Teilhaber an dem Unsterblichen, der Werden und Vergehen transzendiert: Der Pharao ist so Gott und König zugleich, er ist der Gott-König! Als solcher schaut er alle Dinge und damit die Schöpfungsordnung, die MA'AT, wie sie in Wahrheit aus dem Unerschaffenen ständig lebendig hervorgeht. „Er kann die Ma'at reden und tun."

„Die Himmel rühmen die Herrlichkeit Gottes,
Vom Werk seiner Hände kündet das Firmament.

Ein Tag sagt es dem anderen,
Eine Nacht tut es der anderen kund.
Nicht sind es Worte, nicht sind es Reden,
Unhörbar bleibt ihre Stimme!
Doch ihre Botschaft geht in die ganze Welt hinaus,
Ihre Kunde bis an die Enden der Erde.“ (Psalm 19,2-5)

Die Priesterkönige in der altägyptischen Kultur hatten Augen zu sehen und Ohren zu verstehen (Mk. 4,12), weil sie leer von sich und den Dingen waren. So konnten sie alles im Geiste dessen schauen, durch den alles aus der Leere in jedem Augenblick wird. Sie waren kontemplative Menschen.

Der Sonnenlauf

Als kontemplative Menschen schauten die Pharaonen, wie alle Geschöpfe, und **so auch sie selbst**, jeden Morgen aus dem Nun, der dunklen, noch ungeformten Leere, durch Re, das schöpferische Licht, bzw. durch das schöpferische Wort des Ptah, entstehen. Das ist für die Ägypter ein *Bild* für **das ständige Werden** aller Geschöpfe aus der Leere, – einer Wahrheit, die wir in allen tiefschürfenden Kulturen (China, Indien, Bibel) finden.

Der Himmel mit seinen Gestirnen gibt dabei dem irdischen Geschehen seine Ordnung. Neben der Beobachtung der Sterne, die von großer Bedeutung in dieser Kultur war, spielen nicht nur Auf- und Untergang der Sonne, sondern vor allem der gesamte Sonnenlauf eine zentrale Rolle.
In Oberägypten, das ist der gesamte Nillauf vom 1. Katarakt bis zum Delta, steht die Sonne Tag für Tag gleichmäßig am Himmel; Regentage gibt es fast nie; hin und wieder Sandstürme oder ein paar Wolken. In der Nähe des Äquators sind die Tage alle ziemlich gleich lang, und die Sonne steigt fast senkrecht vom Horizont auf zum Ze-

nith. Der Nil bildet in seinem Gesamtlauf eine Süd-Nord-Achse, Sonnenauf- und Untergang quer dazu die Ost- West-Achse.
Die weitgehend ohne künstliches Licht lebenden Ägypter **erleben es tagtäglich**, wie am Morgen die Sonne jugendfrisch am Horizont geboren wird (Chepri), am Mittag fast senkrecht mit voller Kraft auf die Erde herniederbrennt (Re) und am Abend alt und müde wieder verschluckt wird (Atum).
Wir hatten schon gesehen, daß die Himmelsgöttin, die Nut, sie am Morgen gebiert und am Abend verschluckt. Die Nut wird – bezeichnend für die komplementäre Betrachtungsweise – häufig doppelt dargestellt: als Tag- und als Nachthimmel. In der Nacht sind eben Mond und Sterne das Bild für das LICHT.
Aber wiederum komplementär zu Tag- und Nachthimmel ist es dort unübersehbar, daß die Sonne am Tage oben über den Himmel läuft, abends in der Erde verschwindet und morgens wieder im Osten auftaucht. Der **Kreislauf**: tags am Himmel, nachts in der Unterwelt, ist in Ägypten evident! Es ist ein die ganze ägyptische Mentalität beherrschendes Thema, daß die Sonne abends als Atum in ihren Leichnam, die Erde versinkt, dort in der Unterwelt, dem **„Verborgenen Bereich“** (die Duat), die Verstorbenen besucht, um ihnen Licht, Luft zum Atmen, Essen und Trinken zu bringen.
Das LICHT ist also tags am Himmel, nachts am Himmel (Mond und Sterne) und – durch ihren Kreislauf – nachts auch in der Unterwelt; denn die Ägypter waren keine Naturalisten, sondern nüchterne Menschen, für die die irdischen Lichter Bilder für das sind, wodurch der Mensch erkennen kann: das Bewußtseinslicht:
„Am Abend legt sich der Mensch schlafen, um am Morgen **aufzustehen**. Am Lebensabend wird der Mensch (mit der Sonne im Westen) in die Erde gelegt, um, wenn er entsprechend gelebt hat, mit der Sonne **aufzuerstehen.**“ Meditation, Schlaf und Tod sind die Seinsweisen, in denen der Mensch im „Verborgenen Bereich“, der Duat, weilt. Dort wird er re-generiert, erneuert, erneut geboren. – Aber eine Seelenwanderungsideologie ist mit der ägyptischen Mentalität nicht vereinbar und „kommt in den Tausenden uns bekannten ägyp-

tischen Texten niemals vor"[16]. Der hiesige Bereich und der „Verborgene Bereich", die Duat, gehören wieder komplementär zusammen. Dabei ist die Duat der eigentliche Bereich, die große Stadt, wo die Vielen sind und der Mensch offenbar wird.

Die 12 Nachtstunden, in denen Re, die Sonne, am Horizont, der Achet, in die Unterwelt hinuntersteigt, um die Verstorbenen zu besuchen, sind in den ägyptischen Unterweltsbüchern ausführlich behandelt. Die Pyramidentexte, die neben späteren Texten diese Nachtfahrt behandeln, sind die ältesten zusammenhängenden religiösen Texte der Menschheit! Daß diese Bücher vom verborgenen Bereich keine frühmenschlichen Phantasieprodukte sind, sondern tiefgründige Erkenntnisse von den geheimnisvollsten Schichten im Menschen darstellen, beweisen die Bücher der Tiefenpsychologen[17], die sich mit dieser altägyptischen Weisheit befassen. Sie entdecken in ihnen die Prozesse des Individuationsweges, d. h., wie der Mensch von der Selbstentfremdung zu sich selbst kommt, nur, daß das Wissen der bis über 4000 Jahre alten Bücher bedeutend tiefgründiger war als der Stand der heutigen Wissenschaft.

Es erkennt also der Mensch, daß er, wie alle irdischen Wesen, dem zyklischen Werden und Vergehen, dem Immer-wieder-Geboren-Werden und Sterben unterworfen ist. Das nennt der Ägypter: „Neheh", die zyklische Zeit. Von der vom Himmel, von den Gestirnen bestimmten zyklischen Zeit unterscheidet der Ägypter noch die Djet.

Die Djet

Die Djet ist weder eine lineare Zeit, ein geschichtlich ablaufendes Vorher und Nachher, noch ist sie „ein heiliger Raum der Dauer", wie sie auch genannt wurde. Die Djet ist die Erfahrung der Teilhabe an Re, dem Schöpfer, der mehr ist als Himmel, Erde und Unterwelt, als Zeit und Raum, und darum mehr ist als Werden und Vergehen und

so, alles Vergängliche transzendierend, dieses comprehensiv in sich begreift. Wie wir oben bei der Betrachtung des Sonnenlaufes sahen, ist der Pharao solch ein Kontemplativer.
Deshalb wird nach seinem Hinscheiden als Symbol seiner Auferstehung mit der Sonne seine Mumie kultisch aufgerichtet. So ist das Aufrichten des Djet-Pfeilers das Symbol der irreversiblen Auferstehung. „Dies genau ist die Bedeutung des Namens, den Osiris als Herr der Djet trägt: Wannafre ‚Der in Vollendung Währende'."[18]
Der Djet-Pfeiler – bei uns am besten bekannt im Bilde des Obelisken – stellt die in den meisten archaischen Kulturen bekannte Weltachse (axis mundi) dar, die Himmel, Erde und Unterwelt miteinander verbindet.
Es geht beim Djetpfeiler bzw. bei der Weltachse aber nicht um eine Linie, die Himmel, Erde und Unterwelt verbindet, sondern um die **alle Polaritäten in sich vereinende MITTE**, die alle Enden und alle scheinbaren Gegensätze wie z. B. oben und unten, Himmel und Unterwelt, Ost und West, Nord und Süd, Vergangenheit und Zukunft kontemplativ in sich vereint: „Contraria sunt complementa" (Nils Bohr) oder „coincidentia oppositorum" (Nikolaus von Cues).

Diese alles in sich vereinende, nicht gegenständliche und darum unbegreiflich geheimnisvolle und deshalb unaussprechliche Mitte ist das eigentliche Mysterium der ägyptischen Kultur. Sie ist unausgesprochen überall in der ägyptischen Mentalität vorhanden. Sie erweist sich in der unbegreiflichen Leere, dem „Nun", aus dem der Kontemplative sich und alle Geschöpfe durch Unterscheidung ständig hervorgehen sieht (s. o. Grundstruktur der Schöpfung, bzw. Sonnenlauf).

Da die Geschöpfe, wie wir oben schon sahen, durch Unterscheidung entstehend, stets komplementär aufeinander bezogen sind, kann nur ein aus dieser geheimnisvollen Mitte aller Polaritäten Lebender mit allem Geschaffenen richtig umgehen. Wenn er dies tut, ist er ein Erleuchteter, weil er alles im (unerschaffenen) Lichte des Schöpfers,

Re, erkennt. Er ist dann ein Sohn Gottes, ein „Horus“, wie der Pharao entsprechend dem ägyptischen Mythos genannt wird.

Der Mythos von den Prototypen des Menschen

Um die Horus-Gestalt des Pharao, den Djetpfeiler, die Pyramide und den Obelisk besser zu verstehen, müssen wir zuerst den Mythos von Isis und Osiris, Seth und Nephtys, den vier mikrokosmischen Kindern von Himmel und Erde, betrachten.
Jeder der vier repräsentiert eine archätypische Komponente, die wir in unterschiedlicher Zusammensetzung in jedem Menschen finden. **Seth** und **Nephthys** stellen, männlich-weiblich, den **geschöpflichen** Aspekt im Menschen dar, den der Mensch mit den Steinen, Pflanzen und Tieren gemeinsam hat. Hierher gehören u. a. die Atome und Moleküle in ihren tausenderlei Zusammensetzungen, die Zellen und organischen Gliederungen, die Instinkte, Triebe und höheren Sinnesorgane. –

Diese geschöpfliche Komponente seiner selbst muß der Mensch aber auf Grund seines hochdifferenzierten Gehirnes in schöpferischer Weise frei gebrauchen, er kann sie aber auch mißbrauchen! Und dieses Brauchen oder Mißbrauchen trifft nicht nur auf seine eigenen materiellen, vegetativen und animalischen Schichten zu, sondern auch in Bezug auf alle übrigen Geschöpfe. Diesen kulturellen, **schöpferischen** Aspekt des Menschen repräsentieren, wieder männlich-weiblich, **Osiris** und **Isis**. Sie sind es, die den Menschen zum Denken, Sprechen und Schreiben und zu Ackerbau, Viehzucht, Weinanbau, Handwerk usw. befähigen; kurz gesagt: die Natur in sich und um sich kultivieren.
Die Gestalt des Osiris ist aber sehr alt und zeigt viele Facetten. So ist Osiris auch der Gott der Fruchtbarkeit, der aus seinem Leibe alljährlich die Pflanzen zum Keimen bringt. Osiris ist der Nil, der alljährlich durch seine Überschwemmung das Land, die Ufer, die Schenkel

der Isis, befruchtet. Osiris ist der Orion, der mit dem Beginn der Nilschwemme am Horizont aus der Unterwelt zum Himmel aufsteigt, gefolgt vom Sirius, der Isis: komplementär „wie im Himmel, so auf Erden“. Deshalb sind auch die drei berühmten Pyramiden von Gizeh nach dem Gürtel des Orion ausgerichtet, entsprechend ihrer Konstellation zum Nil, zur Milchstraße. Und die Schächte der Kultkammern weisen auf entsprechende Sternbilder.[19]

Der Mensch ist also in Gestalt von Seth und Nephtys einerseits ein Glied der gesamten Schöpfungsordnung, der Ma'at, in der er sich vorfindet. Andrerseits ist es aber auch seine Aufgabe, in Gestalt von Isis und Osiris diese in Gang zu halten. Um diese 4 Polaritäten – Isis, Osiris, Seth und Nephtys – im Sinne des Schöpfers lebendig in Einklang zu halten, bedarf es des Kultes, in welchem die nun im Folgenden dargestellten Prozesse in großen Feiern begangen werden.
Wie überall auf der Welt neigt der Mensch dazu, durch willkürlichen Gebrauch seiner *schöpferischen* Fähigkeiten (Isis, Osiris), die vorgefundene Schöpfungsordnung, die Ma'at, in sich und um sich egoistisch zu mißbrauchen. Dadurch werden die *geschöpflichen* Fähigkeiten (Seth, Nephtys), weil nicht mehr ordnungsgemäß kultiviert, eigengesetzlich, wild und aufsässig gegen Osiris. Der die ungezügelte, eigenmächtig gewordene Natur des Menschen verkörpernde Seth veranstaltet nun mit seinen 70 Genossen: das ist die gesamte Natur, ein großes Fest. Auf dem Höhepunkt verschenkt er eine wunderschöne Kiste (Mumiensarg, die größte Kostbarkeit für einen Ägypter) an denjenigen, der genau in diese Kiste paßt. Und das ist Osiris! Seth und Genossen packen sofort den Deckel darauf, versiegeln ihn mit Blei und werfen ihn in den Nil, wo Osiris ertrinkt.

Dieses grauenvolle Ereignis ist höchst bedeutsam für den Menschen. Es sagt auch uns, daß der sich einseitig mit seiner schöpferischen Komponente identifizierende, überhebliche Mensch (Osiris) spätestens in seiner Todesstunde durch seine geschöpfliche Komponente (Seth) gezwungen wird, in seine ursprüngliche Leibgestalt (Mumiensarg) zurückzukehren. Deshalb nennt der Ägypter die Leibgestalt, den Leichnam, *das* Geheimnis, weil nur durch das Sich-Ineinandersetzen mit seiner eigenen Leibgestalt – seiner durch Überheblichkeit für minderwertig gehaltenen Komponente – der Mensch in seine **Mitte** kommen und so ein Bild Gottes, ein Kontemplativer, werden kann.

Isis, die ihren Bruder und Gatten überaus liebt, findet ihn nach vielen abenteuerlichen Umwegen, die wir hier fortlassen, in Unterägypten im Nildelta, d. h. mikrokosmisch gesprochen: im Unterleib, wieder und beweint ihn zusammen mit Nephtys. Seth raubt daraufhin den Leichnam und zerstückelt ihn in 14 Teile, – ein für viele Mythen typisches Motiv: der leib- und selbstentfremdete, weil einseitig schöpferische Mensch erfährt sich zerstückelt in Denken, Leib, Seele, Kopf, Füße, Atem .... Isis und Nephthys sammeln mit Hilfe von Anubis, dem Gott, der einbalsamiert, die zerstückelten Teile und setzen Osiris neu zusammen: Der Mensch muß sich mit Hilfe der Weisheit seiner naturhaft schöpferischen, weiblichen Komponenten (Isis und Nephtys) wieder mit all seinen Bestandteilen integrieren.

Nur der Phallus ist verloren, denn die Fische haben ihn gefressen. Isis bekommt von Toth, dem Gott der Weisheit, einen neuen Phallus aus Lapislazuli, d. h. einen *himmlischen*, geschenkt. Dieser bedeutet die an der senkrechten Wirbelsäule zum *Himmel* aufsteigende, erleuchtende Schlangenkraft im Unterschied zu der horizontal an die Erde sich verschwendenden Libido. (s. u. Horus, der Pharao).
Isis schwebt nun als Sperberweibchen über der Mumie, dem erneut zusammengesetzten (Symbol für die Integration der Gegensätze) Leichnam des Osiris, von dem sie ihr himmlisches Kind Horus empfängt. Das verweist auf die übernatürliche, jungfräuliche Empfängnis des Neuen Menschen durch den Verklärten im Schoß. Nach mancherlei weiteren Gefahren, die dank der Zauberkraft der Isis überwunden werden, kommt Horus zur Reife. Isis gibt ihm nun den

Auftrag, den ermordeten Osiris an Seth zu rächen. Seth und Horus veranstalten als Nilpferde einen fürchterlichen Unterwasserkampf (d.h. in der Unterleibshöhle). Diesen Unterwasserkampf, wenn auch mit anderen Bildern, finden wir als große Versuchungen auf dem Weg aller erleuchteten Mystiker.

Da keiner siegt, entscheidet ein Göttergericht, daß Seth Oberägypten und Horus Unterägypten als Herrschafstgebiet bekommt. Da diese Teilung aber keine Lösung des Problems (Integration) darstellt, entscheidet der Erdgott Geb, daß Horus als gerechter Herrscher im Sinne der Schöpfungsordnung, der Ma'at, beide Teile eint und darum Seth, die machtvolle Natur, in den Dienst der Reichseinigung stellt. Das ist die Integration der scheinbaren Gegensätze, welche so wieder, weil von Natur her komplementär, in der göttlichen **Mitte** einswerden.
Der gerechtfertigte Osiris wird nun aufgerichtet (Djetpfeiler, axis mundi) und wird Herrscher in der Unterwelt, dem „Verborgenen Bereich", und kann so mit Re am Morgen auferstehen, mit ihm zum Himmel auffahren, wo er als Orion zu sehen ist, und zur Rechten des Vaters sitzen, wie es im Tempel von Abu Simbel zu sehen ist.

Horus, der Pharao, als Garant der geeinten Reiche

Mit dieser Einigung von Horus und Seth, mit der Reichseinigung von Ober- und Unterägypten beginnt, gemäß dem Mythos, die Geschichte Ägyptens als erster Territorialstaat der Welt. Denn der Pharao ist der Gottkönig Horus, der alle Polaritäten in sich geeint hat. Vor seiner Thronbesteigung vollzieht er bei der Einbalsamierung seines verstorbenen Vaters kultisch dessen Zerstückelung, erneute Zusammensetzung, Aufrichtung und Mundöffnung, wodurch dieser nun zu einem auferstandenen Osiris und er – als Teilhaber an diesem Geschehen (!) – zu einem Horus wird. Er selbst wird bei der Thronbesteigung von Seth und Horus mit dem Wasser des Lebens

getauft: das Symbol der erneuten Geburt aus Wasser (Unterleibshöhle) und Geist (Atem) zur Einswerdung von Natur (Seth) und Kultur (Horus), von den vegetativen Triebschichten mit den schöpferischen Kräften (Denken und Vorstellen). Durch diese Integration von oben und unten ist er Teilhaber am Schöpfergott und wird so zum Gott-König Horus.
Durch diese Integration aller Polaritäten ist der Pharao ein Mensch, der wieder im Sinne des Schöpfers, Re, die Schöpfungsordnung, „die Ma'at, redet und tut": Wie es auf zahlreichen Bildern zu sehen ist, bringt der Pharao die Ma'at, die Schöpfungsordnung, Gott dar, er lehrt sie dem Volk und setzt sie mit Hilfe von Seth (Gewalt) machtvoll durch. So kann er die Ma'at in Gang halten und sein Volk gerecht regieren.

Nechbeth und Uto als Symbol der Erleuchtung

Durch kontemplative Teilhabe an Re, der Sonne, dem Lichte, ist der Pharao ein Erleuchteter. Das Symbol für seine Erleuchtung, der Integration von Unterwelt und Himmel, trägt er auf seiner Stirn: Uto, den feuerspeienden Uräus, die *aufgerichtete* Kobra, und Nechbeth, die Geiergöttin.

Uto, die Schlange, die in unterirdischen Höhlen oder im Wasser lebt, steht makrokosmisch für das Unterirdische, mikrokosmisch für die libidinösen Schichten im Menschen, – bei uns am besten bekannt unter der oft mißverstandenen Kundalini. Nechbeth, der in der Luft lebende Vogel, steht für den himmlischen Bereich, bzw. für das Geistige im Menschen, den Atem. Das unterweltliche Triebhafte und das himmlische Geistige scheinen gegensätzlich zu sein. Aber die Integration von beiden aufeinander zugeordneten Polaritäten in der **Mitte** der Himmel und Erde verbindenden Weltachse ist Teilhabe am Schöpfer, am LICHT, und ist weltweit das archätypische Symbol für den durch den göttlichen Geist erleuchteten Menschen.

„Eines der ältesten Gottessymbole ist der ‚Gottesstab', ein von einem Tuch umwickelter Stab, den der Ägypter etwa um 3000 v. Chr. zur ntr-Hieroglyphe und damit zum Schriftzeichen für ‚Gott' gemacht hat. … So richtet der Mensch zwischen Himmel und Erde einen Stab auf, in dessen von Menschenhand gewobenem Stoff der Wind spielen kann."[20] Der Stab ist das Symbol für die in die Schwerkraft, in die axis mundi sich einordnende, aufrechte Haltung des Menschen. Sie ist ein bezeichnendes Merkmal für die gesamte ägyptische Kunst. Das im Wind flatternde Tuch macht den unsichtbaren Gottesgeist sichtbar. Nur der in der Mitte zwischen Himmel und Unterwelt lebende Mensch erfährt die göttliche Führung als ordnendes Prinzip auf der sonst so chaotisch scheinenden Erde.

Ich erinnere hier nur an den Drachen, das Heilssymbol schlechthin in China, welcher nichts anderes als eine geflügelte, d. h. durch den Atem (Nechbeth) an der Wirbelsäule aufsteigende Schlange ist. (Vgl. 3. und 13. Kap.). Weitere Bilder hierfür aus anderen Kulturen sind unter anderen: die von Moses in der Wüste an einem Stab aufgerichtete eherne Schlange; so werden auch die Götterboten, wie Orpheus, Hermes und Äskulap, mit Schlange und Stab dargestellt; der Schlangen-Stab ist der Caduceus (Zauberstab) der Alchemisten. Die vertikale, aufgerichtete Schlange ist überall das Heils- und Glückszeichen.

Fast alle Pharaonen-innen tragen dieses Symbol an der Stirn, an der Stelle, wo die Inder ihren roten Punkt, das geerdete Auge (Ajna: Lichtchakra) haben, als Zeichen für die Eröffnung des Dritten Auges, des Udja, – der einigenden Mitte sowohl vom rechten und linken Auge, wie auch aller übrigen Polaritäten. Auch das Udja finden wir überall in Ägypten zwischen Uto und Nechbeth dargestellt.

Uto, die feuerspeiende, erleuchtende Kobra, wird immer aufgebäumt (=vertikal) dargestellt im Unterschied zu der horizontalen Schlange, dem Apophis: „der mit dem schrecklichen Gesicht", dem

Abb. 3: Tut Anch Amun mit Nechbeth und Uto als Symbol der Erleuchtung: Die „Goldene Blüte“, das Sonnenkind. (Bildnachw. Archiv.)

Abb. 4: Udja, das durch die Integration von Uto und Nechbeth erleuchtete Auge.
(Bildnachw.: Im Besitz des Autors.)

Feind des Sonnengottes. Denn Apophis versucht, bei der Nachtfahrt der Sonne in der Unterwelt das Wasser auszutrinken, damit die Barke des Gottes auf einer Sandbank strandet. Das Austrinken des Wassers symbolisiert die Vergeudung der libidinösen Antriebskräfte an die vergängliche Welt (= **horizontal).** Wogegen die aufgebäumte Schlange das Aufsteigen der Kundalini an der Wirbelsäule, der Weltachse, mittels des Atems (Nechbeth) symbolisiert, die zur Integration der Gegensätze (Himmel und Unterwelt), d.h. zur Erleuchtung, führt. So wird der Mensch befähigt, seine Triebe aus der alles vereinigenden Mitte im Sinne der Schöpfungsordnung zu gebrauchen.

Und – das ist wieder bezeichnend für die nichts ausgrenzende Integrationskraft der ägyptischen Kultur: es wird die Sonnenbarke in der zwölften Nachtstunde von allen Göttern durch den ganzen horizontalen Apophis von Schwanz bis Kopf durchgezogen, wodurch dieser bei Sonnenaufgang mit Re aufersteht und so, wie der wilde Seth, in den Dienst der Ganzheit gestellt wird. Das muß aber bei jeder Nachtfahrt – gerade auch vom meditierenden Pharao – täglich neu vollzogen werden. – Uto, die vertikale Schlange, und Apophis, die horizontale Schlange, symbolisieren also beide dieselben libidinösen Antriebskräfte im Menschen. Nur vertikal gebraucht, ist die Schlangenkraft heilsam, – wogegen horizontal an das Irdische, Vergängliche verschwendet und darum mißbraucht, wirkt sie zerstörerisch. Es geht also um das Kultivieren ein- und derselben Funktion. Deshalb gab es bei den Griechen auch nur einen Namen für das vielgesichtige Schlangensymbol: ‚Pharmakon', welches je nach Brauch oder Mißbrauch ‚Heilmittel' oder ‚Gift' bedeutete. Die Apotheken (Pharmazien) haben heute noch als Symbol für diesen Sachverhalt den Äskulapsstab (Weltachse) mit der sich emporringelnden Schlange.

Aber die Schlange ist ein ungemein vielschichtiges Symbol, welches unter vielerlei Gestalten in der ägyptischen Kunst dargestellt wird. Es ist immer die Libido, die Triebkraft im Menschen, die in einer

schier unbegrenzten Wandlungsfähigkeit immer neue Gesichter zeigt. So ist z. B. die Ringelschlange oder der Schwanzbeißer (Uroboros) Symbol für den endlosen Kreislauf (Neheh) der sich selbst immer weiter zeugenden, gebärenden und wieder auffressenden, zyklischen Schöpfung. Der horizontale Apophis dagegen steht für den die Schöpfung zerstörenden Mißbrauch der Triebkräfte, und der senkrechte Uto für die Integration der Polaritäten an der Weltachse (Djet).
Ferner finden wir Schlangen mit zwei und mit vier und mit vielen Beinen, mit einem und mit zwei Köpfen und mit Menschenköpfen, die mitten aus ihrem Rumpf herauswachsen u. a. m.. Bezeichnenderweise sind die **Unterwelts**bücher voll davon. Es dürfte wohl kaum eine Kultur geben, die all diesen Facetten so detailliert nachgespürt und sie künstlerisch dargestellt hat wie die altägyptische.

Wenn der Horus-Pharao stirbt, wird er durch Mumifizierung (Auseinandernehmen der Bestandteile und Neu-Zusammensetzen: das ist der Weg der Meditation, die zur Kontemplation führt) und Aufrichten des mumifizierten Leichnams (Djet, Auferstehung) zu einem Gott-Osiris, während sein Sohn durch den meditativen Vollzug dieses Kultes zu einem Gott-Horus wird. Hierdurch ist die Thronfolge sicher geregelt. – Dabei spielte die Volkszugehörigkeit keine Rolle. Der neue Pharao mußte nur den kultischen Prozeß der Integration aller Polaritäten durch eine erneute Geburt leibhaftig vollziehen. So konnten Alexander der Große und in seiner Nachfolge die griechischen Ptolemäer und auch später römische Kaiser, wieTrajan, zu Pharaonen werden, wenn sie den Kult der „Erneuten Geburt" vollzogen. Dieser ist an den Wänden der Mammisi, der Geburtstempel, dargestellt. Wir werden ihn dann später bis ins Detail hinein bei der Geburtsgeschichte Jesu (Lk. 1,26-38)[21] und auch bei Buddha wiederfinden. Auch der tibetische Gottkönig, der Dalai-Lama, muß sich dieser kultischen Einweihung unterziehen. Ich kann nur wiederholen, daß das keine Phantasieprodukte sind, sondern daß es um spirituelle Erfahrungen geht, die in diesen Bildern ihren Ausdruck finden. Es geht immer um die erneute Geburt des Gott-Menschen, des Kontemplativen, der als Erleuchteter fähig ist, die Schöpfungsordnung zu erkennen, zu reden und zu tun. – Wenn auch dieses hohe Ziel keineswegs von allen *politischen* Gottkönigen erreicht wurde, so nahmen damals doch die meisten dieses Amt sehr ernst als Verantwortung vor den Göttern.

Der Gott-König

Die Struktur der ägyptischen Kultur wurde schon in den ersten Dynastien von außerordentlich charismatischen, kontemplativen Gestalten grundgelegt. Leer von sich selbst und den Geschöpfen, konnten sie im unerschaffenen LICHTE das Werden und Vergehen der Geschöpfe und ihrer selbst aus der Leere schauen. Das befähigte sie, die Rahmenbedingungen für diese außerordentliche Hochkultur zu schaffen. Dadurch waren sie wahrhaft eine Inkarnation Gottes, Gott-Könige, weil der lebendige Gott durch sie unverfälscht in Erscheinung treten konnte. Der König im Alten Reich ist daher identisch mit dem höchsten Gott. Wenn der König stirbt, wird er zum Gott Osiris. „Seinem Kult gelten alle architektonischen und rituellen Aufwendungen. Sein Sohn, der regierende König, ist der Herr dieses Kults. Er trägt den Gottesnamen Horus und wird zweifellos als lebende Inkarnation dieses Gottes (und nicht etwa als dessen irdischer Stellvertreter) verstanden.“[22] Assmann nennt diese Staatsform eine identitäre Theokratie, weil der König durch Teilhabe identisch ist mit dem höchsten Gott.

Aber das Wesen des Gott-Königtums hat im Laufe der dreitausendjährigen Geschichte Ägyptens allerlei Wandlungen durchgemacht. Nachdem die wahrhaft kontemplativen Gestalten immer seltener wurden, wird etwa ab dem Mittleren Reich, der 12. Dynastie, der regierende König als Mittler zwischen Gott und dem Volke gesehen. Er ist nicht mehr identisch mit Gott, sondern repräsentiert den im

Himmel wohnenden Gott als sein von ihm aus der irdischen Mutter (Isis) gezeugter Sohn (Horus) auf Erden. – Denn, wie uns der Mythos erzählt, lebten früher die Götter und Menschen gemeinsam auf Erden (kontemplativ!). Wegen der Empörung der Menschen gegen den Schöpfergott wurde durch den Luftgott Schu der Himmel hoch über die Erde gewölbt, und Schu wurde Mittler zwischen den nun im Himmel wohnenden Göttern und den Menschen auf Erden (s. Abb. 1). Denn, wenn der Mensch sein Bewußtsein einschränkt auf seine schöpferischen Funktionen (Gedanken und Vorstellungen im Kopf), dann hat er seine geschöpflichen Funktionen (das Materielle, das Vegetative und das Animalische: Seth) und damit die Erde unter sich, und den Himmel schaut er nun hoch über sich. Die Götter sind nun fern oben im Himmel oder unten in der Unterwelt und müssen durch Gebet und Opfergaben eingeladen werden, in ihren Bildern im Tempel einzuwohnen.

„Die repräsentative (nicht mehr identitäre) Sohnschaft des Pharao am ägyptischen Pantheon und insbesondere am Schöpfer- und Staatsgott Re bestimmt von da ab das Königsbild.“[23] Durch Verehrung aller (!) Vorfahren wird deren Ka (göttliche Energie) auf den König übertragen: „Das Leben von Millionen Jahren“[24]. Dieser Ka wird durch Verehrung der Götter im *Kultmahl* übertragen. „Der Gott empfängt die priesterlichen Darreichungen und gibt im Austausch dem König entsprechende Segensgüter.“[25]

Zusammenfassend kann man wohl frei nach Assmann sagen, daß am Anfang im erleuchteten, kontemplativen Pharao **Gott als gegenwärtig, d.h. inkarnatorisch,** erfahren wurde. Im Mittleren Reich „treten an Stelle der Realpräsens Mittelbarkeit und Repräsentation. Staat und Kult, Tempel, Riten, Statuen, Bilder vermögen durch die Kraft des Symbols das Göttliche zu vergegenwärtigen und einen immer nur mittelbaren Kontakt mit dem Göttlichen zu stiften. Der Pharao herrscht als **Repräsentant des Schöpfergottes.**“[26] Im Neuen Reich „handelt es sich um die konsequente Institutionalisierung der ramessidischen Geschichtstheologie, die die Geschichte dem Willen Gottes entspringen läßt. Jetzt übernimmt der **Wille Gottes** im Medium des thebanischen Orakels die Regierung."[27]

Nach diesem kurzen Überblick über die Entwicklung des Gottkönigtums wollen wir uns nun einem weiteren zentralen Zug der ägyptischen Kultur, dem Grab als Begegnungsstätte von Diesseits und Jenseits, zuwenden.

Die Achet: Pyramide, Grab, Tempel als Orte der Begegnung[28]

Die Pyramiden, die Gräber und etwas später die Tempel sind das eigentümlichste Symbol für die ägyptische Kultur. Bezeichnend hierfür ist der Bericht des (anfangs schon zitierten) Hekataios von Abdera, der von 320-305 v. Chr. in Alexandria lebte:

„Die Einheimischen geben der im Leben verbrachten Zeit einen ganz geringen Wert. Dagegen legen sie das größte Gewicht auf die Zeit nach ihrem Tode, während der man durch die Erinnerung an die Tugend im Gedächtnis bewahrt wird. Die Behausungen der Lebenden nennen sie ‚Absteigen', da wir nur kurze Zeit in ihnen wohnten. Die Gräber der Verstorbenen bezeichnen sie als ‚Ewige Häuser', da sie die unendliche Zeit im Hades verbrächten. Entsprechend verwenden sie wenige Gedanken auf die Ausrüstung ihrer Häuser, wohingegen ihnen für die Gräber kein Aufwand zu groß erscheint."[29]

Uns ist schon wiederholt der „Verborgene Bereich" begegnet, der komplementär zum Hiesigen gehört.
„Die Pyramide des Cheops oder Chufu heißt ägyptisch ‚Achet des Chufu'. Achet ist die Schwellenregion zwischen Himmel, Erde und Unterwelt, insbesondere aber der Ort des Auf- und Untergangs der Sonne am Horizont. Das Wort ist von einer Wurzel mit der Bedeutung ‚strahlen, leuchten' abgeleitet."[30] Die ‚Achet' ist u. a. die Him-

melsregion, **der Horizont**, wo Himmel, Erde und Unterwelt sich berühren, wo die Nut am Morgen die Sonne gebiert und sie am Abend verschlingt, bzw. die Sonne, das LICHT, in die Unterwelt hinabsteigt. Sie ist die Schwellenregion, die Mitte, wo, wie wir oben sahen, im kontemplativen Mitvollzug der Pharao als ein erleuchteter Gott-König mit der Sonne täglich neu geboren wird und abends mit ihr stirbt und so, mit der Sonne Himmel, Erde und Unterwelt transzendierend, ein Unsterblicher wird.

Das Grab, der Tempel und besonders die Pyramide ist der Ort, wo sich Neheh (Zeit) und Djet (Ewigkeit) begegnen. Damit ist nicht nur der Übergang des Verstorbenen vom Hiesigen in die Unterwelt, in den „Verborgenen Bereich", die Duat, gemeint, sondern vor allem auch die kultische Kommunikation der Hiesigen sowohl mit den Verstorbenen in der Duat, als auch mit den Auferstandenen, Verklärten, im Himmel. Denn letztere leben in der Djet, die alle Zeiten transzendiert. Und so können die Verewigten im kultischen Begehen gegenwärtig erfahren werden.
Jeder Mensch lebt hier in Wechselbeziehung mit dem Ewigen, und die die Jahrtausende überdauernden Pyramiden und Gräber mit ihren in Stein gehauenen Inschriften er-**innern** ihn daran. Es geht hier nicht nur um ein **Denken an** Verstorbene, sondern um ein **Innewerden** der Auferstandenen, der überzeitlich Gegenwärtigen. Denn die Hiesigen und die Jenseitigen gehören alle komplementär, untrennbar zusammen in der einen Schöpfung.

Die Pyramide ist ein architektonischer Ausdruck dieser Begegnung. Mit ihrem quadratischen Grundriß steht sie mit ihrer ungeheuren Schwere wuchtig **ganz auf dieser Erde**, dem Hiesigen. Und sie verweist mit ihrer alles überragende Höhe, mit ihrer Spitze, auf den **Aufstieg zum Himmel**, und mit dem unvergänglich die Jahrtausende überdauernden Granit auf die alle Zeiten überschreitende Djet. Sie ist das Hiesige, das Irdische (Erdene), welches vom Himmel, vom Kreislauf der Gestirne, zyklisch immer wiederkehrend, seine ewige Ord-

Abb. 5: Die Stufenpyramide des Djoser. Solche Stufenpyramiden finden wir – meist später – weltweit! (Bildnachw.: Archiv.)

nung erhält: Nord-Süd, Ost-West. Denn diese ungeheuren Gesteinsmassen sind genauer als die Sternwarte von Greenwich nach den komplementären Himmelsrichtungen orientiert.

Sie ist damit das Bild für den kontemplativen, erleuchteten Gott-König, der alle Polaritäten, vor allem aber die Weltachse: Himmel, Erde, Unterwelt in sich vereint hat und so unsterblich geworden ist. Sein Weg dahin, – der **Aufstieg zum Himmel**, sowie **die Herabkunft zum Kultmahl,** die vor allem in der sehr frühen **Stufen**pyramide (Bild 5) des Djoser (ca. 2600 v. Chr.) deutlich werden –, ist im unvergänglichen Stein in Hieroglyphen, heiligen Zeichen, eingehauen und wird von den noch Hiesigen kultisch in ihr begangen. Das Mahlopfer, das die Gemeinschaft beider Bereiche durch Einverleiben, d. h. Inne-werden, erfahrbar macht, bildete wohl die Mitte dieses Kultes, wie wir das weltweit zu allen Zeiten finden. Architektonisch bezeichnend hierfür ist die schon seit dem Alten Reich vorhandene Scheintür, die die Hiesigen mit den Verstorbenen verbindet. Die portalähnliche Nische diente als Opferstätte und galt als Herzstück des Grabes. Hier an der Westwand der Kammer konnte der Verstorbene die Opfer empfangen und so mit den Hiesigen kommunizieren. Wir werden in den folgenden Kapiteln ausführlicher hierauf eingehen.

Sowohl die Pyramide als auch das Grab und schließlich auch der Tempel – als **Begegnungsstätte**, wo die Götter, eingeladen durch Kult und Gebet, vom hohen Himmel zu den Irdischen herabsteigen und einwohnen – ist die **Achet**, der Horizont, die Schwellenregion, wo Himmel, Erde und Unterwelt, die Verklärten, die Hiesigen und die Verstorbenen einander begegnen. Sie sind für die Ägypter die wichtigsten Orte ihrer Kultur, wo Götter und Menschen, Lebende und Verstorbene kommunizieren.
Die **Hieroglyphe**, das heilige Schriftzeichen, für Achet ist die Sonnenscheibe am Horizont zwischen zwei Hügeln.

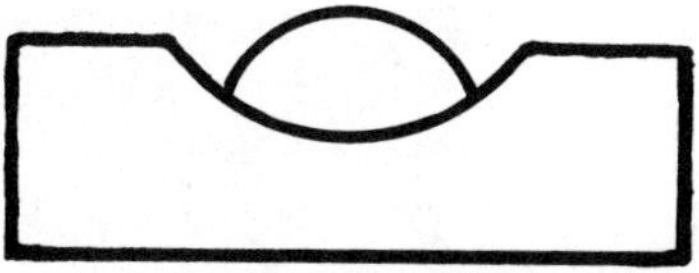

Nach diesem Bild sind die gewaltigen Eingangstore zu den Tempeln, die **Pylonen**, gestaltet (Bild 6). „Wir kennen zum Beispiel die Gleichsetzung des mit der Sonnensymbolik behafteten Pylonpaares mit den beiden Wüstenbergen am Horizont, zwischen denen die Sonne auf- oder untergeht, oder ihre Identifizierung mit Isis und Nephthys, die zwischen sich die Sonne hochheben.“[31]

Wenn auch der Tempel eine Achet ist, so ist er doch kein Kultraum für das Volk. Dieses darf nur an hohen Festen den Vorhof betreten. Der Tempel ist das Haus des fernen Gottes, in welchem er auf Grund des Gebetes und der Opfer des Königs und der Priester in seinem Kultbild einwohnt.

An hohen Festtagen aber zeigt sich der **König** dem ihm zujubelnden Volk als ein In-Erscheinung-Treten des Sonnengottes am Horizont, der Achet, **in dem Sattel zwischen den beiden Türmen** des Pylon. Er ist ja **der inkarnierte Gott**, der durch sein kontemplatives Leben Teilhaber am Schöpfergott ist.

Und es ist ganz bezeichnend, daß der Pharao sehr häufig auf den Pylonen in der Haltung des Orion, d.h. als ein Osiris, dargestellt ist, wie er die Feinde niederschlägt. Das ist nicht primär politisch, militärisch gemeint. Sein Niederschlagen richtet sich gegen die Feinde des Sonnengottes, die dessen schöpferisches Inganghalten der Schöpfung hindern und damit Unheil über die Schöpfung bringen wollen.

In der Frühzeit fühlten sich die Menschen noch kollektiv eins mit ihrem Gottkönig. Auch hierfür ist die Pyramide ein Ausdruck. Sie ist das Gemeinschaftswerk, welches auf der breiten Basis des Volkes ruht. Die Spitze, die am Morgen den ersten Sonnenstrahl glänzend widerspiegelt, ist der Pharao, der für sein Volk erleuchtete Gott-König. Als Teilhaber am Schöpfergott Re kann er die ständig aus der

Abb. 6: Pylon: Das architektonische Symbol für die Achet. (Bildnachw.: Archiv.)

Leere im Werden begriffene Schöpfungsordnung, die Ma'at, erkennen, seinem Volke lehren und sie durchsetzen.

Die Ma'at

Die Ma'at ist ein so universelles Phänomen, daß jeder Ägyptenforscher sie anders umschreiben kann. Jan Assmann nennt sie die „konnektive Gerechtigkeit". „Das Prinzip der konnektiven Gerechtigkeit bildet die zentrale und entscheidende Sinnkonstruktion der ägyptischen Kultur".[32] Ich möchte sie die „Schöpfungs-Ordnung" nennen, um ihre nicht nur menschlich-soziale, sondern wahrhaft kosmisch-göttliche Dimension (Sonnenlauf, Nilflut, Sternbilder usw.) stärker zu betonen.

Diese Schöpfungsordnung wird von den frühen Menschen ganz allgemein als eine totale Einheit erfahren, der er selbst angehört. Die Schöpfung wird also nicht als Umwelt betrachtet, der der Mensch mehr oder minder distanziert gegenübersteht. Er ist selbst ein Glied der Schöpfung (ein Seth) und darum der Ma'at unterworfen.

Aber der Mensch findet sich selbst nicht nur als ein **Geschöpf** (Seth) neben allen anderen vor, sondern er muß, ob er will oder nicht, die Schöpfung **schöpferisch** in Gang halten (Osiris). Tut er das nicht im Rahmen der Ma'at, d. h. zugleich im Sinne des Schöpfers, ist er z. B. individualistisch, eigenwillig, habgierig, träge, gerät auch die Ma'at und damit er selbst, seine Beziehung zu den Mitmenschen und zur Schöpfung in Unordnung. – „Der Mensch muß die Ma'at reden und tun!" Das ist Wahrheit und Gerechtigkeit (Naturrecht!). Und das wurde nicht nur menschlich-sozial, sondern auch wesentlich kosmisch verstanden. Die Schöpfung in sich und um sich ist in die Hand des Menschen gegeben, und er muß sie im Sinne des Schöpfers kultivieren, wenn er nicht alles verderben will. Das erfahren wir heute deutlicher als je zuvor. Auch die nichtmenschlichen Geschöpfe haben ihr Recht, in welches der Mensch als Glied der Schöpfung sich einfügen muß.

Da die Ma'at ständig neu aus dem Munde des Schöpfers, Ptah, als sein Wort hervorgeht, ist sie nichts Statisches, sondern muß in jedem Augenblick vom Menschen lebendig neu erkannt und geredet und getan werden: sie muß von den Menschen in Gang gehalten werden.

Wenn auch jeder Mensch verpflichtet ist, dies freiwillig zu tun, sind doch viele Menschen weder fähig noch auch guten Willens, das zu tun. Deshalb „ist der Staat dazu da, die Ma'at auf Erden einzusetzen, d.h. die Rahmenbedingungen dafür zu schaffen, daß sie überhaupt gelehrt und erinnert werden kann"[33]. Diese Rahmenbedingungen werden vor allem in den kultischen Handlungen und Festen unter Anleitung der Priester vom gesamten Volk kultisch begangen und so den Menschen eingeprägt. Die dabei gespielten, gesungenen und vorgelesenen Texte sind vor allem in den steinernen Kultbauten, den Pyramiden, den Grabmalen, den Tempeln für alle Zeiten verewigt. Diese Überlieferungen waren aber nur dann und in dem Maße wirksam, wie sie nicht nur gewußt, sondern auch gerade kultisch begangen wurden. Nur so konnte die ägyptische Kultur über 3000 Jahre bei allem Wandel und allem Auf und Ab ihre Identität bewahren.

Da aber die Ma'at einem lebendigen Wandel unterworfen ist, beruht das ägyptische Reich wesentlich auf dem kontemplativen Gott-König, dem Pharao, dem Kenner der Ma'at. Dieser wiederum ist fest eingebunden in die von den Priestern sicher gehüteten, schriftlich fixierten, regelmässig kultisch begangenen, religiösen Traditionen. Der Pharao ist – das Amt sich wandelnd im Laufe der Jahrtausende – die Inkarnation Gottes, Sohn Gottes, Repräsentant Gottes, der bei dem ständig sich entfaltenden Schöpfungsgeschehen an dem Ersinnen (Sia) des Schöpfergottes Teil hat, dieses ausspricht (Hu) und mit göttlicher Schöpferkraft (Hike) verwirklicht.

„Die Ma'at ist das Prinzip, das … zur Gemeinschaft verbindet und dem Handeln Sinn und Richtung gibt, indem es bewirkt, daß das Gute belohnt und das Böse bestraft wird. … Füreinander-Handeln setzt Aneinander-Denken voraus. … Das Gegenseitigkeitsprinzip wird also mit der Zeitdimension verknüpft."[34] „‚Alle Handlungen sind ineinander verfugt' formuliert die Lehre für Merikare."[35] „Ein Gedächtnis braucht der Mensch, um dazuzugehören." „Moral und Gedächtnis entwickeln sich koevolutiv im Prozeß der Züchtung des Menschen zum **Mitmenschen, d. h. zum Kulturmenschen."**[36] „Leben können heißt, anderen das Zusammenleben mit sich zu ermöglichen."[37] Wir begegnen hier wieder der polaren Struktur der Schöpfung.

„Das Geheimnis dieser Konnektivität [Vernetzung von allem mit allem; Anm.von mir] ist in den Augen der Ägypter, daß sie den Tod überdauert und Unsterblichkeit verheißt."[38] Wenn der Mensch stirbt, wird er zur Waage geführt (Bild 7). Sein Herz wird auf die eine Waagschale gelegt, auf der anderen steht die Feder, das Zeichen der Ma'at. Der Mensch muß also im Gleichgewicht mit der Ma'at leben, sonst verschlingt ihn ein Ungeheuer, oder er kommt in den Feuersee. Dieses Gemessenwerden an der Ma'at im verborgenen Bereich ist das entscheidende Motiv für ein ethisches Handeln hier auf Erden und gab der altägyptischen Kultur ihr dreieinhalb tausendjähriges Bestehen.

Das Grundprinzip aller archaischen, kosmotheistischen Ursprungsreligionen ist, wie wir am Beispiel Altägyptens gesehen haben, durch Sich-Einordnen in die Schöpfungsordnung in sich und um sich, d. h. durch Meditation, in Übereinstimmung mit dem Schöpfer zu kommen, um so die Schöpfung in Gang zu halten. Voraussetzung dazu ist das Leerwerden von sich selbst, wodurch der Mensch einswerden kann mit seinen Mitgeschöpfen und teilhaben kann am immer fortwährenden Schöpfungsprozess aus der Leere. Wir wollen uns diese Frühform der Religionen an zwei weiteren Beispielen: China und Indien, in dem folgenden Kapitel anschauen.

Abb. 7: Beim Eintritt in die Unterwelt wird das Herz des Verstorbenen auf die Waage gelegt, zur Prüfung, ob er im Gleichgewicht mit der Schöpfung gelebt hat. (Bildnachw.: Britisches Museum)

III. Zwei weitere Ursprungsreligionen: China und Indien

Diese beiden großartigen Hochformen archaischer Religionen können wir nur kurz darstellen, soweit dies für unsere Untersuchung des Kulturaustausches entlang den Seidenstraßen nützlich ist. Wir wollen also nur einige ihrer besonderen Beiträge zur allgemeinen Entwicklung der Religion betrachten. Denn vieles Grundlegendes haben sie mit der im vorigen Kapitel breiter dargelegten altägyptischen Kultur gemein.

A. CHINA

Im Unterschied zu Ägypten war China zahllosen äußeren Einflüssen ausgesetzt und „in ethnischer Hinsicht nicht homogen. Im Gegenteil, weder seine Sprache noch Kultur oder Religion bildeten anfänglich einheitliche Systeme“[39].

Abgesehen davon, daß in der Bronzezeit die Grunderfahrungen der Menschheit weltweit einander sehr ähnlich waren, wollen wir im Rahmen unserer Untersuchung nur die Frühformen anschauen, die für die Entwicklung des Taoismus wichtig waren. Denn dieser leistet im Austausch der Religionen einen wichtigen Beitrag.

Wie im alten Ägypten und wohl in allen Religionen in dieser Zeit, finden wir auch hier wieder die Weltachse Zenit-Nadir mit den vier Himmelsrichtungen, deren Schnittpunkt die MITTE der Welt ist. China ist das Reich der MITTE, die Hauptstadt ist die MITTE des Reiches, und der Herrscherpalast ist die MITTE der Hauptstadt.

„Oben im Himmel waltet Schang-di, ‚der Herr in der Höhe', auf der Erde waltet Di, ‚der Herrscher'. Dieser ist der MITTler zwischen Oben und Unten, zwischen Unten und Oben ... und hält so das Naturgeschehen in Gang."[40]
Das kann er nur in Übereinstimmung mit dem „Dau (Tao), was der Weg oder richtiger die Führung (des Alls) bedeutet. Dies ordnende Prinzip des Schicksals, der Natur, der Sitte, des Staates weist jedem Lebewesen und jedem Menschen seinen Ort und seine Zeit im Weltgefüge an."[41] Das Dau der Chinesen entspricht weitgehend der Ma'at der Ägypter: DIE PERSONAL, TRANSPERSONAL ERLEBTE SCHÖPFUNGSORDNUNG ALS MASSGEBEND FÜR WAHRHEIT UND GERECHTIGKEIT, DIE DER MENSCH REDEN UND TUN SOLLTE.

Ebenso wie der Pharao in Ägypten wird auch der Priesterkönig in China als Mittler zwischen Oben und Unten gesehen: „Der Herrscher vertritt ‚als Sohn des Himmels' die Menschheit vor Gott, dem ‚Herrn in der Höhe'.... Auf der anderen Seite ist es seine Pflicht, den heiligen Willen durch ein vorbildliches Leben zu verkörpern und die Menschen den göttlichen Willen zu lehren. So steht er wahrhaft in der **MITTE** zwischen dem höchsten Gott und der Menschheit."[42] Nur, wenn der Herrscher selbst in seiner **URSPRUNGSMITTE** ist und daher in Übereinstimmung mit Schang-di, dem Herrn in der Höhe, ist China das **Reich der MITTE.**
„Nach urältester Sitte mit der lammfellenen Mütze der Hirten-Nomaden geschmückt, vollzog er auf dem runden Hügel inmitten der Lichtung des heiligen Haines unter freiem Himmel das Himmels-

opfer. Aus schlichtem Holzbecher oder einer Holzschale nahm er die Kommunion des Opfermahles (Wein und Fleisch) entgegen. Als höchstes Opfer aber über alle Opfergaben bot er sich selber dem höchsten Herrn an: ‚*Wenn ich selbst Sünde habe, so rechne sie nicht den hundert Sippen der zehntausend Gegenden zu; wenn die hundert Sippen der zehntausend Gegenden Sünde haben, so bleibe die Sünde auf meiner Person.*' Der Priesterkönig ist hier Vollzieher des Sühnopfers und zugleich selber die Opfergabe.
Das ist eine uralte Menschheitstradition, die sich von der jüngeren Steinzeit her in die Bronzezeit bei so vielen Völkern als großartigste Konzeption des heiligen Herrscheramtes entfaltet hat. Wir finden diese Auffassung nicht nur in Asien, sondern auch in Amerika, in Afrika und Europa vertreten.
Welche Tiefe der Auffassung und welche göttliche Weisheit stecken doch in der Überlieferung dieser uralten Religionen! ... Durch seine Weisheit [d. h. durch sein Leben aus der einen Ursprungsmitte von allem] gestaltet der ‚Sohn des Himmels' die Welt und sorgt dafür, daß ihre Erscheinungen in Analogie mit dem Dau, dem Weltgesetz und Willen des göttlichen Weltgrundes, sich vollziehen. So wird die Einheit von Droben und Drunten, von Drunten und Droben, die er selber darstellt und zu der er sich durch das Opfermahl an den hohen Festtagen neu stärkt, immer wieder erleuchtet vollzogen."[43]

Die Abstammung des Himmelssohnes

„Der Zentralherrscher stammt von einer Mutter oder einer Ahnfrau ab, welche – manchmal bis dahin jungfräulich oder unfruchtbar – durch übernatürlichen Eingriff empfangen hat. ... Die Ahnfrau der Dschou tritt in die Fußstapfen eines Riesengeistes, nämlich des ‚Herrn in der Höhe' und empfängt auf diese Weise. ... Ausschlaggebend sind: erstens leibliche Abstammung von einer Ahnfrau, die übernatürlich empfangen hat (vgl. Ägypten: Nut, Isis), und zweitens Erfolg in der Ordnung des Reiches nebst Segnungen der Naturwelt

(vgl. Ägypten: Ma'at), die den Ausweis des himmlischen Auftrags erbringen."[44]
Schang-di, ,der Herr in der Höhe' oben, ist als das Dau (der Geist), welches persönlich alles führt, in Di, ,dem Himmelssohn' unten, in allen seinen Amtsgeschäften gegenwärtig. Nur, wenn der Herr in der Höhe im Himmelssohn durch den Geist gegenwärtig ist, hat dieser Erfolg in der Ordnung des Reiches und werden ihm die Segnungen der Naturwelt, die ja eine Wirkung des Dau sind, geschenkt.
Sie werden ihm aber nur geschenkt, wenn er vom Herrn in der Höhe unmittelbar über-*zeugt* ist, also in seinen Amtshandlungen nicht von weltlichen Motiven, sondern vom Dau bewegt ist, welches jedem Geschöpf im Weltgefüge seinen Ort und seine Zeit zuweist. Der Himmelssohn muß – wie der Pharao – ein Kontemplativer sein, Brennpunkt zwischen Schöpfer und Schöpfung. Er muß also aus seiner UR-SPRUNGS-MITTE (die ja jungfräulich leer, d. h. vor jeder Gestaltwerdung ist) handeln.

Um Mißverständnisse zu vermeiden, müssen wir den Begriff der „Jungfräulichkeit" noch einmal klarstellen. Für die damaligen Kulturen existierte in dieser Hinsicht keine gegenständlich veräußerlichte, nur biologisch-sexuelle Betrachtungsweise. Lebt und handelt der Herrscher aus „,chung', der Mitte, in der jedes Ding der weiten Welt beschlossen ist"[45], dann ist er, wie die Himmelsgöttin Nut in Ägypten, leer von sich selbst, und der Schöpfer (Amun-Re in Ägypten, Schang-di in China) kann durch ihn in Erscheinung treten, d. h. geboren werden.
Dem Vorgang nach ist die jungfräuliche Abstammung des Gottessohnes und Priesterkönigs in allen Kulturen die gleiche. Nur die mythisch bildhafte Beschreibung dieses mystischen Geschehens ist unterschiedlich.

Rousselle bemerkt zur chinesischen Mythenentwicklung, daß die Abstammung von einer jungfräulichen Mutter ursprünglich individuell für jeden einzelnen Zentralherrscher erwähnt wird. Erst später, als man dieses Geheimnis der jungfräulichen Geburt aus der Ursprungsmitte nicht mehr richtig verstand, wurde diese auf eine dynastische Ahnfrau in grauer Vorzeit übertragen.

Ein typisches Beispiel für das, was allgemein mythologisch mit der Abstammung von einer jungfräulichen Mutter gemeint ist, ist in China der Drache. Wie überall im fernen Osten verbreitet, „drückt der Drache die Schöpferkraft des Himmelsgottes aus“[46], durch die der Mensch zu einem Sohn des Himmels wird.

Der Drache

Der Drache im fernen Osten ist die gleiche Symbolgestalt wie in Ägypten die sich AUFBÄUMENDE, feuerspeiende Uräusschlange (Kobra), die durch Aufspreizen der Halswirbel den Eindruck einer geflügelten Schlange erweckt. Die vom ATEM BEFLÜGELTE, zum Himmel senkrecht aufsteigende Schlange ist der Drache. Indem er die drei Bereiche: Himmel (transpersonaler Geist, Atem), Erde (Leibgestalt) und Unterwelt (praepersonales Unbewußtes) als Weltachse (z.B. Berg Meru) durchstoßend vereint, erzeugt er jungfräulich den erleuchteten, Neuen Menschen aus der allumfassenden URSPRUNGSMITTE und stellt so die *ursprüngliche*, d.h. die restlos vom Geist durchwaltete *Ordnung* wieder her.
Es ist die gleiche Symbolik wie die der Osterkerze (linear, vertikal, männlich) in der katholischen Kirche, welche nach dreimaligem Anhauch (Geist, Flügel) immer tiefer in das Taufwasserbecken (Bekkenraum, Mutterschoß) gesenkt wird. Die politische Symbolgestalt für den Erleuchteten ist wie in Ägypten so auch in China der Gott-König. Der Drache ist bis heute in China das Glück und Heil verheißende Symbol schlechthin.

Die Einheit scheinbarer Gegensätze – Die coincidentia oppositorum

„Was droben ist, ist drunten; was drunten ist, ist droben. Diese Anschauung verbindet das Chinesentum nicht nur mit Babylon und anderen asiatischen Kulturreligionen, sondern sie ist auch die Grundlage der alten Religionen von Ägypten bis Alt-Amerika und verknüpft das Amt des Himmelssohnes mit den Ämtern der anderen Priester- und Gottkönige."[47]

Wir finden hier wieder die uralte Weisheit der coincidentia oppositorum, die das Wesen jeglicher Mystik ist. Was einer rational-objektivierenden, von außen an-sehenden Betrachtungsweise als unvereinbar erscheint (z.B. Gott – Mensch, oben – unten, Geist – Materie), erweist sich, aus der unbegreiflichen Ursprungs-MITTE geschaut, als die zwei polaren Erscheinungsweisen der *einen* Münze. Das Primäre ist die geheimnisvolle Einheit von allem, das Dau, welches aber nur in Gestalt unzähliger Polaritäten in Erscheinung tritt, die wiederum bei standpunkthafter Betrachtungsweise als Gegensätze empfunden werden.

Dieses Geheimnis haben die Chinesen denkerisch durchdrungen mit der Yin-Yang-Philosophie, die bis heute in Gestalt der Philosophia perennis (s. S. 76/77) ihre Aktualität nicht eingebüßt hat:
Wir finden hier wieder, wie schon im alten Ägypten, als Grundstruktur der Schöpfung die Dreieinheit. Ein Yin – ein Yang: Dau

Ein Yin:
Dieses Yin ist der Leser dieser Zeilen, es ist der Schreiber dieser Zeilen, es ist der Baum, der draußen vor meinem Fenster steht, und ebenso jedes irdische Ding im Universum. Jedes Ding ist als Ganzes, wie auch in jedem seiner Bestandteile, total formbar, veränderbar, seinem Wesen nach leer von sich selbst, offen hin auf Veränderung seiner niemals **fest**-stell-baren Gestalt. Alle mater-iellen Dinge, ein-

schließlich des Menschen, sind unbegrenzt wandelbar, darum nicht feststellbar. Panta rhei: alles fließt, wie unter anderen auch Heraklit und lange vor ihm schon die Chinesen und die Inder (samsara) sagten. Und insofern alles restlos formbar, also in Möglichkeit zu neuen Gestalten ist, nennt es der Chinese „Yin".

Ein Yang:

Dieses Yang ist der Leser dieser Zeilen, das ist der Schreiber dieser Zeilen, das ist der Baum, der draußen vor meinem Fenster steht, und ebenso jedes irdische Ding im Universum. Jedes Ding ist als Ganzes, wie auch in jedem seiner Bestandteile, total wirklich: es wirkt, so wie es gerade als Ganzes, wie auch in seinen Betandteilen ist, auf andere Dinge ein, formt und gestaltet sie auf seine einmalige und besondere Weise. Und insofern jedes Ding restlos wirkend, formend ist, nennt es der Chinese „Yang".

Jedes Ding ist also als Ganzes, wie auch in seinen Bestandteilen, in derselben Hinsicht restlos Yin und restlos Yang. So wird für gewöhnlich die Frau auf Grund ihrer ganzen Konstitution als Yin (empfangend) bezeichnet und der Mann als Yang. Wenn aber die Frau den Mann verprügelt und der Mann dies geduldig hinnimmt, dann ist in dieser Situation die Frau Yang und der Mann Yin.

Da nun alle Dinge ständig restlos einander bewirken und voneinander bewirkt werden, durchdringt sich alles gegenseitig und nichts bleibt sich selbst gleich. Der Mensch ist nun einerseits ein materielles Geschöpf (p'o) und darum wie alle anderen irdischen Geschöpfe dem Wandel unterworfen. Andrerseits ist er fähig zu schöpferischem Tun (hun). Mißbraucht er individualistisch seine schöpferischen Fähigkeiten, so bringt er den Fluß der Dinge, die Schöpfungsordnung durcheinander. Ordnet er sich aber ein in den Fluß der Dinge, an dem er durch seine geschöpfliche Natur (p'o) teilhat, und wirkt als Teil des ganzen Kosmos, so erfährt er die wundervolle Führung durch das Dau.
Läßt er also freiwillig (nicht gezwungen!) Yin und Yang in der natürlichen Ordnung der Dinge in sich und um sich fließen, gelangt er durch das Tun des Erschaffenen (Yu-wei) zum Mittun mit dem Unerschaffenen (Wu-wei), dem Dau. „Das Geheimnis des Elixiers (d. h., wie es zu erlangen ist) besteht darin, durch das Yu-wei zum Wu-wei zu gelangen."[48] „Man darf nicht alles überspringen und direkt eindringen wollen."[49] „Denn das Dau (das Durch-sich-selbst-Seiende = tzu-jan) hat weder Name noch Gestalt."[50]
Das Dau ist also niemals Gegenstand der Erkenntnis, es kann nie direkt erkannt werden. Aber durch Einordnen in den Lauf der Dinge erfährt man seine wundervolle Führung und erkennt es so an seinem Wirken. Ein Yin, ein Yang: Dau!

Die Deutung des dynamischen Weltgeschehens als Yin-Yang-Dau ist vielleicht der wichtigste Beitrag Chinas zur Kulturgeschichte der Menschheit. Im Abendland tritt diese Philosophie zuerst mit der aristotelischen Lehre von dynamis und energeia auf. Durch die Syrer, Perser und Araber kommt sie über Nordafrika und Spanien in das mittelalterliche Europa, wo sie seit Thomas von Aquin als Philosophia perennis mit den lateinischen Begriffen Potenz und Akt die christliche Philosophie entscheidend gestaltet hat und heute wieder durch die Transpersonale Psychologie[51] eine Renaissance erfährt. Ursprüngliche religiöse Erfahrungen sind also auch heute noch in Kultur und Philosophie sehr viel mehr präsent, als viele Zeitgenossen glauben. Das gilt auch für die archaische Religiosität Indiens.

B. INDIEN

Der Purusha-Mythos

Bis heute ist ein Kernstück der indischen Mentalität der uralte und uns im Rgveda (ca. Mitte 2. Jt. v. Chr.) vor allem im Purusha-Lied überlieferte Purusha-Mythos. Das Sanskritwort ‚Purusha' heißt ‚Mensch' sowohl im individuellen wie im transpersonalen Sinne. Mit ihm auswechselbar gebraucht ist das Sanskritwort ‚Atman': „Im Ursprung ist diese Welt allein der Atman in Gestalt des Purusha" (Brhadaranyaka Up. 1,4,1). Unser deutsches Wort ‚Atem' kommt vom selben Stamm wie ‚Atman', das aber im Indischen eine viel tiefere und weitere Bedeutung hat. Hier wird die ursprüngliche Analogie von Mikrokosmos-Makrokosmos, Mensch-Schöpfung, in den Gestalten von Atem, Wind, Luft und Geist noch ganz erlebt: der individuelle Atem (jivatman) ist die unabtrennbare Teilhabe (wie Licht und Licht-bild) an der *einen* Luft (mahatman). Diese ist der Himmel, der die ganze Erde umschließt und von dem alle Geschöpfe leben. Sie ist zugleich – in der ständigen totalen Hingabe und Hinnahme des Atmens – die Liebe, welche wiederum das Einheitsprinzip von allem ist.

Der Purusha-Mythos besagt nun, daß im allgegenwärtigen Ur-Sprung die ganze Welt nur (der unerschaffene, transpersonale) Purusha ist, „der durch das Wort (vac) und den Atman alles erschafft" (Brhadaranyaka Up. 1,2,5), also auch den individuellen Purusha, den einzelnen Menschen (vgl. den ägyptischen Gott Ptah, S. 34). Diese

durch das Wort und den Atman erschaffene Welt ist aber nur ein Bruchteil von ihm; „Dreiviertel von ihm sind unsterblich droben" (Purushalied des Rgveda). Wir haben hier also keinen Pantheismus, sondern einen Panentheismus oder Kosmotheismus.
Der Purusha wird, analog dem Osiris, von den Göttern als Opfertier dargebracht und zerstückelt, wodurch nun der einzelne Mensch in sich und die Menschen untereinander uneins und die Rede nun zersplittert ist. Die Menschen haben die Einheit mit sich selbst und untereinander und mit der Schöpfung verloren. Diese Tatsache gehört zur Urerfahrung der Menschheit (Erbsünde, Turmbau zu Babel).

‚Yoga' (Lat.: iugum, Deutsch: Joch) bedeutet in diesem uralten Mythos, all das Entzweite und Zersplitterte in sich und um sich wieder unter ein Joch zu bringen (wie Isis den zerstückelten Leichnam des Osiris wieder zusammensetzt), um so die ursprüngliche Einheit in der Vielfalt der Geschöpfe im unerschaffenen Purusha (vergleichbar dem Osiris, der Buddhanatur, dem kosmischen Christus) wiederherzustellen, und kraft des Atman sich und alles in dem *einen* Ur-Sprung von allem, in dem transpersonalen Purusha aus der Mitte zu schauen (analog: Dharma-kaya, corpus Christi mysticum).

Um sich und die Welt so zu schauen, muß der Mensch ein zweites Mal geboren werden: nicht der leibliche Vater ist der wahre Erzeuger, sondern der Lehrer des Brahman. Wie in Ägypten und China spielen auch hier für die erneute Geburt Schlangenkraft (Kundalini, Libido) und Vogel (Geist) ihre archätypischen Rollen. Diese uralte Grunderfahrung modifiziert sich im Laufe der indischen Geschichte.

Die spätere Veden- und Upanishadenzeit

In der Frühzeit geschieht diese zweite Geburt durch das **Opfer**. Die Anweisungen und Betrachtungen hierzu nehmen einen sehr breiten Raum in den Veden ein. Das Opfertier ist der Opfernde, der durch seinen Tod (Totalhingabe, Regressus ad Uterum, Leerwerden von sich selbst) Teilhaber am transzendenten Purusha (ein Osiris) wird. So erst Person geworden, erlangt er Macht über das ganze Universum. Er wird zu einer Inkarnation des Rta oder Dharma (der Schöpfungsordnung analog der ägyptischen Ma'at und dem chinesischen Dau). – Der Neue Mensch wird also, wie in allen Kulturen, im Schoße des Alten geboren durch Rückkehr zum transpersonalen Ur-Sprung. Der Erzeuger des Neuen ist der Schöpfer selbst, der durch Auflösen des Alten wieder in seinem Bilde, dem jungfräulich empfangenden Menschen, in Erscheinung tritt.

Als sich jedoch der Opferkult in der Folgezeit immer mehr veräußerlichte, setzte sich in der Upanishadenzeit der Erlösungsweg durch **Erkenntnis** (jnana) durch: „Das LICHT (Ägyptisch: Re, die Sonne), das jenseits dieses Himmels erstrahlt, ist in Wahrheit dasselbe LICHT, das im Inneren des Menschen leuchtet. Wer das erkennt, ist erlöst und geht ein zur Unsterblichkeit." (Chand. Up. III,13,7; 8. Jh. v. Chr.) (vgl. Joh. 1,9 f.).

Als dritter Heilsweg neben Opfer und Erkenntnis wird seit alters von vielen Indern der **Askese**, vor allem in der Gestalt des Yoga, der Vorrang gegeben.

In der Bhagavadgita (ca. 5./2. Jh. v. Chr.), die bis heute zu den Höhepunkten der indischen Literatur zählt, werden die Wege von Erkenntnis (Jnana-Yoga), Gottesliebe (Bhakti-Yoga), selbstlosem Tun (Karma-Yoga) und Meditation (Raja-Yoga) in epischer Form zusammengefaßt.

Die Entwicklung des **Man-tra** ist ein wichtiger Beitrag Indiens zur Kulturgeschichte der Menschheit. Ein Laut oder ein oder mehrere Silben oder ein oder mehrere Wörter oder Worte werden ständig wiederholt, um dadurch den ganzen **Men**schen (Sanskrit: **man**u) über die für den **Men**schen typische **Men**talität (Sanskrit: **man**as), welche die 5 Sinne zusammenfaßt und kon**tr**olliert, zu **tr**ainieren.
Jeder Laut und jede Silbe hat ihre spezifische Wirkung auf den Menschen. Diese Wirkungen wurden, von Indien ausgehend, in den östlichen Kulturen auf's Genaueste erforscht. Richtig angewendet hat das Mantra, ähnlich wie der westkirchliche Rosenkranz oder das ostkirchliche Herzensgebet, eine tiefgehende, heilende und beschützende Wirkung auf den ganzen Menschen. Bei Mißbrauch wirkt es zerstörerisch.

Das bedeutendste Mantra ist „om". Es besteht aus den 3 Lauten A, U und M, die auf Grund der Sanskritregeln om geschrieben werden. A – wenn lautlos geübt, verbunden mit dem Einatmen – öffnet den Menschen für alles Gegenwärtige. Das ganze All, einschließlich dem Beter selbst, wird freudig aus der Hand des Schöpfers empfangen. Mit dem U ausatmend, wird alles ebenso wieder hingegeben, und das mit jedem Atemzug. Diese totale Hinnahme und Hingabe ist die Liebe.
Das stumme M führt in die Leere, die Stille, in die unsagbare Fülle, aus der und in die alles ständig hervor- und wieder heimgeht. Diese schöpferische, göttliche, alles in sich fassende, unsagbare Stille zu erfahren, ist der eigentliche Sinn der Übung.

Dieses A-U-M ist keine kulturspezifische Bildung der indischen Sprache, sondern es dürfte zu den Urlauten der Menschheit gehören, die noch vor jeder Sprache liegen. Es ist Äußerung des Ewigen (M), welches Anfang (A= 1.Vokal) und Ende (U oder O-Mega = letzter Vokal) aller Zeiten und Dinge in sich begreift: also Zeit-Ewigkeits-

Begriff. Wir finden es zum Beispiel im ägyptischen Geistgott AmUn, im Midianitischen JAhU (= JAhWe), im chinesischen DAU, im griechischen AiOn (etymologisch vom Stamm AivO, lat. AevUm, oder Sanskrit AjU [Leben, Lebenszeit]). Jesus, der aramäisch sprach, beginnt das „Vater unser" mit dem das All umfassenden und darum auch männlich und weiblich in sich begreifenden: „AwUhn". Awuhn ist der Gott, der sagt: „Ich bin das A und O, der Erste und der Letzte, der Ursprung und das Ziel" (u. a. Offb. 22,13).

Aber Indien ist ein Urwald, in dem es viele verschlungene Wege gibt, die alle zu dem gleichen Ziel führen sollen: im ursprünglichen Purusha-Atman eins mit Schöpfer (Brahman) und Schöpfung zu werden. „Der Gott-Mensch bleibt ein Leitmotiv der indischen Spiritualität."[52]

Wir haben uns die archaischen, d. h. ursprünglichen, Religionsformen an den Beispielen aus Ägypten, China und Indien angeschaut, weil wir in diesen Kulturen einerseits außergewöhnlich gute Überlieferungen vorfinden und andrerseits diese Hochkulturen neben der Offenbarungsreligion, deren Darstellung nun folgt, die wichtigsten Quellen für den Austausch und die Evolution der Religion auf den Seidenstraßen in den folgenden Jahrtausenden sind.
Diesen allen, sowie den meisten anderen archaischen Religionen, nur eben in recht unterschiedlichen Ausprägungen, ist folgendes gemeinsam:
Der Mensch sucht, in Übereinstimmung mit dem Schöpfer zu kommen durch Sich-Einordnen in die Schöpfungsordnung. Der so vom Schöpfergeist erfaßte Mensch erfährt sich als im Gott-Menschen (z. B. Osiris, Purusha) *eins und doch verschieden* mit allem und jedem. Lebend aus dem *einen* Ursprung von allem, erlebt er die vom Himmel (von den Gestirnen) gegebene, irdische Schöpfungsordnung als **MITTE** aller Polaritäten, deren wichtigste die Himmel, Erde, Unterwelt verbindende Weltachse (Djet) ist. Aus ihrer **MITTE**

wird die Schöpfung vierdimensional geordnet erlebt mit Zenith-Nadir, Nord-Süd, Ost-West, Vergangenheit-Zukunft. Entscheidend aber ist die ALLES IN SICH BEGREIFENDE MITTE, die selbst jungfräulich leer, als unbegrenzte Möglichkeit Ur-Sprung von allem ist, und aus der die Geschöpfe für den geisterfüllten Gott-Menschen als Inerscheinungtreten des unbegreiflichen Gottes, als sein Anspruch (Wort, Ägyptisch: hu, Sanskrit: vac) erfahren werden. **Nur im Gott-Menschen ist der Mensch eins mit sich selbst und den anderen Dingen**; es ist die vollkommene und überaus **lebendige** Erfüllung der menschlichen Natur.

IV. Die Offenbarungsreligion

Die Offenbarungsreligion ist eine unübersehbare Wirklichkeit in der Geschichte der Menschheit, die sich deutlich von den archaischen Religionen unterscheidet. Ihre älteste Urkunde ist das Alte Testament. Sie ist aber auch außerbiblisch als eine andersartige, besondere Religionsform bestens bezeugt, wie wir im folgenden Kapitel entfalten werden. Während die archaischen Religionen so alt sind, wie es Menschen gibt, tritt die Offenbarungsreligion erst etwa um die Mitte 2. Jt. v. Chr. auf, bekommt einen entscheidenden Schub mit der Volkwerdung Israels durch den Exodus aus Ägypten und tritt durch Jesus Christus in eine weitere Phase, die durch die Integration mit den archaischen Religionen gekennzeichnet ist. Der Islam versteht sich als eine Reformbewegung, die sich auf die vorchristlichen und vorisraelischen Ursprünge der Offenbarungsreligion zurückbesinnt.

Die Entstehungsgeschichte der Offenbarungsreligion finden wir beurkundet in der Bibel im Alten Testament, wobei der Pentateuch, die 5 Bücher Mose, das grundlegende Geschichtswerk ist. Dieses ist aber erst im Laufe von über tausend Jahren aus frühen (mythisierenden) Erzählkränzen und jeweils zeitbedingten Geschichtsschreibungen zu der heute vorliegenden, geschlossenen, aber historisch in sich problematischen Gesamtdarstellung geworden.

Gerade in ihrer Problematik erweist sich die Bibel als eine echte Offenbarung Jahwes, des **„ich bin da, als der ich dasein werde“**, der sich nicht auf ein Buch, durch eine Schrift, durch Buchstaben feststellen, festlegen läßt. Auch bei der Interpretation des biblischen

Gotteswortes muß sich der Mensch vom **lebendigen** Geist Gottes führen lassen, ohne aber dieses nach subjektiven Maßstäben aufzulösen. Dabei müssen auch die wissenschaftlichen, bibelkritischen Forschungsergebnisse trotz all ihrer Fragwürdigkeit berücksichtigt werden. Angesichts des „beinahe unüberschaubaren Spektrums derzeitiger Hypothesenbildung, aber auch radikalen Hypopthesenverzichts"[53] will ich bezüglich der Entstehung des Pentateuch im Folgenden das recht maßvolle Geschichtsverständnis von Erich Zenger in seiner „Einleitung in das Alte Testament" zugrundelegen.
Wir beginnen mit dem Erzählkranz um Abraham.

Abrahams Glaube an das an ihn ergangene Wort

Etwa zur Zeit der ausgehenden Jungsteinzeit und der beginnenden Bronzezeit, um die Mitte des zweiten Jahrtausends vor der Zeitenwende, als in Indien die Veden verfaßt wurden und in Ägypten das Mittlere Reich war, geschieht etwas Neues: Ein semitischer Halbnomade mit Namen ‚Abram' erfuhr sich berufen, seine Familie und seine Heimat zu verlassen, *mit der Verheißung, er werde ein neues Land und Nachkommen zahlreich wie der Staub der Erde und die Sterne am Himmel bekommen.*

Nun – die Nomadenstämme durchwanderten damals mitunter ganze Erdteile, und wir alle stammen schließlich von irgendwelchen Menschen der damaligen Zeit ab, womit die Zahl der Nachkommen unseres Ahnen vor viertausend Jahren für uns unermeßlich ist. Was unterscheidet also diesen Abraham von anderen Nomadenhäuptlingen?

Glauben gehört auch zum Wesen der Ursprungsreligionen: Der ursprüngliche Mensch vertraut bedingungslos auf die Führung durch den Unbegreiflichen (mag man ihn Gott, Amun, Tao, Atman, El, Geist oder sonstwie nennen), der in der Schöpfungsordnung (Ma'at,

Dau) ständig erfahrbar ist. Auch glaubt und vertraut er bis zu einem gewissen Grade den erleuchteten, spirituellen Führern in seiner Kultur (Priestern, Schamanen). Und dieser Glaube wird durch die Segnungen im alltäglichen Leben bestätigt. – Ebenso wird gerade im Schweigen die lebendige Selbstoffenbarung des unbegreiflichen Urhebers von allem in seiner Schöpfung als An-Spruch erfahren. Und auch dieses unhörbare Wort bewährt sich in der konkreten Erfahrung des Angesprochenen. – *Aber phänomenologisch geht in den Ursprungsreligionen die tastende Initiative vom Menschen aus,* der in der vorhandenen Schöpfungsordnung den Willen des Schöpfers zu erkennen sucht und dessen Religiosität sich in den Segnungen der Natur zu bewähren hat.

„Was den biblischen Bericht unterscheidet, ist die persönliche Botschaft Gottes und ihre Folgen. Ohne zuvor angerufen worden zu sein, offenbart sich Gott einem menschlichen Wesen und stellt ihm eine Reihe von Forderungen, an die sich wunderbare Verheißungen anschließen. Nach der Überlieferung gehorchte Abraham. Wir stehen hier vor einer neuen Art religiöser Erfahrung: dem ‚Glauben Abrahams', wie er nach Mose verstanden und im Laufe der Zeit zur spezifisch jüdischen und christlichen Glaubenserfahrung wurde."[54]

Die Initiative geht also nicht mehr vom suchenden Menschen aus, sondern von Gott, der sich Menschen, z. B. die Propheten, erwählt. Und Gottes Botschaften übersteigen in ihren Forderungen und Verheißungen alles nur naturhaft Erfahrbare.
So heißt es unter anderem: „Durch dich sollen gesegnet sein alle Geschlechter der Erde" (Gen. 12,3). – Und diese selbst für einen geschichtsbewußten Menschen unserer Tage ungeheuerliche *geschichtliche* Verheißung (der Leser beziehe dieses Wort versuchsweise einmal auf seine Person) ergeht an einen ganz gewöhnlichen Halbnomaden in einer Zeit, zu der es noch so gut wie kein Geschichtsbewußtsein gab, in der die Menschen noch ganz eingebunden waren in das ständige Werden und Vergehen und Wiederwerden des Naturge-

schehens, wie wir es uns am Beispiel der archaischen Religionen verdeutlicht haben.

Die Offenbarung durch das Wort und der Glaube

Das Wort, der Inhalt der Verheißung, übersteigt also alle nur natürlichen und menschlichen Maße, und Abraham glaubt dem Wort Gottes, obwohl das zu Glaubende kaum glaubwürdig genannt werden kann. Mit Abraham entsteht eine neue Form des Glaubens: Der Glaube an den Bund, den nicht die Menschen mit Gott, sondern den Gott mit den Menschen schließt! Gott will eine gerichtete Weiter- und Höherentwicklung der Schöpfung, aber nur durch **freiwilliges** Mit-Wirken des Menschen mit den alle menschlichen Maße übersteigenden Plänen seines Schöpfers. Der einzelne Mensch wird so in seiner individuellen, personalen Entscheidungsfreiheit angesprochen.
Gott selber stiftet also eine neue Kommunikation: das direkte Gespräch mit sich. Gerade letzteres ist ein bezeichnendes Merkmal der Offenbarungsreligion, in der die Menschen aufgefordert werden, Gott anzurufen, zu bitten, zu beten, mit ihm zu reden, ja sogar mit ihm zu rechten und zu verhandeln, um dadurch indirekt, d. h. durch die Vermittlung Gottes, am Weltgeschehen mitzuwirken.
Zu diesem Beitrag gehört also auch das menschliche Wort als *Ant-Wort* auf den Anspruch Gottes. Auch dieses menschliche Wort ist geschichtsträchtig, denn es vermag über das Gegenwärtige hinauszuwirken, und das sowohl durch mündliche und schriftliche Tradition (Bibel!) wie auch durch das direkte Gespräch mit Gott. Neben ungezählten anderen Lieder- und Gebetssammlungen sind die 150 Psalmen ein überwältigendes Zeugnis hierfür, wie wir es nur entfernt vergleichsweise in Ägypten finden.

Glauben an das geoffenbarte Wort und Geschichtsbewußtsein bedingen einander. Denn das über das Gegenwärtige hinausweisende

Wort lehrt, daß die Dinge in ihrem ständigen Werden und Vergehen nicht nur wiederkehrende Wellen auf einem endlosen Ozean sind, wie es die von Indien beeinflußten Religionen unermüdlich verkünden, sondern daß diese zyklische Wiederkehr auf immer höheren Ebenen stattfindet, also die Schöpfung zugleich mit der zyklischen (weiblichen) auch eine lineare (männliche), zielgerichtete Komponente und damit eine **Evolution** aufweist. Alle Wesen sind auf ein mehr und mehr zu erreichendes Ziel hin ausgerichtet, zu dessen Verwirklichung jeder einzelne Mensch auf seine unverwechselbare und darum unersetzbare Weise freiwillig und *verantwortungsbewußt* durch Glauben, Gebet und Handeln beiträgt.

Daß dieses Bittgebet kein leeres Gerede, sondern eine gewaltige, alle menschlichen Kräfte übersteigende Macht ist, erfahren ständig alle Menschen, *die im Geiste Gottes und nicht aus falschen Motiven bitten*. Obendrein bewirkt dieses Gebet, dieses Sprechen mit Gott, ein großes Zusammengehörigkeits- und Verantwortungsgefühl der Menschen unter- und füreinander, eben auch gerade mit denen außerhalb unseres direkten Einflußbereiches.

Freilich ist Vorsicht vor dem leicht sich einschleichenden, menschlichen Egoismus beim Sprechen mit Gott, beim Beten, angebracht. Wenn ein bekannter Zenmeister unserer Tage, Sokei-an, die direkte Religion (Zen), in der man selbst das Nötige im Geiste Gottes tut, der indirekten Religion (Christentum), in der man Gott bittet, etwas zu tun, vorzieht, – so sollte man sich doch, bei aller Berechtigung seines Anliegens, darüber klar sein, daß in unserer weithin so chaotischen Welt vieles zu tun übrig bleibt, zu dem auch die Kräfte dieses Zenmeisters nicht ausreichen. Auf unser Bitten hin kann Gott Wandel unter den Menschen und in der Natur bewirken, zu dem der einzelne Mensch alleine, selbst in der Kraft Gottes, nicht fähig wäre. In der Offenbarungsreligion erweist sich Gott – im Unterschied zu den Ursprungsreligionen – als der personal in das Geschehen Eingreifende.

Der Mensch wird also in die Ver-ant-Wort-ung gerufen, Weltgeschichte mit-zugestalten.
Der frühe Mensch lebte noch ganz wie ein unmündiges Kind im Schoß seiner Eltern: Himmel und Erde, getragen von dem gewaltigen Naturgeschehen, dem er weitgehend ausgeliefert war. Nun aber fängt er an, **mündig zu werden** und wird darum in die Ver**antwortung** ge**rufen**, das Weltgeschehen mitzugestalten. Er ist nun nicht mehr nur ein Glied in der Kette des Naturgeschehens, sondern er muß nun lernen, dieses *verantwortlich* mitzugestalten. **Mit der Evolution, der Entwicklung des Menschen zur bewußten Person, entwickelt sich auch die Gestalt der Religion: aus der vorwiegend apersonal kosmotheistischen wird eine personal theistische Religion. Das Gottesbild ändert sich** *von oben her.* Betroffen davon ist aber noch nicht so sehr der individuelle Mensch, als vielmehr das auserwählte Volk als Kollektiv.

URSPRUNG DES GESCHICHTSBEWUSSTSEINS

Durch diese Bündnisse, die Gott mit Abraham und seinen Söhnen und später mit dem ganzen Volk am Sinai schließt, wird nun die Menschheit langsam aus dem naturhaften Schlaf des zyklischen Werdens und Vergehens erweckt, in welchem sie kindlich seit Millionen Jahren befangen war.
So erleben wir jetzt einen ungeheuren, einmaligen Einschnitt in der Schöpfungsordnung: DEN BEGINN DER WELTGESCHICHTE, DEN BEGINN DES PATRIARCHAISCHEN ZEITALTERS, UND ZWAR DURCH DIE EINMALIGE AUSERWÄHLUNG EINES VOLKES AUS DER GESAMTEN MENSCHHEIT, DES JÜDISCHEN, MIT WELCHEM ANFANGEND VON NUN AN GOTT WELTGESCHICHTE MIT DER MENSCHHEIT MACHEN WIRD! – Dieses Volk wird auserwählt, nicht weil es größer oder besser wäre als alle Völker, sondern weil es das kleinste ist, damit gerade in seiner Schwäche die Geschichte schaffende Macht Gottes, SEIN WIRKEN, offenbar wird.

So ist die Erwählung Abrahams zum Stammvater eines ganzen Volkes, ja einer die ganze Welt verändernden Religion etwas ganz anderes als die bei allen Völkern zu findenden mythischen Erzählungen von Stammvätern, die ihnen die Kultur brachten (z. B. Osiris), und Ursprungsmythen, wie wir einen von ihnen auch im biblischen Schöpfungsbericht, wenn auch verändert, haben. Denn diese sind matrilineare, zyklische, ungeschichtliche Erzählungen, die durch meditatives Tasten und Suchen nach dem zu allen Zeiten gültigen Ur-Sprung von allem Geschöpflichen (darum matrilinear, weil sie auf der irdischen, mater-iellen Linie forschen) bildhaft berichten. Mit dem Herausgerufenwerden Abrahams von Seiten Gottes fängt erstmalig eine patrilineare, d. h. von oben, vom Schöpfer ausgehende Entwicklung an, die bis zu dem Ende der Zeiten *linear sich wandelnd*, d. h. geschichtlich, unterwegs ist.
Das darf nicht so mißverstanden werden, als ob es vor Abraham keine biologische oder historische Evolution gegeben hätte. Sie war nur noch nicht in das kindliche Bewußtsein der frühen Menschen getreten. Und es brauchte noch viele Jahrhunderte, bis das jüdische Volk seine eigene religiöse Herkunft zunehmend als einen geschichtlichen Prozeß verstand und so ausformulierte.

Die weltgeschichtliche Bedeutung

So wird auch die *weltgeschichtliche* Bedeutung dieses mehrfachen, von Gott ausgehenden Bundes eigentlich erst theologisch grundgelegt durch die Offenbarung des Gottesnamens an Mose im brennenden Dornbusch: „Gott sprach zu Mosche: ‚*Ich werde dasein, als der ich dasein werde.*‘ Und sprach: ‚**ICH BIN DA** schickt mich zu euch. ... Das ist mein Name in Weltzeit‘“ (Ex. 3,11-15).

Der biblische Schriftsteller interpretiert hier den Gottesnamen ‚Jahwe‘ (Midianitisch: JHW) durch das Verb hayah: „Ich werde dasein, als der ich dasein werde“. Die typisch westliche Übersetzung:

„Ich bin der Ich-bin", der ein abstrahierendes Denken zugrunde liegt, entspricht nicht der hebräischen Mentalität, die sich in aktivem Geschehen, in Ereignissen bewegt. Der Name ‚Jahwe' will deshalb keine Aussage über das Wesen Gottes sein, sondern, wie es ja auch dem ganzen Kontext dieser Stelle entspricht, in einem Wort die für die ganze Menschheit überwältigende Verheißung ausdrücken, *daß die Geschichte das Offenbarungsfeld Gottes ist.*

Und mit Geschichte ist nicht nur das politische Gerangel der Völker gemeint, sondern ebenso die gesamte Evolution der Schöpfung, wie auch das Ge-Schichte, die aufeinanderfolgenden Schichten, innerhalb jedes Kulturkreises wie auch in jedem individuellen Menschenleben, eben auch in meinem persönlichen Leben!
Nach dieser Offenbarung ist die Geschichte nicht nur ein In-sich-Kreisen ewiger Wiederkehr oder ein blinder Ablauf von sinnlosen Zufällen, noch ist sie nur ein Produkt allzu menschlicher Taten (Karma), noch ist sie nur das mechanistische Produkt einer deterministischen, übermenschlichen Willkür, – sondern Jahwe, der transpersonale (und darum auch personale) Gott, ist gegenwärtig ebenso in den dummen oder bösen Eigenwilligkeiten der Menschen, indem er diese überhaupt erst ermöglicht, wie auch hilfreich führend (Tao) und erleuchtend für die, die ihn bittend, fragend, tastend suchen.

Gott sagt also seine machtvolle und wirksame Gegenwart in allen Schichten des Seins und der Zeit zu, wobei es völlig offen bleibt, *wie* er sich erweisen wird. Der Name Gottes auf Weltzeit, der Name ‚Jahwe', besagt ebensosehr seine Anwesenheit im konkreten Geschehen (vgl. 1. Kapitel in Ägypten: Ptah, der Schöpfer, der durch sein Wort in den Geschöpfen gegenwärtig ist), wie zugleich auch die völlige Unverfügbarkeit Gottes. Hier wird offenbar, daß der Mensch zuversichtlich den unbegreiflichen Gott mit Namen anrufen kann und soll; wie aber die Antwort sich ereignen wird, ist im Voraus unberechenbar und wird sich im Geschehen erweisen.

Damit wird in der Menschheit erstmals das Bewußtsein erweckt, daß der Fluß der Dinge auf ein künftiges Ziel, Eschaton, hinfließt. Diese eschatologischen Ereignisse dürfen aber nicht nur geschichtlich an das Ende der Zeiten projiziert werden. Sie sind verborgen stets gegenwärtig und sind dem aus der Mitte lebenden, die Zeit transzendierenden Mystiker schon jetzt dunkel gegenwärtig, wenn auch nicht vollendet offenbar.

Auszug aus der zyklisch-mythischen Mentalität

Die lineare Geschichte des jüdischen Volkes und damit die Geschichte der Menschheit beginnt mit der Forderung Gottes an Abraham, aus seinem Land und aus seinem Volke, d. h. aus alldem, wo er beheimatet war, auszuziehen.

Sowohl dieser **Auszug** als auch der **Auszug** der Israeliten aus Ägypten waren wesentlich – und das ist wichtig! – auch ein Symbol für die **Auszüge aus der** mythischen, **vor-geschichtlichen Mentalität der Ursprungsreligionen**, in denen die gesamte Menschheit damals lebte.
Deshalb fiel auch den Israeliten dieser Auszug aus der bisherigen Menschheitstradition, d. h. aus ihrer bisherigen religiösen Heimat, ungeheuer schwer. Immer wieder fielen sie in den polytheistischen Götterglauben, in die naturhafte, mythische, zyklisch-ungeschichtliche Mentalität zurück. Die Geschichte des Volkes ist etwa tausend Jahre hindurch (bis zum babylonischen Exil) geradezu auch eine Geschichte des unentwegten Rückfalls in die archaischen Religionen mit all seinen negativen Konsequenzen. Sie ist eine für die gesamte Menschheit geschehende, epochale Loslösung von den rein **kosmischen** und darum zyklischen Ursprungsreligionen hin zu dem die lineare, evolutive Weltgeschichte transpersonal bestimmenden, lebendigen, **transkosmischen, monotheistischen** Gott der alttestamentlichen Offenbarungsreligion.

„Daß die Bibel von der ersten bis zur letzten Seite von dem ‚einzigen' und ‚einen' Gott redet, scheint die Grundüberzeugung christlicher Theologie zu sein. Aber wie jede menschliche Geschichte hat auch der Glaube an den einen Gott einen vielgestaltigen und mit dem Geschick des Volkes Israel unverwechselbar verwobenen Entstehungsprozeß. Erst ein integrales Verständnis von Offenbarung und Geschichte kann den Stellenwert der Entwicklung zum radikalen Eingottglauben respektieren lassen. Dabei wird sichtbar, daß der Glaube an den einzigen Gott in einer Auseinandersetzung mit religiösen und politischen Mächten in einer langen Geschichte gewonnen wurde."[55] Für das Verständnis von Ursprungs- und Offenbarungsreligion ist der soeben zitierte Artikel von großer Wichtigkeit. Wir wollen darum seinen Inhalt kurz skizzieren. (Die Seitenzahlen habe ich in Klammern gesetzt).

Eine modifizierte Ergänzungshypothese der Bibelkritik rechnet mit einem allmählichen Anwachsen der ‚jahwistischen' Literatur „von einem stark begrenzten Textbestand aus der frühen Königszeit über eine redigierende Darstellungsphase nach der Reichsteilung bis zu einer nach dem Untergang des Nordreiches geleisteten Schlußredaktion" (S. 279).

„Eine den Ursprüngen nähere Deutung des Gottesnamens ist wohl in dem Versuch erkennbar, JHWH als eine Verbform der arabischen Basis HWY ‚wehen' zu identifizieren." Gemeint ist wohl „ein plötzliches Kommen von oben, entweder als Naturereignis [Wind, Sturm, Gewitter] oder als ein gewalttätiges Hereinbrechen in eine menschliche Gemeinschaft, ... die überraschende Manifestation einer Wirklichkeit, deren eigene Dynamik unberechenbar erscheint."(280) Wir befinden uns hiermit ganz in der bei vielen damaligen (Wüsten-)Völkern erfahrenen Theophanie in den Naturereignissen.

Weitere Perspektiven ergeben sich aus der Zitation von mit JHWH phonetisch vergleichbaren Namensbildungen in altägyptischen Listen, wo die Form JHW als Bezeichnung eines Subdistriktes der Schasu-Leute erscheint, welcher auch das im AT genannten Seir südöstlich des Toten Meeres anführt und auch die ‚Bezugsgottheit' dieses Stammes meint. Diese JHW-Leute wurden als Hilfs- und Facharbeiter in den ägyptischen Kupferminen nördlich Eilat herangezogen. Hier gab es immer wieder offenen Widerstand sowohl gegen die ausbeuterische Haltung der Ägypter als auch gegen deren Religion mit ihren ‚Götzenbildern' (z.B. Hathortempel in Timna). Mittels Strafexpeditionen wurden dann solche Fremdarbeiter u.a. im Ostdelta des Nils angesiedelt. (281).

Mit zunehmendem Anwachsen asiatischer Bevölkerungsteile im Deltagebiet gab es Aufstandsbewegungen, die gerade auch z.Zt. der Ramessiden sowohl zu Flucht- als auch zu Vertreibungsaktionen in Richtung Sinai führten. Hierher könnten auch die semitischen ‚Aperu'-Leute gehören, die wohl den ‚Hebräern' den Namen gegeben haben. Ihr ‚Bezugs-Gott' JHW wird nun zum Gott des Exodus Israels. „Frühe Zeugnisse dieses Bewußtseins, einen Bezugs-Gott mit erweiterter Kompetenz zu haben, der es sogar mit Ägypten, seinen Göttern und Königen mit deren universalem Anspruch aufnehmen kann, liegen im Erzählungszusammenhang vor. ... Sie bekunden einhellig, daß Israel nur durch JHWH eine Loslösung von Ägypten erfahren habe. Die Erfahrung des Exodus wird zur Grundlage einer spezifisch israelitischen Konzeption von der unvergleichlichen *Geschichtsmächtigkeit* des Gottes Israels." (282).

Die nach Palästina eingewanderten Aperu-Leute standen in Opposition zu den einheimischen Stadtstaaten, die unter ägyptischer Dominanz standen. Da diese Stämme kein gemeinsames einheitliches Zentrum hatten, wurde gerade bei den kriegerischen Auseinandersetzungen ihr Bezugs-Gott JHWH zur bleibenden Zentralinstanz.

„Mit dem Königtum betritt Israel die Ebene internationaler Diplomatie, die alle Risiken in sich barg, die das vorstaatliche Israel zu bekämpfen trachtete." Hier haben die zahlreichen königskritischen Texte ihren Platz, die wir von den ersten Anfängen des Königtums bis zum Exil und darüber hinaus finden. Sie betonen die absolute Souveränität des Bezugsgottes JHWH als des Nationalgottes Israels.

„In der als sukzessives Werk aufzufassenden jahwistischen Geschichtsschreibung ist JHWH in allen Phasen des Werkes *Initiator des Geschehens*, militanter Parteigänger der in ihrer Existenz Bedrohten und Garant für Über- und Weiterleben seines Volkes. Er wird Orientierungspunkt Israels in der prototypischen Darstellung des Menschen in seinen *Anfängen*, der *Väter als Leitfiguren* alternativer Existenz vor JHWH und des Volkes in dessen speziellen Erfahrungen beim *Exodus*."

In dem jüngsten Stadium der spätjahwistischen Rückschau stellt sich im Sinne des Sich-Festmachens (Glaube) in JHWH ein weiteres Signal übergreifender Kompetenz JHWHs mit dem Namen JHWH-Elohim ein in bewußter Alternative zu zeitgenössischen *Hochgott*bezeichnungen. (283).
„Der Durchbruch zur theoretischen und dogmatischen Fixierung eines Monotheismus in Israel geschieht erst im Gefolge der deuteronomischen Reformbewegung. ... Die deuteronomistische Literatur der exilischen und nachexilischen Zeit versteht sich in berufener Anwaltschaft zur Propagierung der exklusiven Weltgeltung JHWHs *über den Bereich Israels hinaus,* die vor allem von den exilischen Verfassern der Priesterschrift und des Buches Deuterojesaja unzweideutig geteilt wird." (284).

Gerade in dieser text- und geschichtskritischen Darstellung wird die Handschrift des geschichtsmächtigen „ICH BIN DA" deutlicher sichtbar als in den Texten selbst. Gott stülpte Abraham und seinen Nachkommen nicht einen fertigen Monotheismus über, den sie niemals hätten verkraften können, sondern die Menschen wuchsen (und wachsen!) im Laufe der Zeit immer mehr in eine umfassendere Gotteserkenntnis hinein. **Wir können hier deutlich eine EVOLUTION DER RELIGION beobachten, die bis heute noch nicht abgeschlossen ist und vielleicht niemals abgeschlossen werden wird, da die Weltgeschichte als eine Geschichte der Entwicklung immer unterwegs sein wird. Und mit der Entwicklung der Menschheit entwickelt sich auch deren Gottesbeziehung.**

Das Erscheinen der Jahwe-Religion ist ein wichtiger Meilenstein in der Entwicklung der Menschheit. Damit die Menschheit nicht im nur naturhaft Religiösen steckenblieb, mußte das Pendel erst einmal in das andere Extrem, in den patriarchaischen, das Geschichtsbewußtsein schaffenden Monotheismus, ausschlagen. Dieser aber entwickelte sich in der Auseinandersetzung mit dem schon früh einsetzenden, degenerativen ägyptischen Polytheismus im Laufe des ersten Jahrtausends vor Christus zu einer bis dahin noch nicht dagewesenen **Gegenreligion.** Dieses Phänomen wollen wir im folgenden Kapitel entfalten.

V. Israel und die archaischen Religionen

Die altägyptische Religion war ihrem Wesen nach ursprünglich gar nicht polytheistisch im engeren Sinne dieser Bezeichnung. Die frühen Menschen waren viel unmittelbarer als wir heute den in der Schöpfung, und gerade auch im Menschen waltenden Mächten ausgeliefert. Sie erfuhren diese in Gestalt von Himmel und Erde, Tag und Nacht, Sonne, Mond und Sternen, Sturm und Stille, Feuer und Wasser, Bäumen und Tieren usw. Und sie betrachteten diese in der Schöpfung erfahrenen Gewalten (Archätypen) mehr oder minder deutlich als Manifestationen des einen, unbegreiflich fernen Schöpfergottes. Aber der durchaus erfahrene Hochgott war zu fern. In ihrem Noch-Ausgeliefertsein an die übermächtigen Naturgewalten beteten sie diese, ihnen näher stehenden, zur Schöpfung gehörigen Mächte als Götter an. So lesen wir denn auch im Schöpfungshymnus des Veda: „Doch, wem ist auszuforschen es gelungen? Wer hat, woher die Schöpfung stammt, vernommen? *Die Götter sind diesseits von ihr entsprungen!* Wer sagt es also, wo sie hergekommen?" (Rgveda 110). Und dies gilt auch für das frühe Ägypten, – wenn man von den zu allen Zeiten üblichen Mißbräuchen absieht. Denn der Polytheismus ist eine für die archaischen Religionen typische Degenerationserscheinung: Statt den verborgenen Hochgott, der sich in den unbegreiflichen Mächten und in den von ihm geschaffenen, natürlichen Bildern manifestiert, anzubeten, wird nun den Bildern selbst der Kult dargebracht. Und, was eine noch schlimmere Entartung war, in der Spätzeit Ägyptens wurden die Tiere selbst zu Götzen.

Die Offenbarungsreligionen neigen nun genauso wie die archaischen Religionen zu analogen Degenerationserscheinungen: Wie in den archaischen Religionen die naturgegebenen Bilder vergötzt werden, so tritt in den Offenbarungsreligionen an die Stelle des Hörens auf den **lebendigen** Gott die Vergötzung von Gesetzen in Wort und Schrift (Buch, Dogma, Ethik).

Es ist eine alte Weisheit: Wenn ein Mensch (oder auch eine Gruppe) in sittlicher Entrüstung sich maßlos über die Fehler eines anderen erregt, dann kann er sicher sein, daß er selbst, ihm meist unbewußt, den gleichen Fehler hat. Und dieses Phänomen finden wir in zunehmendem Maße sich ausprägend in der Geschichte der beiden Nachbarn Ägypten und Israel. Für die Ägypter wurde die monotheistische („Du sollst keine anderen Götter haben neben mir.") und ikonoklastische („Du sollst dir kein Abbild machen", Ex. 20,3 f.) Jahwe-Religion zum Inbegriff der Gottlosigkeit. Und für die Israeliten wurde dies die Anbetung der Götterbilder. Der Haß war gegenseitig, und die entsprechenden literarischen Tiraden auf beiden Seiten wurden im Laufe der Jahrhunderte immer umfangreicher. „Während die Juden Idolatrie als eine Art geistiger Umnachtung oder Wahnsinn zeichneten, verbanden die Ägypter Ikonoklasmus mit der Vorstellung einer hochansteckenden und entstellenden Seuche"[56] (Pest). Und dieser Konflikt wirkte und wirkt weiter in den Auseinandersetzungen zwischen den archaischen und den monotheistischen Religionen oder auch in den entsetzlichen Judenverfolgungen durch die Jahrhunderte! Jan Assmann ist den *gedächtnisgeschichtlichen* Spuren dieser Feindschaft in seinem Buch „Moses der Ägypter" nachgegangen. Im Rahmen dieses Buches kann ich diese Spuren nur kurz und vereinfacht nachskizzieren.

„Der erste Konflikt zwischen zwei fundamental verschiedenen Religionen, den die Menschheitsgeschichte kennt, ereignete sich im Ägypten des 14. Jh. v. Chr. Dieser Konflikt ist um so außerordentlicher, als er sich im Rahmen ein und derselben Kultur ereignete und ohne jede aggressive Einwirkung von außen verlief. In ihrer radikalen Ablehnung der Tradition und ihrer gewaltsamen Intoleranz zeigt die monotheistische Revolution Echnatons alle Züge einer Gegenreligion. ... Die Tempel wurden geschlossen, die Götterbilder zerstört, ihre Namen ausgehackt und ihre Kulte abgebrochen. Je tiefer man in die altägyptische Welt eindringt, desto klarer läßt sich nachvollziehen, was für ein furchtbarer Schock dieser Göttersturz gewesen sein muß für eine Gesellschaft, die davon überzeugt war, daß nicht nur die politische und ökonomische Wohlfahrt des Landes, sondern das Leben der gesamten Natur davon abhing, daß in allen Tempeln des Landes unablässige Riten vollzogen wurden. Der Abbruch der Riten bedeutete im ägyptischen Denken den Zusammenbruch der sozialen und kosmischen Ordnung.“[57]

Vor Echnaton war die ursprünglich so hochstehende ägyptische Religion zu einem Polytheismus mit Hunderten von Göttern entartet. Echnaton setzte an deren Stelle einzig die Anbetung der **sichtbaren** Sonne. Schon seit der Antike gilt dies als der erste Monotheismus. „Echnatons monotheistische Revolution war nicht nur der erste, sondern auch der radikalste und gewaltsamste Ausbruch einer Gegenreligion in der Menschheitsgeschichte.“[58] Hier wird zum ersten Mal die fundamentale Unterscheidung in wahre und falsche, in gute und böse Religion gemacht. Denn die verschiedenen archaischen Religionen verstanden sich alle als Varianten ein und derselben Religion, deren Götter (Sonne, Himmel, Schlange usw.) von einer in die andere übersetzbar waren. Von nun an klafft ein scheinbar unüberwindbarer Riß zwischen wahrer und falscher Religion. Vom Standpunkt des Monotheismus ist der Polytheismus die Sünde schlechthin und umgekehrt ebenso.

Nach dem Tode Echnatons wurde seine Religion und sein Name in Ägypten so radikal ausgelöscht, als ob sie nie gewesen wären. Das Trauma wurde aber durch diese oberflächliche Vernichtung nicht aufgearbeitet. Denn der Schock saß zu tief, als daß er mit der oberflächlichen Beseitigung der Erinnerungen aus der Welt geschafft worden wäre.
Dieser Schock soll dann später, wie Assmann und andere annehmen, sogar mehr oder minder unbewußt identifiziert worden sein mit dem Einfall der asiatischen, *semitischen* Hyksos und deren Fremdherrschaft im 17. Jh. v. Chr. (es war die erste in Ägypten!), obwohl dieser Einfall 300 Jahre vor Echnaton stattfand und nichts mit einem Monotheismus zu tun hatte. Dazu kam noch am Ende der Amarnazeit eine grauenvolle Pest im vorderen Orient, die als Ausdruck göttlichen Zorns über Echnatons Monotheismus empfunden wurde.

All diese schrecklichen Ereignisse verdichteten sich im Laufe des folgenden Jahrtausends im Gedächtnis (!) **beider** Völker, Ägyptens und Israels, zu einem abgrundtiefen Antagonismus zwischen ägyptischem Polytheismus und jüdischem Monotheismus. Beide entwikkelten sich im Laufe vieler Jahrhunderte zu zwei unversöhnlichen **Gegen-Religionen**, die genau das verwarfen, was der andere guthieß. „Den Antagonismus zwischen den beiden Religionen bringt Sigmund Freud auf fünf Punkte:
1. Die Verwerfung der Magie
2. Die Verwerfung der Bilder
3. Der ‚Verzicht' auf ein Jenseits und die Unsterblichkeit der Seele
4. Die Negation einer Vielheit von Göttern und die Behauptung, daß es nur einen Gott gibt
5. Die Betonung moralischer gegenüber kultischer Reinheit."[59]

An die Stelle des verdrängten, vergessenen, ägyptischen, monotheistischen Echnaton trat die nun von den Ägyptern verhaßte bzw. von den Juden verherrlichte Gestalt des asiatischen, semitischen Moses. Und viele der zum Teil recht sonderbaren Gesetze im Pentateuch werden im Laufe der Jahrhunderte als göttliche Offenbarung dem Moses zugeschrieben, obwohl sie ihren geschichtsbedingten Ursprung im Kampf gegen den Polytheismus hatten. Zwischen beiden Völkern entwickelte sich bis zur Zeitenwende ein abgrundtiefer Haß. Es ist letztlich der Haß, der dem eigenen Fehler gilt: dem Vergötzen von Bild bzw. Gesetz an Stelle des Hörens auf den lebendigen Gott, dessen Manifestationen sie eigentlich sein sollten. So benennt Moses Mendelssohn[60] zwei Formen des Sündenfalls: den hieroglyphischen der Idolatrie [Bilderverehrung] und den alphabetischen des Buchstabenmenschentums [Schrift und Gesetz].

Ich habe diese **gedächtnis**geschichtliche Entwicklung im Rahmen unserer Untersuchung nur kurz und stark vereinfacht dargestellt. Da sie die Ursache für den weltweiten Antisemitismus sein soll, ist sie bis in unsere Tage hinein von großer Brisanz. Denn noch in unserem Jahrhundert finden wir im Nationalsozialimus die gleichen feindseligen Schlagworte, wie sie in vielen Schriften seit der Antike gegenseitig gebraucht wurden: „die jüdische Pest", „die Juden als Brunnenvergifter, die vom Ausland gesteuert werden" und anderes mehr. Jan Assmann hat dieses Thema ausführlich in seinem Buch „Moses der Ägypter" **gedächtnisgeschichtlich** entfaltet.

Wie mag aber die **historische** Entwicklung gewesen sein?

Die geschichtliche Entwicklung des Monotheismus zur Gegenreligion

Meines Erachtens wird in dem ganzen Disput über Polytheismus (Ägypten) und Monotheismus (Moses), der von der hellenistischen

Antike bis in die europäische Aufklärung und bis in unsere Tage hineinreicht, oft nicht genügend beachtet und muß deswegen deutlich herausgestellt werden, daß der Monotheismus im Judentum wahrscheinlich nicht mit Moses und dem Exodus aus Ägypten begann, sondern erheblich früher. Auch wenn eine historisch faßbare Einordnung nicht möglich ist, so zeugen doch die sicher sehr alten Erzählkränze um die Patriarchen gerade auch hinsichtlich des Monotheismus von hoher religiöser Aussagekraft. Wir wollen mit Hilfe der zeitgenössischen Bibelkritik und der Ägyptologie dem geschichtlichen Ablauf nachgehen:

Der Exodus Abrahams aus Mesopotamien und damit der Beginn des **spirituellen** Monotheismus wird, ohne daß eine objektive Datierung möglich ist, für die Mitte des 2. Jt. v. Chr. vermutet. Das sind Jahrhunderte vor Echnatons Monotheismus, den wir als **naturalistisch** bewerten müssen. Denn sein ‚Monotheismus' galt ausdrücklich der sichtbaren Sonne. Er war die Verlagerung der Verehrung Hunderter von Göttern auf den Kult eines einzigen **natürlichen** Bildes, der Sonne, die er dadurch zum Götzen machte!

Isaak und Jakob, von denen wir wie bei Abraham durchaus annehmen dürfen, daß sie historische Gestalten sind, kennen wir auch nur aus dem sie erinnernden Mythos. Es geht in diesem sehr alten Erzählkranz um die Weitergabe des Monotheismus durch die Geschlechterfolge – Abraham, Isaak, Jakob – hindurch. Diese Genealogie darf nicht historisierend mißverstanden werden.

Die Söhne Jakobs (Josef und seine Brüder in Ägypten) werden in die Zeit Amenophis III. (1417-1379), dem Vater Echnatons datiert. Sie brachten, wie schon Abraham, ihren spirituellen und darum echten Monotheismus mit nach Ägypten. Dieser war dort zwar neu, aber er stand nicht im Widerspruch zum eigentlichen Wesen der ägyptischen Religion, der ein unsichtbarer, unbegreiflicher Hochgott zugrunde lag. Es ist darum eher wahrscheinlich, daß Echnatons ‚Mo-

notheismus‘ nur ein naturalistischer Abklatsch des importierten spirituellen, biblischen war. Denn die Verehrung nur **eines** Bildes widerspricht der ägyptischen Mentalität, die, was geschöpfliche Bilder und Begriffe angeht, nur in Polaritäten dachte.
Und wenn er wirklich nur ein schlechter, weil naturalistischer Abklatsch des jüdischen war, dann wäre die Feindschaft der ägyptischen Priester gegen diese naturalistische Fehlform des Monotheismus viel verständlicher: Denn in der Zeit nach Echnaton steht „die Idee eines verborgenen Gottes, der sich selbst für die Welt zum Geheimnis gemacht hat, ... in klarer Opposition zur Apotheose der Sichtbarkeit“[61] von Echnatons Sonne. Hier ein Amun-Hymnus aus der Ramessidenzeit, also aus der Zeit unmittelbar nach Echnaton:

„Geheim an Verwandlungen, funkelnd an Erscheinungsformen
wunderbar erscheinender Gott, reich an Gestalten.
Er ist ferner als der Himmel, er ist tiefer als die Unterwelt.
Kein Gott kennt seine wahre Gestalt, sein Bild wird nicht entfaltet in den Schriften,
man lehrt nicht über ihn etwas Sicheres.
Er ist zu geheimnisvoll, um seine Hoheit zu enthüllen,
er ist zu groß, um ihn zu erforschen, zu mächtig, um ihn zu erkennen.“[62]

„Auch die ägyptische Gottesvorstellung zielt hier auf die umfassende Kompetenz des Schöpfergottes, der Distanz und Nähe zur geschaffenen Welt in sich begreift. Doch ist Amun-Re keinesfalls der Souverän der geschichtlichen Wege und Schicksale des Volkes oder der Gemeinschaft, wenngleich er auch als Gott des Einzelnen um Hilfe angerufen werden kann. ‚JHWH-Elohim‘ ist demgegenüber der in die Menschheitsgeschichte eingreifende, die menschlichen Hoffnungen absolut bindende Gott, der nach ureigenem Ermessen Sicherheit und Zukunft gewährt.“[63]
Die Feindschaft der ägyptischen Priester war also anfangs wohl gar nicht gegen den Monotheismus gerichtet, sondern gegen Echnatons

Verabsolutierung von nur *einem* Bild auf Kosten der vielen, einander relativierenden.

Erst mit dem Ausbruch der Pest in der Zeit nach Echnaton und mit den oben schon erwähnten Aufstandsbewegungen der (semitischen) Fremdarbeiter, der Aperu-Leute, zur Zeit der Ramessiden im Delta, etwa drei Generationen nach Echnaton, wurde der verdrängte Haß auf Echnatons Pseudo-Monolatrie projiziert auf den von Moses erneuerten, jüdischen Monotheismus. Denn die Söhne Israels hatten ja den Monotheismus nach Ägypten gebracht. Nun erst wurde dieser zur antisemitischen Pest und führte zu Vertreibungs- und Fluchtaktionen der semitischen Fremdarbeiter, d. h. zum Exodus der Hebräer.

Der Exodus der Israeliten unter Moses aus Ägypten, die dort nach biblischen Angaben 430 Jahre lang gelebt hatten, geschah unter dem Pharao Sethnacht (ca. 1190 v. Chr.). Der biblische Monotheismus seit Abraham ist also bedeutend älter als Echnaton und Moses und **begann** wohl erst in der Zeit des Moses, oder erst nach ihm sich zu einer Gegen-Religion zu entwickeln. So wie die Jahwe-Religion, wie wir oben sahen, sich erst im Laufe von über 1000 Jahren langsam herausbildete, so wurde sie auch erst in diesem Zeitraum zu einer antiägyptischen, antipolytheistischen Gegenreligion.

Der Pentateuch und vor allem die vielen Gesetze wurden im Laufe von vielen Jahrhunderten, in denen der gedächtnisgeschichtliche Haß sich gegenseitig aufschaukelte, geschaffen und immer wieder neu redigiert. Die heute vorliegende Form, vor allem das deuteronomistische Geschichtswerk, geht wohl auf die exilische und nachexilische Zeit zurück.[64]

Und erst im Laufe von über 1000 Jahren entwickelte sich die Spaltung zwischen monotheistischer und polytheistischer Religion zu haßerfüllten Gegenreligionen und parallel dazu der Antisemitismus.

Dabei haben aber die feindlichen Brüder sehr viel Gemeinsames und haben auch sicher mancherlei voneinander übernommen:

Gemeinsamkeiten der archaischen und der monotheistischen Religionen

M. Görg schreibt: „Aus Ägypten mußte ausgezogen werden, um in eine neue und ganz andere Gottesnähe einzuziehen. ... Dem historisch in beschränktem Rahmen denkbaren ‚Exodus' – u. U. in mehrfachen Phasen – steht ein ebenfalls historischer Eisodus Israels und des Judentums nach Ägypten gegenüber, der sich seit vorexilischer Zeit [seit Abraham! Anm. von mir] in mehrfachen Schüben vollzogen hat. Man kann also durchaus von einer Gegenbewegung sprechen, die sich auch in positiven Reflexionen Israels niedergeschlagen hat. Israel und das Judentum sind eben gekennzeichnet durch das keineswegs spannungsfreie Pro und Contra in Sachen Ägypten. Wie noch zu zeigen sein wird, hat das ganz Andere des Gottesbildes Israels auch jenes zur Seite, das sich mit dem scheinbar ganz anderen Gottesbild Ägyptens versöhnt hat."[65]

Manfred Görg hat in seinem Buch „Beziehungen zwischen dem Alten Israel und Ägypten" ausführlich aufgezeigt, daß der Exodustext primär nicht als biographisch-chronistischer Aufriß der Geschichte Israels verstanden werden darf. Die historischen Tatsachen wurden im Laufe der Jahrhunderte im Gedächtnis des Volkes zur **Symbolgeschichte** seiner Volkwerdung und Befreiung aus der Knechtschaft durch die Hand JHWH's.

Das Exodusgeschehen wurde die Mitte und das Kernstück des israelitischen Credo:

„Mein Vater war ein umherziehender Aramäer.
Er zog nach Ägypten, lebte dort als Fremder mit wenigen Leuten und wurde dort zu einem großen, mächtigen Volk.
Die Ägypter behandelten uns schlecht und machten uns rechtlos und legten uns harte Fronarbeit auf.

Wir schrieen zu JHWH, dem Gott unsererer Väter, und JHWH hörte unser Schreien und sah unsere Rechtlosigkeit, unsere Arbeitslast und unsere Bedrängnis.
JHWH führte uns mit starker Hand und hoch erhobenem Arm, unter großem Schrecken, unter Zeichen und Wundern aus Ägypten.
Er brachte uns an diese Stätte und gab uns dieses Land, ein Land, in dem Milch und Honig fließen." (Dtn. 26,5-9)

Dieses Credo will den Juden immer und immer wieder bewußt machen, daß sie ihre Existenz und ihre Volkwerdung einzig und allein JHWH verdanken. Es geht hier um die **gedächtnisgeschichtliche** (!) Herkunft Israels, um sein Leiden und seine Volkwerdung in Ägypten, um seinen Auszug durch die mächtige Hand JHWH's und den Einzug in das verheißene Land.

Die Analogie vom individuellen Heilsweg mit dem des Volkes Israel und den historisch-geographischen Bedingungen

Der Exodus der Söhne Israels aus Ägypten, der vierzigjährige Wüstenzug und der Einzug in das verheißene Land unter der mächtigen Hand JHWH's ist bis heute das das ganze Volk und seine Religion prägende Ereignis.

Wenn man als Kenner und **Praktiker** (!) Ursprungs- und Offenbarungs-Religion vergleicht, entdeckt man, daß der individuelle Heilsweg beim einzelnen Gott-König oder sonstwie erleuchteten Menschen durch die „Erneute Geburt aus Wasser (Symbol: Schlange) und Geist (Symbol: Vogel)", also das mikrokosmische Heilsgeschehen im einzelnen Menschen, sich analog in der Exodusgeschichte des Volkes Israel, also im makrokosmischen, im historisch-geographischen Heilsgeschehen, wiederfindet.

Der Auszug, der Wüstenzug und der Einzug sind also sowohl geschichtliche als auch symbolische Ereignisse. Und das gesamte Geschehen symbolisiert das heilsgeschichtliche Geschehen sowohl des Volkes Israel als auch das jedes einzelnen Menschen, solange es schon Menschen gibt.

Daß die Knechtschaft Israels in Ägypten, der Auszug durch das Rote Meer, der Wüstenzug, der Einzug durch den Jordan in das verheißene Land Vorbild für den spirituellen Weg des einzelnen Christen sei, finden wir schon bei Paulus (1 Kor. 10,1-11) und in der typologischen Betrachtungsweise der Kirchenväter. So schreibt z. B. Evagrius Ponticus († 399): „Ägypten ist das Symbol des Bösen, die Wüste hingegen das Symbol des Tuns, das Land Juda das der Kontemplation der Körperlichen, Jerusalem aber das der Körperlosen und der Zion schließlich der Heiligen Dreieinigkeit".

Paulus und die Kirchenväter entdeckten, daß die Geschichte Israels vom Auszug aus Ägypten bis zur Eroberung des verheißenen Landes *typologisch* das *Vor*-Bild für den Heilsweg des einzelnen Christen sei.
Im Unterschied dazu wollen wir uns hier bewußtmachen, daß *historisch* der uralte, für alle Zeiten gültige, individuell, mikrokosmisch zugehende Heilsweg der archaischen Religionen, durch Einlassen in die Schöpfungsordnung (z. B. Ma'at) zum erleuchteten Teilhaber am SCHÖPFERGOTT (z. B. Pharao) zu werden, *zuerst da war*, daß dann einmalig in der Weltgeschichte ein kleines Volk historisch-geographische Prozesse erlebte, die bis in die Details hinein den uralten, personalen Heilsweg analog abbilden.

Wie mag es zu dieser dreifachen Analogie vom individuellen Heilsgeschehen, vom Heilsgeschehen für das Volk Israel und von den historisch-geographischen Fakten (Wüstenzug, Durchzug durch den Jordan, aufwallende Wasser) gekommen sein?:

Der Zeit nach zuerst, weil weltweit und uralt, ist der mikrokosmische, individuelle Heilsprozeß, der ein Auszug aus der leidvollen Verfallenheit an die vergängliche Welt und eine Heimkehr in die ursprüngliche, paradiesische Schöpfung ist.

Dann geschah wohl unter dem Pharao Sethnacht (ca. 1190 v. Chr.)[66] die historische Vertreibung bzw. der Auszug semitischer Völker in einzelnen Schüben.
Diese historischen Geschehnisse verdichteten sich im Laufe der folgenden Jahrhunderte im Gedächtnis (!) Israels zu seinem eben zitierten Credo und ebenso, nur mit umgekehrten Vorzeichen, im Gedächtnis (!) Ägyptens.

Die letzten redaktionellen Verdichtungen in der Bibel geschahen im Exil (um 550 v. Chr.) und in der nachexilischen Zeit.[67]

Wie wir im 6. Kapitel noch entfalten werden, waren die Israeliten sowohl im Exil in Babylon als auch danach im Perserreich als auch während dieser ganzen Zeit im ägyptischen Nildelta im engen Kontakt und im Austausch mit den archaischen Religionen und deren Heilswegen. Diese kannten sie aber schon seit alters aus Ägypten und allen anderen benachbarten Kulten. Hier sei nur hingewiesen auf die Eherne Schlange, die Moses in der Wüste am Stab erhöht hatte (Num. 21,4-9) und der im salomonischen Tempel unter dem Namen Nehusthan bis zur Zeit des Hiskia noch geopfert wurde (2. Kön. 18,3 f.).[68]
Die am Stab aufgerichtete Schlange symbolisiert die an der Wirbelsäule (Weltachse) aufsteigenden, libidinösen Kräfte, die durch Integration mit dem Himmelslicht, richtig geübt (!), zur Erleuchtung, also zum ursprünglichen Heil führen. (s. 2. Kapitel, „Nechbeth und Uto", und ausführlich 13. Kapitel, „Die Goldelixierlehre").

In dieser Zeit des Exils, in der die Juden den Mittelpunkt ihres Kultes, den Tempel zu Jerusalem, verloren hatten und dort keine Opfer

mehr darbringen konnten, entsteht die jüdische Mystik (bei uns bekannt unter den Stichworten Chassidismus oder Kabala), die bis heute das verbindende Element des weltweit verstreuten Judentums bildet. Mystik beruht aber in allen Religionen, schon solange es Menschen gibt, auf der eben erwähnten Erleuchtung durch Integration aller Polaritäten.
Da nun während des Exils und der nachexilischen Zeit das deuteronomistische Geschichtswerk zusammen mit der priesterlichen Grundschrift in der heute vorliegenden Gestalt komponiert wurde, haben die priesterlichen Redakteure den exoterischen, historisch-geographischen Auszug aus Ägypten analog zum individuellen, esoterischen, mikrokosmischen Auszug aus der Knechtschaft unter die Elemente dieser Welt gestaltet.

Ihnen ging es also gar nicht um historisch-geographische Details im spätabendländischen, wissenschaftlichen Sinne, sondern um die analoge Vielschichtigkeit des Auszuges aus der Fremdherrschaft. Es war für sie – und auch für uns! – geradezu ein Gottesbeweis, daß jedes exoterische Geschehen ein Bild des esoterischen ist: und daß es derselbe JHWH ist, der **„Ich bin da! – als der ich dasein werde!“**, der sowohl alleiniger Herr der Schöpfung ist als auch allein das Heilsgeschehen jedes einzelnen Menschen lenkt wie auch das historische seines auserwählten Volkes. Biblische Texte aus dieser Zeit (Deutero Jesaia) betonen immer wieder ausdrücklich, daß JHWH sowohl Herr der Schöpfung als auch Herr der Geschichte ist (s. 6. Kapitel).
Die kosmischen, matrilinearen, archaischen Religionen und die von oben kommende, patrilineare, geschichtliche Offenbarungsreligion bezeugen sich also als Wirken desselben Gottes.

Ausführlicher habe ich diese Analogie in meinem Buch „Erneuerung durch Meditation“, (Kösel 1990), und unten im 13. Kapitel dargestellt. Wir müssen uns hier mit einer gekürzten, aufzählenden Gegenüberstellung der analogen Ereignisse im geschichtlichen Heilsweg des Volkes und dem des einzelnen Menschen begnügen.

Die doppelte Deutung des Exodus als Heilsweg des Volkes Israel und als Heilsweg für jeden Menschen

Der Heilsweg gliedert sich in folgende Abschnitte:

1. Der Aufenthalt der Kinder Israels in Ägypten als Symbol der Knechtschaft:
   Der sich selbst und darum auch der Umwelt entfremdete Mensch, der durch Sich-Identifizieren mit willkürlichen Bewußtseinsinhalten seine Mitte verloren hat, fühlt sich eingeengt und nicht frei. Er stößt auf Schwierigkeiten in sich und um sich. Die Welt beengt ihn, er fühlt sich versklavt.

2. Auszug aus Ägypten:
   Der Aus-zug ist primär Ab-wendung vom Welt-Ich mit seinen standpunkthaften Bewußtseins-Inhalten und den durch sie bedingten, von vergänglichen Dingen motivierten Handlungen. (Ägypten ist in diesem Gleichnis nicht etwas in sich Schlechtes, sondern es ist nur für das Gottesvolk ein Symbol der Unfreiheit)!

3. Der Aus-zug geht durch das Rote Meer, welches die bisherigen Ausbeuter verschlingt:
   Das Rote Meer ist das Bild des Blutes, der animalischen, tierhaften Schichten des Menschen, deren Zentrum das Herz in der Brust ist. Die neurotischen, falschen Verhaltensweisen verfolgen ihn ständig und drohen ihn zu verschlingen. Durch sie muß er unter Gefahren hindurch, um wieder zu seinen elementaren Schichten (Unterleibshöhle/ Wasser/ Jordan) und durch sie in seine Ursprungsmitte von allem zu gelangen.
   Es ist bezeichnend für das Bewußtwerden der Analogie des individuellen und des kollektiven Heilsweges, daß erst in dieser hellenistischen Zeit das „Schilfmeer", durch das der Auszug erfolgte, in der Septuaginta in „Rotes Meer", d.h. Auszug durch den Herz-Blut-Bereich, umbenannt wurde!

4. Führung durch den charismatischen Gottesmann Moses, der zugleich Mittler des Gesetzes ist:
   Der Auszug aus der Selbstentfremdung erfolgt meist durch Anstoß und im Rahmen einer religiösen Gemeinschaft und unter Führung eines Menschen, der schon Gotteserfahrung hat und den Weg weisen kann. Das verheißene Ziel selbst liegt für den Gottsucher meist noch in einem unverständlichen Dunkel, und der Weg ist lang und mühsam. Der Mensch braucht dazu Gesetze, die, oft als einengend empfunden, nicht selbst das Ziel sind, sondern dem Suchenden schützend wie Leitplanken den Weg weisen, damit er nicht von ihm abirrt.

5. 40 Jahre:
   Sie symbolisieren die relativ lange, aber doch begrenzte Zeitdauer eines Menschenlebens bis zur eschatologischen Erfüllung im verheißenen Land. Der Weg ist lang, mühsam und voller Versuchungen. Zwischendurch immer wieder Stärkungen durch Wasser (aus dem Felsen), Brot (Manna) und Fleisch (Wachteln).

6. Wüste:
   Bildlose Meditation: nicht mehr abgelenkt durch äußere oder mentale Inhalte lernen, auf die eigene URSPRUNGS-MITTE ZURÜCKGEWORFEN ZU WERDEN.

7. „Wären wir doch durch die Hand Jahwes in Ägypten gestorben, als wir vor den Fleischtöpfen saßen und uns satt aßen am Brot. Doch ihr habt uns in die Wüste geführt, um diese Gemeinde vor Hunger sterben zu lassen." (Ex. 16,3 u. v. m.):
   Wer konsequent den meditativen Weg geht (z. B. Zen), dem sind diese Gedanken vertraut. Der Wüstenzug bringt sicher Entbehrungen mit sich, und man ist immer wieder einmal süchtig nach Dingen, von denen man sich abgewandt hat, weil sie einem schaden. Und doch zieht eine tiefe innere Erfüllung ihn immer weiter hin zu dem „Verheißenen Land", welches das Symbol für den

mystischen *Leib* des Gottmenschen (Osiris, Purusha, Dharmakaya, Christus) ist.

8. „Keiner von diesem bösen Geschlecht soll das gute Land sehen, das ich ihren Vätern zu geben geschworen habe.“ (Deut. 1,35): Durch die Bewußtseinsverlagerung von oben in die Ursprungsmitte lernt der Mensch, alle seine Glieder, Organe, Sinne und Verstand *neu* zu gebrauchen. Alles wird verwandelt. Nichts von dem, was sich anfangs auf den Weg machte, kommt so, wie es aufgebrochen war, im Verheißenen Land an (außer Josua, der als Nachfolger Moses ein Bild für Jesus ist). Der Mensch muß neu stehen, gehen, sinnen, denken, handeln lernen (Metanoia).

9. Nun folgt der Einzug durch den Jordan in das „Verheißene Land“. Er spielt in den archaischen Religionen eine zentrale Rolle. Deshalb wollen wir ihn uns, wenn auch gekürzt, einzeln aufgegliedert anschauen.
a. „Daran werdet ihr erkennen, daß ein lebendiger Gott in eurer Mitte ist.“ (Jos. 3,10):
Bei der nun folgenden Erzeugung des Neuen Menschen aus der Unterleibshöhle, aus Wasser und Geist geht es um Erleuchtung, um Epiphanie, um das In-Erscheinung-Treten des lebendigen Gottes im Menschen, damit dieser zum Bilde Gottes erneuert wird.
b. „Der Jordan aber floß über die Ufer während der ganzen Erntezeit.“ (Jos. 3,15):
Nach vielen Jahren des Meditierens, d. h. des Sich-Einlassens in seine leibhafte, vegetativ-animalische Geschöpflichkeit, kommt die Zeit der Ernte. Wenn Geist (Bewußtsein) und Feuer in die Unterleibshöhle, in die vegetative, libidinöse Wasserschicht eintauchen, beginnen die Triebe aufzuwallen. Das ist die Erfahrung großer Versuchungen, die wir in den Biographien erleuchteter Menschen (z. B. Buddha, christliche Heilige) oft finden. Die Situation ist geographisch für ein Nomadenvolk mit seinen Her-

den, wie auch für den individuellen Gottsucher, durch Überschwemmtwerden von unten gefährlich.

c. „Als nun die Priester die Bundeslade vor dem Volke hertrugen und an den Jordan kamen und ihre Füße vorn ins Wasser tauchten, da stauten die Wasser von oben sich auf, aufgerichtet wie ein einziger Wall; während die zum Meer abfließenden Wasser ganz versiegten.“ (Jos. 3,15.16):

Die Bundeslade ist das sichtbare Zeichen für die unsichtbare Gegenwart Gottes (Sakrament). In den Ursprungsreligionen ist das Himmels-Tages-Licht (z.B. Re, die Sonne) Bild für das unerschaffene LICHT. Deshalb darf in den Mythen der Held nur mit geöffneten Augen, d.h. mit dem Himmelslicht in die Unterwelt hinabsteigen, damit ihn der Mutterdrache nicht verschlingt. In der altägyptischen Religion ist es das überall dargestellte, wache Horusauge (Udja), welches ihn vor dem Übel bewahrt (vgl. 2. Kap).

Wenn der Meditierende eins mit der Weltachse, ganz im Lot mit leicht geöffneten Augen dasitzt und sich vom Himmelslicht überfluten läßt, dann werden die aufwallenden Triebkräfte sich umkehren (metanoia) und an der Wirbelsäule aufsteigen in die offene Weite des Himmels. Der Mensch wird ganz Atem, ganz Leib, ganz Licht. Das ist mikrokosmisch die aufgerichtete Schlange in Ägypten (Djet-Pfeiler), die „rückläufige Methode“ oder der Drache im Taoismus, der Kundalini-Yoga in Indien und geschichtlich die am Stab erhöhte eherne Schlange des Moses, der Äskulapsstab der Griechen, der Caduceus der Alchemisten, bzw. makrokosmisch, d.h. beim historischen Exodus des Volkes, der rückwärts aufgestaute Jordan.

Die Geographie Palästinas entspricht optisch einem Längsschnitt durch den Menschen (vgl. Abb. 21, Ne ging tu): Dem Jordan entspricht die Wirbelsäule (Kontrollbahn), dem Toten Meer der Unterleib (unteres Elixierfeld), dem See Genesareth der Brustkorb (mittleres Elixierfeld), dem Semachonitissee der Kopf (oberes Elixierfeld)

10. Nun beginnt, historisch gesehen, die eigentliche Landnahme unter Josua (Hebräisch ist es derselbe Name wie die lateinische Form Jesus: Jehoshua, d.h. Jahwe hilft), die bis heute noch nicht vollendet ist. Ihr entspricht das Ein-Leib- und Ein-Geist-Werden der Menschheit im mystischen Leib des kosmischen Christus (Buddha-Natur), das zwar unter vielen einzelnen Menschen schon begonnen hat, aber für die ganze Menschheit noch seiner Erfüllung harrt. **Die Menschen und damit ihr religiöses Bewußtsein, ihre Religion, bedürfen noch einer gewaltigen Entwicklung, der Evolution!**

Eine weitere Gemeinsamkeit der jüdisch-christlichen Offenbarungsreligion mit den archaischen Religionen ist von Anfang an das Kultmahl. Biblisch ist es die Begegnung Abrahams mit Melchisedek, dem Priesterkönig von Jerusalem:

Die Integration des archaischen Kultmahls in die Offenbarungsreligion am Beispiel Melchisedeks

„Melchisedek aber, der König von Salem, brachte *Brot und Wein* heraus. Er war nämlich ein Priester dem Hohen Gott. Er segnete ihn und sprach: ‚Gesegnet sei Abraham dem Hohen Gott, der Himmel und Erde erschaffen. Und gesegnet sei der Hohe Gott, der deine Feinde in deine Hände geliefert.' Da gab Abraham ihm den Zehnten von allem" (Gen. 14,18f).

Die Geschichtlichkeit Melchisedeks ist in der Kulttradition Jerusalems überliefert. Er war kein Jude, sondern ein einheimischer, kleiner Priesterkönig von dem Typ, der zu dieser Zeit auf der ganzen Welt verbreitet war, wie wir es am Beispiel des Pharao oder am Sohn des Himmels im Reich der Mitte gesehen hatten.

Unter den Zeichen von Brot und Wein bringt er Abraham dem Hochgott, der Himmel und Erde erschaffen hat, dar und ruft die

Segnungen Himmels und der Erde auf ihn herab. Abraham anerkennt ihn als Priesterkönig durch Entrichten des Zehnten.

In der von Abraham anerkannten Gestalt des Priesterkönigs von Jerusalem, Melchisedek, wird das archaische Priesterkönigtum der Ursprungsreligionen mit dem messianischen Priesterkönigtum der Offenbarungsreligion in eins gesetzt. So heißt es von der Gestalt des Königs bzw. des Messias in Psalm 110,4: „Du bist Priester auf ewig nach der Ordnung des Melchisedek!", welche klassische Stelle des Alten Bundes dann im Hebräerbrief ausdrücklich auf Jesus bezogen wird. ***Diese doppelte Verankerung*** „des Priesterkönigtums auf *ewig*" in der Vorzeit und im noch zu verwirklichenden Heilsplan Gottes ***verbindet die*** mit Abraham neu in der Geschichte auftretende ***Offenbarungsreligion unlöslich mit den Ursprungsreligionen.***

Denn, wenn der Priesterkönig in den URSPRUNGSRELIGIONEN sich und die Seinen unter den Gestalten von Brot (bzw. Fleisch) und Wein, – den Lebens-Mitteln, mittels derer der Mensch lebt, – „darhöht" (Buber) und dadurch zum Ausdruck bringt, daß er sich in seiner Totalität Gott verdankt (eucharistäsas) und ihn dafür preist (eulogäsas) und ihn um seine Segnungen bittet, dann geschieht grundsätzlich erst einmal dasselbe wie in der Beracha, dem Segensspruch des JÜDISCHEN Hausvaters bei jeder Mahlzeit, sowie im Paschamahl, sowie im CHRISTLICHEN Tischgebet und im Kult der Eucharistiefeier.

Während aber in den archaischen Religionen der „Sohn des Himmels" als Mittler zwischen oben und unten durch sein Opfer die kosmische Schöpfung im Zusammenwirken mit dem Schöpfer **zyklisch** entsprechend den Jahreszeiten vollzieht, wird in den gleichen Riten der Offenbarungsreligion seit dem Exodus der Israeliten aus Ägypten primär die heils-GESCHICHTLICHE Stiftung des Gottesbundes immer wieder erneuert.

Die ‚heidnische' Gestalt des im römisch-katholischen Meßkanon erwähnten Melchisedek symbolisiert ausdrücklich das all diese verschiedenen Formen Verbindende. Daß im Laufe der Geschichte immer tiefere Geheimnisse enthüllt werden und diese neues Licht auf die uralten Opferriten werfen, wird sich zeigen.

Ferner lesen wir im Hebräerbrief (7,3): Melchisedek „ist, ... ohne Vater, ohne Mutter, ohne Stammbaum", was den Menschen im Alten und Neuen Bund viel bedeutete. Wir haben schon an den Beispielen von Ägypten und China ausführlich dargelegt, daß es zum Wesen des Priesterkönigs gehört, jungfräulich vom Schöpfer über-zeugt, das heißt, „nicht von der Welt" zu sein. Gerade das behauptete Jesus immer wieder von sich (vgl. Joh. 7,27; 8,14.23).

Gerade am Kultmahl, welches durch den Priester-König als Mittler vollzogen wurde, läßt sich die Wandlung der Religion als einer gerichteten Entwicklung vom zyklischen Inganghalten der Natur zum linear-geschichtlichen Verständnis und deren beider Integration in Christus deutlich ablesen. Durch die Offenbarungsreligion wird also nur enthüllt, was von Anfang der Zeiten immer schon verborgen im Tun der Alten gegenwärtig war. Dieses zu allen Zeiten geheimnisvoll Gegenwärtige wird nach dem Heilsplan Gottes durch das Zusammenspiel der Religionen im Laufe der Jahrtausende immer deutlicher in das Bewußtsein der suchenden Menschen treten: **Die Evolution der Religion vollzieht sich durch gegenseitige Befruchtung der Religionen**.

Die Zusammengehörigkeit von Ursprungs- und Offenbarungsreligion

Das seit Abraham neue, lineare Geschichtsbewußtsein qualifiziert seine Religion nicht als eine den Ursprungsreligionen entgegengesetzte. Wenn man von den unendlichen, allzumenschlichen Mißbräuchen, die man ausnahmslos in allen Religionen findet, absieht, geht es wohl in allen echten Religionen um denselben Gott und um den von diesem Gott geschaffenen Menschen samt der ganzen Schöpfung.

So beginnt auch mit Abraham nicht eine neue, völlig anders geartete Religion, die mit allem Bisherigen überhaupt nichts zu tun hat. Abraham ist ein echtes Kind seiner Zeit und seines kulturellen Umfeldes, in welchem sich auch seine Beziehung zu dem sich offenbarenden Gott abspielt. Die ganze Geschichte Abrahams und seiner Nachkommen ist voll davon.

Da die Offenbarungsreligion die Ursprungsreligionen voraussetzt, hat es immer wieder vielfältige Beziehungen zwischen den Nachbarn Israel und Ägypten gegeben. Als der kleine Nomade Abraham dorthin kam, muß er von den prachtvollen Bauten der damals wohl höchsten Kultur der ganzen Welt, die auch heute noch den Beschauer tief beeindrucken, überwältigt gewesen sein. Josef gebot im Auftrag des Pharao über das ganze Land (Gen. 41,44 f.). Jakob lebte mehr als 17 Jahre dort (Gen. 47,28). Nach Ex. 12,40 betrug der Aufenthalt der Israeliten in Ägypten 430 Jahre. Moses war am Hofe Pharaos erzogen worden und mit allen Weisheiten Ägyptens vertraut (Apg. 7,22)! Salomo hatte eine ägyptische Prinzessin zur Frau (1 Kö. 3,1), und in dem von ihm erbauten Tempel finden wir die uralten weiblich-männlichen Kultsymbole der Ursprungsreligionen für die Erneute Geburt: das eherne Wasserbecken mit den Säulen Jachin und Boas (1 Kö. 7, 21 ff.), die wir z. B. auch in den Tempeln Ägyptens und im römischen Jupitertempel in Baalbek finden. – Kurz: „Wer sich selbst einmal mit der altägyptischen Religion liebevoll vertraut gemacht hat, entdeckt ihre Spuren auf Schritt und Tritt im AT und im NT."[69]

Zusammenfassung

In den Ursprungsreligionen tastet und sucht der Mensch in der Schöpfung entsprechend seiner gottgegebenen Natur nach dem allgegenwärtigen Ursprung von allem, um in Übereinstimmung mit Schöpfer und Schöpfung die Segnungen der Naturwelt zu erfahren. Diese archaischen oder Ursprungs-Religionen sind zutiefst ungeschichtlich, weil der frühe Mensch noch ganz von der Offenbarung Gottes durch das scheinbar zyklisch ablaufende Naturgeschehen lebt.
Mit dem An-Spruch Gottes an Abraham entsteht langsam eine völlig neue Form der Religiosität, durch die ein auf Höherentwicklung ziel-gerichtetes Geschichtsbewußtsein entsteht. Bezeichnend für diese Religionsform ist:

1. der von Gott gestiftete Bund mit den Menschen,
2. der Glaube an das von Seiten Gottes im Wort Geoffenbarte,
3. das direkte Gespräch mit dem Schöpfer als Antwort,
4. die positive Bedeutung des geschichtlichen Weltgeschehens als Offenbarungsfeld Gottes und damit die einmalige Verantwortung jedes Menschen für das gesamte Weltgeschehen.

Wir fassen zusammen: Nicht also Abraham macht Geschichte, sondern der, der den Abraham beruft, wird mit diesem Volk und durch den Glauben und Gehorsam dieses Volkes mit der Menschheit Geschichte machen und dadurch das Geschichtsbewußtsein in der Menschheit erwecken. Damals vor etwa dreieinhalbtausend Jahren begann dieses neue Bewußtsein und hat sich bis heute noch längst nicht in allen Kulturen und bei allen Menschen durchgesetzt!

Die Offenbarungsreligion setzt die Ursprungsreligionen als Wesenszug des Menschen voraus und führt das in ihnen Angelegte zur Vollendung. Dieser Wechselbezug beider Religionsformen aufeinander als geschichtliche Entwicklung, als **Evolution**, wird im 6. Jh. v. Chr. besonders deutlich.

VI. Das sechste Jahrhundert vor Christus

Dieses Kapitel zu schreiben, bzw. zu veröffentlichen, fällt mir nicht leicht. Aber auf die außerordentlich komplexen und schwer darzustellenden Wechselbeziehungen der Religionen in diesem für alles Folgende wichtigen Jahrhundert nicht einzugehen, wäre bei unserer Thematik eine unentschuldbare Unterlassung.

Die Schwierigkeit besteht vor allem darin, daß wir es weitgehend mit Indizien zu tun haben, die als Einzelne aus der Zusammenschau genommen fragwürdig und angreifbar sind. Erst die vielen Indizien zusammengenommen ergeben ganz von allein ein geschlossenes Bild, welches rückwirkend die einzelnen Indizien bestätigt. Angreifbar sind einzelne Indizien vor allem dann, wenn man nur von der objektiven oder nur von der transzendenten Seite der Geschichte her argumentiert. Nur beide Seiten zusammen bilden die eine Münze, auf die hin wir sachgemäße Ergebnisse erhalten.
Denn nach Ansicht aller Religionen, mit denen wir uns hier beschäftigen, hat eine objektiv nicht faßbare Wirklichkeit diese in-Erscheinung-tretenden Bilder des Weltgeschehens gewirkt. Dieses geheimnisvoll Wirkende aber wirkt das Wirkliche, um aus ihm von uns erkannt zu werden, – wie wir in der Einleitung sahen. So wollen wir versuchen, in den vielen Indizien, die uns in diesem turbulenten Jahrhundert begegnen, die Hand des EINEN zu erkennen. Daß vieles ergänzt und manches geändert werden könnte, – dessen bin ich sicher.

Das 6. Jh. v. Chr. ist eine Zeit der Gärungen, der Reformen und neuer, vielversprechender Ansätze, die mit den Namen Buddha, Za-

rathustra, Laotse und dem Unbekannten Propheten, dem Deuterojesaja, synchron verbunden sind. Jaspers hat dieses ausgehende 6. Jh. die Achsenzeit der Kulturgeschichte genannt. Mir scheint sie zwar nicht ,die', aber ,eine' Achsenzeit der Kulturgeschichte zu sein.
Die Zeit des religiösen Niederganges und des Neuanfanges wollen wir uns am Beispiel Israels anschauen.

1. Israel und das Perserreich

Im 8. Jahrhundert v. Chr. hatte „Israel gute Zeiten. Langwährender Friede herrschte; Wohlstand; Friede zwischen Thron und Altar. Der König unterhält die großen Heiligtümer des Landes, und ihre Höfe und Hallen wimmeln an festlichen Tagen von wallfahrenden Scharen. ... Man wußte, was man Jahwe schuldig war: Kult und Opfer. Man wußte ja, *wer* Jahwe ist und *wie* er ist. Er ist der Gott, der versprochen hat, bei den Seinen zu sein, um sie zu schützen, um ihnen Heil zu schenken".[70]
Wie wir im 3. Kapitel sahen, hatte sich durch Anpassung an umliegende Staatsformen in dieser Königszeit und durch den Wohlstand ein veräußerlichter Jahwe-Kult entwickelt, der nicht mehr der kulturgeschichtlichen Aufgabe Israels entsprach. So mußte Israel durch Eingreifen Jahwes, „Ich bin da, als der ich jeweils dasein werde!", an seine eigentliche Bestimmung erinnert werden.

Deshalb tritt der Prophet Amos, die Stimme Jahwes, auf, verhöhnt die Gottesdienste – die alle rite vollzogen wurden –, prangert die Justiz an, die Gaunerei im Geschäftsleben und das Luxusleben der Reichen. Er kündet einen Tag Jahwes an, der ganz anders ausfallen wird, als ihn die erwählten Israeliten erwarteten.
Und dieser Tag Jahwes tritt ein: 721 wird die Bevölkerung Samarias nach Babylon deportiert: „ICH BIN DA!". 598 Eroberung Jerusalems durch Nebukadnezar; Wegführung nach Babel: „ICH BIN DA!". 587 erneute Eroberung Jerusalems; Zerstörung von Tempel und Stadt;

erneute Wegführung in die babylonische Gefangenschaft: „ICH BIN DA!".
538 v. Chr. werden die Israeliten im Edikt von Ekbatana durch den Perserkönig Cyrus wieder freigelassen: „ICH BIN DA!". Sie bekommen den Auftrag, den Tempel in Jerusalem wieder aufzubauen und bekommen dazu einen Teil der Tempelschätze zurück. Was war der Grund für diese Entwicklung?

Das persische Achämenidenreich

538 v. Chr. erobert Kyros II. aus dem Persergeschlecht der Achämeniden das babylonische Reich. Unter ihm und seinen Nachfolgern wird das Achämenidenreich bis nach Thrakien in Griechenland, nach Ägypten, Äthiopien und Lybien und im Osten bis in das Industal und nach Westturkestan erweitert.
Dieses gewaltige Perserreich wird zu einem wohlorganisierten Vielvölkerstaat im Geiste der ‚Rechten Ordnung' und der ‚Guten Gesinnung' des ‚Ahura Mazda', des ‚Weisen Herrn'. Die internationale Verkehrssprache an den persischen Reichskanzleien wird das semitische Aramäisch (die Sprache Jesu), das wir auf Inschriften bis nach Indien hinein finden.

Wer ist dieser Ahura Mazda, der Weise Herr? – Mazda (weise) Ahura (Herr) nennt Zarathustra den alles durchherrschenden Gott und Mittelpunkt der von ihm entscheidend reformierten iranischen Religion. Er wird erfahren als der in seiner Schöpfung anwesende Schöpfer wie Ptah oder Amun-Re im Pharao, wie der Purusha der Veden, wie in China Schang-di, der Herr in der Höhe, welcher gegenwärtig ist in Di, dem Priesterkönig auf Erden, oder wie Jahwe bei seinem Volk – allerdings in jeder Kultur auf je eine eigene Weise!

Die iranische Religion unterscheidet nach uralter, allgemein menschlicher Erfahrung zwischen Unten und Oben, dem irdischen (erdenen) und dem geistigen (himmlischen) Bereich, welche beide einander zugeordnet sind und einander entsprechen, wie wir es ähnlich in archaischen Weltbildern der Frühzeit gefunden hatten. Eigentümlich und sehr stark ausgeprägt ist in der persisch-iranischen Tradition jedoch der ethische Dualismus zweier Geister, von denen sich ursprünglich der eine für das Gute, der andere für das Böse entschieden hat, durch welche freie Wahl überhaupt erst Gut und Böse entstehen. Beide stehen im unversöhnlichen, dualistischen Gegensatz zueinander. Der Mensch hat sich für den einen oder den anderen zu entscheiden, und davon hängt sein zeitliches und ewiges Los ab. Während der böse Geist in einer sprachlich erst späteren Form Ahriman genannt wird, wird aus Ahura Mazda später Ohrmuzd.

Zarathustra

Durch Zarathustra bekommt diese mit der indischen sprachlich und kulturell verwandte Religion ein entscheidend neues Gesicht. Wer ist dieser Zarathustra? Um diese Gestalt wurde viel herumgerätselt. Heute gilt als sicher, daß er, verwandt mit dem achämenidischen Königsgeschlecht, etwa von 599-522 v.Chr. im Nordosten des Iran gelebt hat. Seine Lehre kennen wir vor allem aus den in einer ausgesprochen dichterischen Sprache verfaßten Gathas, welche ein Buch des älteren Awesta bilden und anerkanntermaßen aus der Zeit Zarathustras stammen.

Hiervon eine Probe:
„Das frage ich dich, sage es mir richtig, o Herr! ... Wer war der Schöpfer der *Rechten Ordnung* (Asha), ihr Vater von Anbeginn? Wer schuf die Sonne und den Lauf der Gestirne? Wer ist es, durch den der Mond wächst und abnimmt? – Dieses, o Weiser, und noch anderes wünsche ich zu wissen. Das frage ich dich, sage es mir richtig, o Herr! Wer stützt die Erde unten und den Himmel, daß er nicht herabfällt, wer schuf die Wasser und die Pflanzen? Wer, o Weiser, ist

der Schöpfer der *Guten Gesinnung* (vohu manah)? Das frage ich dich, sage es mir richtig, o Herr! Welcher Meister schuf Licht und Finsternis, welcher Meister schuf Wachsein und Schlaf? Wer die Morgenröte, die Tagesmitte und die Nacht, die den Einsichtigen an seine Arbeit mahnen? ... Als den Schöpfer von all dem will ich dich erkennen durch den *heilwirkenden Geist*" (Yasna 44,3-5,7).

Zarathustra und Israels Propheten

Das erste, was auffällt, wenn man diese Texte mit denen der sprachlich und kulturell verwandten Veden und Upanishaden vergleicht, ist die direkte Rede; die innige und persönliche Anteilnahme des ehrfürchtig fragenden Zarathustra; es ist die persönliche Zwiesprache mit dem **Herrn.**
Dieser **Herr** hat weder Ähnlichkeit mit den zur Schöpfung gehörenden Göttern der umliegenden Ursprungsreligionen, noch finden wir dort zu dieser Zeit eine ebenso innige wie ehrfürchtige Zwiesprache mit dem so unermeßlich fernen, jenseits aller geschöpflichen Begriffe sich befindenden Hochgott. Vertrauensvolle Innigkeit, verbunden mit tiefster Ehrfurcht sind die Merkmale jeder echten Mystik. Wenn wir verwandtes, religiöses Gut in diesem Kulturraum und zu dieser Zeit suchen, stoßen wir unmittelbar auf die im Exil lebenden Israeliten mit ihren Psalmen und Gebeten, die uns in Hülle und Fülle im Alten Testament überliefert sind und die oft ebenso eine Zwiesprache mit dem **Herrn** sind. Während aber diese Ähnlichkeiten um diese Zeit im Iran neu auftreten, sind sie in Israel Kern seiner schon seit vielen Jahrhunderten bestehenden Kultur.

Nach Form und Inhalt finden wir zwischen beiden Religionen nun viele Parallelen. „Zarathustra war ein jüngerer Zeitgenosse des Jeremia von Anathot, älterer des Deuterojesaja. Das Zusammentreffen ist bedeutungsvoll. Prophetie in Ostiran und Prophetie in Juda sind Teile *einer* geschichtlichen Erscheinung." (142) „Auch der Stil bestätigt, daß Prophetie in Ostiran und in Juda gleichermaßen zu einer Bewegung gehören.“ (143) „Und wenn Zarathustra auf Stilformen verfiel, die bei den jüdischen Propheten wiederkehrten, so einte sie noch mehr die Gleichartigkeit ihres religiösen Strebens. Beide, Zarathustra und Israels Propheten, faßten ihren Gott in bisher unbekannter Tiefe und Strenge, sie strebten Reinigung und Klärung seines Bildes an, in Erhabenheit und unbedingter Größe.“ (153) „Zarathustra wollte kein stoffliches Opfer, er brachte ein geistiges Opfer dar: er widmete das eigene Sein oder, wie er sagt: ‚eigenen Leibes Leben‘.“ (155) „Die persönliche Entscheidung vor Gott ist das entscheidend Neue in Zarathustras Forderung.“ (156)[71]

Die entscheidende Parallele besteht jedoch inhaltlich: Es ist der HERR selbst, der sowohl im Alten Bund wie auch in der Zarathustra-Religion ausdrücklich das zeitliche, soziale und ethische Geschehen durch seine Diener regelt.

DER WEISE HERR UND JAHWE

Ist dieser **HERR**, mit dem Zarathustra spricht, derselbe wie Jahwe, der „ICH BIN DA, als der ich jeweils dasein werde!“?
Wir können Jahwe nicht vorschreiben, mit wem er sprechen darf und mit wem nicht. Denn das ist ja sein Wesen, sich so in der Geschichte gegenwärtig zu erweisen, wie es dem göttlichen Heilsplan entspricht. Das Erstaunliche ist nun, daß sowohl die historisch-geographischen Umstände wie auch die schriftlichen Zeugnisse **der Perser und der Juden** eine Fülle von Hinweisen bieten, die uns nahelegen, in Ahura Mazda, dem WEISEN **Herrn**, den **HERRN** der Bibel, Jahwe, zu erkennen. Wir wollen solche Hinweise anschauen:

1. Schon unter den Babyloniern konnten die Juden sich mitunter der Gunst der Herrscher erfreuen: z.B. Daniel als Prophet. Esther wurde sogar Königin als Frau des Perserkönigs Artaxer-

xes I. Wir wissen durch außerbiblische Zeugnisse, daß, nach der Freilassung der Juden durch den Perserkönig Cyrus, viele von ihnen, die inzwischen zu einem gewissen Wohlstand gelangt waren, nicht nach Palästina heimkehrten, sondern verstreut in Kolonien im Perserreich blieben. Von dort aus trieben sie Handel bis nach Indien und dem fernen Osten.

2. So war es durchaus möglich, daß Zarathustra die Jahwe-Religion kennen und schätzen gelernt hatte und durch seine religiöse Erfahrung mit dem HERRN, seiner überlieferten indoarischen Religion ein neues Gepräge geben konnte (im Sinne der heute geübten Inkulturation). So unterscheidet sich die Zarathustrareligion „durch ihre Gottesvorstellung und Ethik deutlich von den anderen Religionen und kommt der Offenbarungsreligion außerordentlich nahe“[72].

3. Für das Achämenidenreich war diese hohe Ethik des Weisen Herrn entscheidend. Erst durch sie konnte dieses Reich zu einem wohlgeordneten Vielvölkerstaat werden, in welchem andere Völker und Kulturen nicht, wie sonst üblich, unterdrückt, sondern geduldet oder sogar gefördert wurden, wie wir am Beispiel der Juden sahen. Können wir hierin nicht das geschichtsschaffende Wirken Jahwes erkennen?

4. Daß dieses Riesenreich tatsächlich auf dem „heilbringenden Geist des Weisen HERRN“ beruht, bezeugt die Inschrift auf dem Felsengrab des Darius:
„Ein großer Gott ist Ahura Mazda, der dies allübertreffende Werk geschaffen hat, das sichtbar geworden ist. Der den Frieden geschaffen hat für den Menschen, der mit Weisheit und Gutsein Dareios, den König, bekleidet hat.
Spricht Dareios der König: Durch Ahura Mazdas Willen bin ich von solcher Art: Was recht ist, liebe ich, Unrecht hasse ich. Nicht ist mein Gefallen, daß der Niedere des Hohen wegen Unrecht

leide, noch ist das mein Gefallen, daß der Hohe des Niederen wegen Unrecht leide. Was recht ist, das ist mein Gefallen. Den Anhänger des Drugs (Droge, Trug, Lüge) hasse ich. Ich bin nicht rachsüchtig, und meiner eigenen Leidenschaft bin ich streng Herr. ... Und die Meisterschaften, mit denen mich Ahura Mazda bekleidet hat – und ich habe sie auszubilden vermocht –, durch Ahura Mazdas Willen habe ich was gewirkt, durch diese Meisterschaften getan, mit denen mich Ahura Mazda bekleidet hat."[73]

Der ‚Weise Herr' als Herr der Geschichte

Also Dank des Weisen Herrn ist der König Pfeiler und Garant der Rechten Ordnung. Er verwirklicht die Grundprinzipien dieser Schöpfungsordnung durch die 6 „Amesha Spentas". Diese sind nicht nur als ethische Gebote, sondern eher als Mächte und Gewalten zu verstehen – nicht aber als Götter. Sie sind die Grundpfeiler der Ethik des Weisen Herrn: Es sind die „*Rechte Ordnung*" und die „*Gute Gesinnung*", die der Herr selber schafft. Durch die „*Fügsamkeit*" ordnet sich der Mensch in sie ein. Dadurch wird das „*Reich*" des Herrn verwirklicht. „*Heilsein* und *Unsterblichkeit*" sind die Wirkungen.
Diese 6 vom Herrn gewirkten Amesha Spentas werden in den folgenden Jahrhunderten, wie wir noch sehen werden, die verschiedenen Großreiche in diesem geographischen Raum prägen.

Es ist also Ahura Mazda, der Weise **Herr**, der nach *persischer* Auffassung durch Kyros II. die Juden heimkehren und den Tempel aufbauen läßt.

Wie sieht das die Bibel?:
„Wer hat von Osten her den erweckt, dem Sieg auf Schritt und Tritt begegnet? Wer gibt ihm Völker preis und wirft die Könige zu Boden? Wer hat es geplant und es vollbracht? Der die Geschlechter rief

von Anbeginn, ich, Jahwe (JAhU), der Erste (A), und bei den Letzten (U) bin ich noch derselbe (M)“ (Js. 41,2.4) (vgl. S. 83).

„Bedenkt dies und schämt euch und nehmt es zu Herzen, ihr Abtrünnigen. Denkt an das Vergangene von der Urzeit her, daß ich allein Gott bin und keiner sonst, der wahre Gott, dem niemand gleicht, der von Anfang an den Ausgang kundgetan und das noch Ungeschehene in der Vorzeit; der da spricht: Mein Ratschluß wird sich sicher erfüllen, und was immer ich will, das führe ich aus, der vom Osten her den Adler rief, aus fernen Landen den Mann seines Ratschlusses“ (Js. 46,8-11).

„So spricht Jahwe, der dich erlöst und dich vom Mutterschoß an gebildet hat: Ich bin Jahwe, der alles schuf, der ganz allein den Himmel ausgespannt, der die Erde hingebreitet hat ohne fremde Hilfe. *Der von Kyros sagt: Er ist mein Hirt*, und meinen ganzen Plan wird er ausführen und von Jerusalem sagen: ‚Es werde wieder aufgebaut‘, und von dem Tempel: ‚Er soll aufs Neue errichtet werden‘. *So spricht Jahwe zu Kyros, seinem Gesalbten*, dessen Rechte er ergriffen hat, um vor ihm die Völker niederzuwerfen ...: ‚Ich gehe vor dir her und ebne die Höhen, ich sprenge eherne Pforten und zerbreche eiserne Riegel. Ich gebe dir verborgene Schätze und versteckte Kostbarkeiten, damit du erkennst, daß ich Jahwe bin, der dich bei Namen rief, der Gott Israels. Um meines Knechtes Jakob willen, um Israel, meines Auserwählten, willen rief ich dich bei Namen, verlieh dir Ehrennamen, *obwohl du mich nicht kanntest*. Ich bin Jahwe, und sonst ist keiner; außer mir gibt es keinen Gott. Ich gürte dich, *obwohl du mich nicht kennst*, damit man wisse vom Sonnenaufgang bis zu ihrem Untergang, daß neben mir kein anderer ist. Ich bin Jahwe und sonst keiner, der Licht bildet und Finsternis schafft‘“ (Js. 44,24-45,7).

Nach persischer Auffassung ist es Ahura Mazda, der **HERR**, der das Perserreich schafft und die Juden heimkehren und den Tempel wiederaufbauen läßt, und nach der Bibel ist es Jahwe, der **HERR** der Schöpfung und der Geschichte, der dieses alles vollbringt. Zwar

„kennt Kyros Jahwe nicht", aber er handelt nach eigenem Bekenntnis im Namen des **HERRN**.
Das sind Zeugnisse für die von oben kommenden, patriarchaischen Züge Gottes in dieser Zeit: **„ICH BIN DA, ALS DER ICH JEWEILS DASEIN WERDE!"**
Zugleich gelangen nun im Gegenzug auch die von unten, von der Schöpfung kommenden, matriarchaische Züge Gottes in die Bibel:

2. JAHWE, GOTT DER GESCHICHTE *UND* DER SCHÖPFUNG

Für die Juden war die babylonische Gefangenschaft und das Leben in der Diaspora eine Zeit der Besinnung. Schon die Propheten hatten die Veräußerlichung des Kultes durch maßlose Opfer und Wallfahrten und dergleichen als Abfall von Gott gebrandmarkt. Das alles war im Exil nach der Zerstörung des Tempels nicht mehr möglich. Wie wir schon im 3. Kapitel sahen, wurde das Exil zu einer Zeit der religiösen Erneuerung, der Rückbindung an Jahwe selbst. Jahwe wird nun erkannt als der universale Gott aller Menschen, als Schöpfer und als Herr der Geschichte. Diese Zeit ist der Beginn der eigentlichen jüdischen Mystik, die als ununterbrochener Überlieferungsstrom (Kabala = Überlieferung) bis heute (z. B. Chassidismus) das Rückgrat des religiösen Judentums ist.
Daß hierbei die Religionen Ägyptens, des Zweistromlandes, Indiens und Chinas, mit deren Völkern die Juden von Persien aus Handel trieben, Anregung boten, ihre eigene israelitische Religion tiefer im Sinne der unmittelbaren Rückbindung an ihren Schöpfer zu verstehen, zeigt vor allem der erste **Schöpfungsbericht** im ersten Kapitel der Bibel, der als sogen. Priesterschrift *UM DIESE ZEIT* im Exil in seiner heutigen Gestalt verfaßt wurde.[74]

Nun finden wir Schöpfungsberichte bei fast allen alten Kulturen. Auch die Juden haben sicher schon seit jeher ihren Schöpfungsmythos gehabt. Diese Schöpfungsmythen sind aber keine Ausgeburt der menschlichen Phantasie, sondern sind die Frucht meditativen Bemühens, das in jedem Augenblick geschehende Entstehen aller Dinge aus dem einen, unbegreiflichen Ursprung, dem Schöpfer, zu erfahren und in von der Schöpfung genommenen, archätypischen Bildern darzustellen. Dieser Prozeß der Mythenbildung beruht auf der inneren Logik der Schöpfung (vgl. S. 34: „Ptah" in Ägypten oder: „Alles wird durch den Logos, und ohne ihn wird nicht eines" Joh. 1,3) und ist, wie wir im ersten Kapitel dargestellt haben, auch heute noch durch kontemplative Menschen jederzeit nachvollziehbar.

Diese Erzählungen sind, da sie von dem jederzeit stattfindenden Ur-Sprung der Dinge berichten, zutiefst **ungeschichtlich**; sie wollen also nichts über den zeitlichen Anfang, sondern über das zu jeder Zeit stattfindende Ur-Springen von Welt und Mensch etwas aussagen. Sie sind Wesensaussagen über die Schöpfung.

Deshalb sind sie bei allen Kulturen trotz unterschiedlicher Bilder dem Inhalt nach sehr ähnlich. So kann ein Ägyptologe ägyptische Züge im biblischen Schöpfungsbericht finden, ein Indologe indische und ein Fachmann für das Zweistromland sumerische, assyrische und babylonische. Da brauchen wir uns also nicht zu wundern, wenn die Israeliten in dieser Zeit der Begegnungen einen Schöpfungsbericht gestalten, der dem der anderen Kulturen ähnlich ist.

Bislang war aber Jahwe streng patriarchaisch als Gott der Geschichte seines Volkes verehrt worden. So fällt es auf, daß im ausgehenden 6. Jh. v. Chr. Jahwe sich wiederholt betont durch den Mund Deutero-Jesaias in einem Atemzug als Gott der Schöpfung **und** als Gott der Geschichte bezeichnet: „So spricht Jahwe, der dich erlöst und dich vom Mutterschoße an gebildet hat: Ich bin Jahwe, der alles schuf, der ganz allein den Himmel ausgespannt, der die Erde hingebreitet hat ohne fremde Hilfe; ... der von Cyrus sagt: ‚Er ist mein Hirt, und meinen ganzen Plan wird er ausführen und von Jerusalem sagen: Es werde wieder aufgebaut', ..." (Is. 44,24 ff.).

Wir finden zwar Jahwe schon als Schöpfer in den Psalmen, die aus der Zeit Salomos stammen. Doch jetzt wird von den jüdischen Priestern im Exil der Schöpfungsbericht als erstes und darum grundlegendes Wort der Bibel komponiert, der die typischen Elemente der Ursprungsreligionen enthält. Solche typischen Elemente sind unter anderem:

- das programmatische erste Wort der Bibel, welches im Unterschied zu unseren deutschen Übersetzungen in den Originaltexten Bereschit, en archä, in principio d. h. „Im Ur-Sprung“ (nicht aber: „Anfang“, welches ein zeitlicher Begriff ist!) lautet. DerText will also eine Ursprungserzählung, eine ungeschichtliche, zu jeder Zeit gültige Wesensaussage sein;
- Schöpfung ereignet sich immer durch Scheidung in Polaritäten; die Erde ist im Ursprung leer und gestaltlos, eben noch ungeformt und darum fähig zu allen Formen, wie z. B. der Nun der Ägypter oder die Leere im Schöpfungshymnus des Rgveda oder das Chaos bei Hesiod, (welches im Altgriechischen nicht Unordnung, sondern Leere heißt); „Finsternis über Urwirbels Antlitz“ (wie Buber übersetzt);
- „der Geisthauch schwingend über dem Antlitz der Wasser“ (dsgl.).

All dies sind meditativ gewonnene, archätypische Grunderfahrungen der Menschheit, wie wir sie schon im 3. Jt. v. Chr. in Ägypten gefunden haben und die wir nun im 6. Jh. v. Chr. auch in der Bibel finden.

3. Die Leere, die Weisheit als Urmutter von allen Geschöpfen

In diesem merkwürdigen Jahrhundert begegnen sich nicht nur Perser und Juden, sondern auch Perser und Ägypter und Ägypter und Juden. 525 erobert der Perserkönig Kambyses Ägypten, und 519 kommt auch Dareios I. in das Nildelta nach Sais, wo er der „Großen

Neith" begegnet. Tief beeindruckt von der Größe dieser Göttin, die das in Persien so verehrte Licht, die Sonne, jungfräulich gebiert, stiftet er große Tempelanlagen.

Wir erinnern uns hier an die Kosmogonie von Heliopolis, wie die Himmelsgöttin Nut, – die Symbolgestalt des sichtbaren Himmels, der selbst leer von jeder irdenen Form ist –, jeden Morgen die Sonne jungfräulich gebiert oder, besser gesagt, Amun-Re, der unsichtbare Schöpfer von allem, sich selbst in der Himmelsgöttin Nut erzeugt und durch sie als Sonne in Erscheinung tritt.

In Sais finden wir eine andere Variante desselben Mythos: hier wurde der Schöpfergott Ptah und die große Neith verehrt. Beides sind sehr alte Gestalten im ägyptischen Pantheon.
Wie wir schon anfangs sahen, erschafft Ptah durch Aussprechen ihrer Wortbezeichnung unmittelbar alle Dinge, die er zuvor in seinem Herzen erdacht hat, – und ist so in ihnen bis in alle ihre Funktionen und Lebenskräfte hinein **gegenwärtig**. Das ist alte ägyptische Priesterweisheit: das Wort (Logos) ist Leben und Gestalt der Geschöpfe.

Die Neith ist eine der ältesten Gestalten der ägyptischen Götterwelt. Ursprünglich war sie Kriegsgöttin, spielt aber schon lange vor der Saiten-Epoche (664-525) eine Schlüsselrolle in der Unterwelt in der 11. Nachtstunde, bei der Wende zum neuen Leben. Sie empfängt jungfräulich aus sich und in sich allein das Licht *und wird der Urflut Nun, der Leere, gelegentlich gleichgestellt.*

Nun und Nut, Urflut und Himmel: beide sind leer von Formen, bringen aber alle Gestalten hervor. So braucht es uns nicht zu wundern, daß in dieser Spätzeit der ägyptischen Kultur der Großen Neith von Sais alle Eigenschaften der Himmelsgöttin Nut als Sonnengebärerin zugeschrieben werden. Sie wird jetzt austauschbar mit allen anderen ägyptischen Muttergöttinnen wie Hathor, Nut, Mut und Isis. Als Inschrift über ihrem Tempel fand Champollion: „Ich bin alles, was ist, was war und was sein wird; kein sterblicher Mensch hat je meinen Schleier aufgehoben". ‚Sterbliche' sind Menschen, die noch von der vergänglichen Welt her leben. Wer aber nicht mehr von der Welt her motiviert ist, sondern, – leer von allem –, Teilhaber an der göttlichen Unsterblichkeit geworden ist, erlebt die *universale Allgegenwart der Mater*-ie, *der Urmutter aller Geschöpfe*.

Und so lesen wir bei Uta'hor, einem ägyptischen Priester aus Sais im 6. Jh.: „Die große Neith ist es, die Re gebar – die zuerst geboren hat, als es Geburt noch nicht gab"[75]. *Damit wird sie zum weiblichen Prinzip allen Werdens.*

Parallel dazu finden wir dieses ‚weibliche Prinzip allen Werdens' im AT in den Sprüchen Salomos, der bekanntlich eine ägyptische Frau hatte. Er trieb Handel mit Indien und Südarabien und seine Begegnung mit der Königin von Saba ist bezeichnend für seine Einstellung zur Weisheit der umliegenden Völker. Ferner ist bekannt, daß im 6. Jh. zur Zeit der Wirren in Palästina viele Juden nach Ägypten flohen und dort auch in folgenden Jahrhunderten, vor allem später dann in Alexandrien bedeutende Gemeinden bildeten. So braucht es uns nicht zu wundern, daß etwa auch in diesen Zeiten die Weisheit als personales weibliches Prinzip der Schöpfung im Alten Testament auftaucht. Wir lesen von der Weisheit im Buch der Sprüche: „Der Herr hat mich schon gehabt im Anfang seiner Wege, **ehe er etwas schuf**, vom Ursprung her. Ich bin eingesetzt von Ewigkeit her, im Ursprung, ehe die Erde ward. Als die Meere noch nicht waren, ward ich geboren, als die Quellen noch nicht waren, die von Wasser fließen.... da war ich als sein Liebling bei ihm; ich war seine Lust täglich und spielte vor ihm allezeit" (Spr. 8,22-24.30; vgl. auch Ijob 28 und Jesus Sirach 24). „Die neuere Forschung hat nun eine Stilanlehnung an frühe ägyptische Texte festgestellt, die der Ma'at als Göttin der Wahrheit [Recht und Schöpfungsordnung] (Tochter des Sonnengottes Re) zugeordnet sind".[76] – Die Bibel übernimmt hier, wie so oft, die aus kontemplativer Erfahrung stammende (vgl. 2. Kap.), altägyptische Weisheit in sich auf und bewahrt damit altes matriarchaisches, mythisches Gut.

Die Schöpfung aus der Leere in der jüdischen Mystik[77]

In diesem 6. Jh. v. Chr., als die Juden ihren Tempel und damit ihren Opferkult verloren hatten, entfaltet sich nun in vollem Umfang – wohl angeregt durch die umliegenden Ursprungsreligionen – die jüdische Mystik, auf die sich die mittelalterliche Kabala (=Tradition) beruft. In ihr findet sich die wohl tiefgründigste Interpretation der Schöpfung aus der Leere. Eines der drei Mysterien der Kabala ist das Tsimtsum: „Der erste Akt [der Schöpfung] ist keine Tat der Offenbarung, sondern eine Tat der [Selbst]Begrenzung. Erst beim zweiten Akt schickt Gott einen Strahl seines Lichtes und beginnt sich zu offenbaren oder vielmehr seine Entfaltung als Schöpfer-Gott in dem ursprünglichen Raume seiner eigenen Schöpfung.“[78]

Hier wird mit einer bis dahin noch nicht dagewesenen theologisch-philosophischen Tiefe und Klarsicht dargelegt, daß Gott, *bevor* er die Geschöpfe schafft, sie zuerst **ermöglicht** durch Leerwerden von sich selbst! Diese hochspirituelle Interpretation des Entstehens aller Geschöpfe aus der Leere bewahrt uns vor zwei Hauptfehlern, die in dieser Hinsicht immer wieder gemacht wurden und gemacht werden:

Einerseits, daß es, „ehe Gott etwas schafft“, also vor der Schöpfung, schon etwas gibt, was von Gott verschieden, also gleich ewig mit ihm wäre: z. B. die Materie.

Andrerseits bewahrt uns diese Interpretation der jüdischen Mystik vor der unhaltbaren Behauptung der christlichen Theologen einer „creatio ex nihilo“, einer Schöpfung aus dem Nichts. Diese ist nämlich ein zutiefst unlogisches Gedankenkonstrukt, das die Theologen machten, um den eben genannten Fehler einer gottgleich-ewigen Materie zu vermeiden. Denn Nichts = ‚nicht Sein‘

hat kein Sein, gibt es also gar nicht, – (auch nicht als einen reichlich primitiv vorgestellten leeren Raum neben Gott, aus dem oder in dem Gott alles schafft. Denn dann wäre ja Gott eine räumliche Gestalt, die durch den leeren Raum neben ihm begrenzt würde).

Er schafft also alles aus sich selbst durch Leerwerden von sich selbst. Dieses Leerwerden von sich selbst ist ein partiell *inner*göttlicher Verzicht auf Ausübung seiner Allmacht, Allgegenwart usw., um dadurch relativ selbständige (ens ab alio) Wesen *in* sich zu ermöglichen. So, wie ein Fußballchampion mit einem kleinen Kind Fußball spielen kann, indem er auf den Gebrauch seiner weitüberlegenen Kräfte verzichtet, obwohl er sie weiterhin hat, – so ist Gott in seiner Schöpfung als Leere all-gegen-wärtig unter partiellem Verzicht auf Ausübung seiner Allmacht.

Aristoteles unterscheidet sehr richtig – und das ist wichtig – zwischen „**ouk on**“ = „nicht Sein“ = „Nichts“, welches es also, weil nicht seiend, nicht gibt, und dem „**mä on**“ = „Nicht-etwas-Sein“, welches zwar allen materiellen Geschöpfen als Materie zugrunde liegt, aber, weil formlos, nicht begreifbar, dunkel ist. Diese materia prima hat nicht diese Form und nicht jene Form; sie hat eben keine Form, – ist aber auch nicht „Nichts“, sondern die Fähigkeit zu allen Formen. Sie ist nur in Bezug auf die begreifbaren materiellen Formen ein relatives „Nicht-etwas-Sein“ (mä on).

Und diese Materia prima, aus der der Schöpfer durch sein Wort alle mater-iellen Gestalten hervorgehen läßt, ist identisch mit der Leere, die Gott selber in seiner Selbstentäußerung ist und die die kontemplativen Menschen immer schon als den *einen* Ur-Sprung von *allen* Geschöpfen erfuhren.

Die „materia prima“, die Materie leer und gestaltlos vor jeder materiellen Gestaltung, ist also nicht „Nichts“, sondern sie ist der Schöpfer selbst im Aspekt seiner freiwilligen Selbstentäußerung:

„Im Ursprung schafft Gott den Himmel und die Erde. Die Erde aber leer und gestaltlos. Finsternis über Urwirbels Antlitz" (Gen. 1, 1 f.). „Die Erde leer und gestaltlos" ist hebräisch die „Adama", das „Feld", aus der der „Adam" gebildet wird (Gen. 2,7), oder lateinisch der „Humus", aus dem der „Homo" ständig hervorgeht, bzw. das von den Physikern postulierte, unbegreifliche „Feld" , aus dem alles spontan entsteht. Sie ist der „Nun" der Ägypter, das reine „Yin" der Chinesen, die „avyakta Prakrti" der Inder, die „Leere" Laotses, das „Chaos" des Hesiod, die „Dynamis" des Aristoteles, die reine „Potentialität" der Scholastik.

Die Materie als der weibliche Aspekt Gottes

Also: die Schöpfung wird überhaupt erst *ermöglicht* durch die Selbstentäußerung Gottes, die Kenosis, die ein innergöttlicher Akt **vor** jeder Schöpfung ist. Und wir werden dieser Kenosis Gottes wieder in dem Bild Gottes, in Jesus, dem Christus, begegnen (Phil. 2,7), wenn es um die Erlösung der Schöpfung geht. Und wir fanden die Leere schon in der biblischen Weisheit, die von sich sagt: „Der Herr hat mich schon gehabt im Anfang seiner Wege, **ehe er etwas schuf**" (Spr. 8,22).

So ist die Materie wie Gott (und als Gott in seinem Leersein von sich selbst) in jedem Geschöpf ganz da, aber sie geht in keiner Weise auf in der begrenzten Gestalt dieses oder jenes Geschöpfes. So ist Gott als Materie, als der alles *Ermöglichende,* in jedem Geschöpf jederzeit ganz gegenwärtig: genauso wie Gott es in jedem Geschöpf ist als der alles *Wirkende*. Und obwohl beide Aspekte Gottes (als der Ermöglichende und als der Wirkende) in jedem Geschöpf und in jedem Teil ganz da sind (Jahwe: „Ich bin da!"), können wir sie selbst in ihrer *unermeßlichen*, unbeschränkten Allgegenwart nie begreifen. **Die Mater**-ie in ihrer alles ermöglichenden Allgegenwart **ist der** heute so oft beschworene **weibliche Aspekt Gottes**.

Wenn aber Gott in jedem Geschöpf, also auch im Menschen, ganz da ist, wo bleibt dann die menschliche Freiheit? Die Menschen tuen ja soviel Böses; ist es Gott, der das in ihnen tut? Und wenn Gott allmächtig und allgegenwärtig und **gut** ist, warum gibt es dann soviel Böses in der Welt? – Gott ist gemäß der Lehre des Tsimtsum sowohl als reine Möglichkeit, als selbstlose Materie, als Leere, **eben unter freiem Verzicht auf** *Ausübung* seiner Allmacht hinsichtlich der Geschöpfe in der von ihm ständig gewirkten Schöpfung gegenwärtig, wie eben auch als der sie Wirkende. Genauso, wie es Laotse zur gleichen Zeit im fernen China sagt:

„Das große Tao ist überströmend; es kann zur Rechten sein und zur Linken.

Alle Dinge verdanken ihm ihr Dasein, und es verweigert sich ihnen nicht.

Ist das Werk vollbracht, so heißt er es nicht seinen Besitz.

Es kleidet und nährt alle Dinge und spielt nicht ihren Herrn.“[79]

So kann auch Berdjajew sagen: „Die Freiheit ist nicht determiniert durch Gott; sie ist Teil der Leere, aus der Gott die Welt schafft“[80]. Gott läßt ein jedes Ding – das Ganze, wie auch ein jedes seiner Teile – ständig aus der Materie, aus der Leere, aus sich, hervorgehen. Aber was das einzelne Geschöpf im Rahmen seiner Möglichkeiten mit den ihm anvertrauten Kräften macht, das bleibt ihm überlassen. Der Mensch ist keine Marionette Gottes; er kann seine ihm von Gott geliehene Hand zum Helfen und zum Morden verwenden.

Aber er ist seiner Freiheit nicht richtungslos ausgeliefert. Denn, wenn er, leer von sich selbst, versucht, aus seinem, dem *einen* Ursprung *aller* Geschöpfe, der göttlichen Leere, die sein grundloser Wesensgrund ist, zu leben, dann lebt er in Übereinstimmung mit allen seinen Mitgeschöpfen, eben in der Liebe, und so in Übereinstimmung mit dem Schöpfer. In dieser Weise erfährt er eine wundervolle Führung: sein Leben wird zu einem immer neuen, großen Wunder.

Ein weiteres Beispiel für das ständige entstehen aller Dinge aus der Leere ist in Indien der Schöpfungshymnus (Rgveda X,129) ca. 1200 v. Chr.:

„Damals war nicht das Nichtsein, noch das Sein,
Kein Luftraum war, kein Himmel drüber her.
Wer hielt in Hut die Welt; wer schloß sie ein?
Wo war der tiefe Abgrund, wo das Meer?

Nicht Tod war damals, noch Unsterblichkeit,
Nicht war die Nacht, der Tag nicht offenbar.
Es hauchte windlos in Ursprünglichkeit
Das EINE, außer dem kein anderes war.

Von Dunkel war die ganze Welt bedeckt,
Ein Ozean ohne Licht, in Nacht verloren;
Da ward, was in der Schale war versteckt,
Das Eine aus der Glutpein Kraft geboren.

Aus diesem ging hervor zuerst entstanden,
Als der Erkenntnis Samenkeim die Liebe;
Des Daseins Wurzelung im Leeren fanden
die Weisen, forschend in des Herzens Triebe."

Der Gott-Mensch, Erstgeborener der Schöpfung, der durch Geist und Wort alles erschafft

So wie in Ägypten Ptah durch Sia (Einsicht) und Hu (Wort) alles erschafft, so erschafft auch in Indien der Gott-Mensch „durch das Wort und den Atman alles, was da ist" (Brhadaranyaka Up. I,2,5; 8. Jh. v. Chr.).

Parallel dazu lesen wir im zweiten biblischen, dem jahwistischen Schöpfungsbericht (Gen. 2,5 ff.), daß Jahwe den Menschen aus den Elementen bildet, **bevor** alle anderen Dinge aus ihnen hervorgehen. So sind in der Schöpfungsordnung von Heliopolis (Ägypten) Isis, Osiris, Seth und Nephtys die ersten Kinder von Nut (Himmel) und Geb (Erde). Und in der Brhadaranyaka Up. (I,4,1) heißt es: „Im Ursprung ist diese Welt allein der Atman ‚Geist' in Gestalt des Purusha ‚MENSCHEN'". Dieses ‚bevor' in der Bibel ist eben wie in den archaischen Religionen nicht zeitlich gemeint, sondern wie in Indien und Ägypten kontemplativ-final: Alle Geschöpfe werden in jedem Augenblick durch den einen, transpersonalen Gott-Menschen und in ihn hinein erschaffen (Kol. 1,16 f.). Dieser **eine** transpersonale Mensch ist in Ägypten Ptah, bzw. Osiris (einschließlich Isis, Nephtys und Seth), in Indien der Purusha, im Mahayana-Buddhismus Vairocana (oder Adibuddha oder Amithaba u. a. m.) bzw. der Dharmakaya, im Neuen Testament der praeexistente, kosmische Christus bzw. der mystische Leib Christi. – Und jeder Mensch, der leer von sich selbst und den Dingen und darum mit allem **ein** Leib und **ein** Geist ist, ist durch den in ihm wohnenden Gottesgeist Teilhaber an diesem Gott-Menschen; er ist Bild, d. h. In-Erscheinung-Treten, Gottes. Alle übrigen Geschöpfen sind auf den Menschen hin (final) erschaffen, d. h. sie sind Bild des Menschen, d. h. sie bilden seine Eigenschaften und seine Handlungsweisen ab.

An diesen Beispielen sehen wir, wie mancherlei meditative Erfahrungen, die in den umliegenden Kulturen sehr alt sind, nun im 6. Jh. v. Chr. in der Bibel auftauchen. Während aber diese Erfahrungen im alten Indien Frucht des „Forschens der Weisen" sind, also die Initiative vom Menschen ausgeht, ist es in der Bibel der personal-transpersonale Gott, der schafft und hier durch sein fast distanziert wirkendes Machtwort die Geschöpfe aus den Elementen, den Archätypen, hervorgehen läßt. In den Ursprungsreligionen dagegen bleibt der Urheber von allem im Dunkel des Unaussagbaren und ist doch unausgesprochen, wie in Ägypten, immer da:

„Doch, wem ist auszuforschen es gelungen,
Wer hat, woher die Schöpfung stammt, vernommen?
Die Götter sind diesseits von ihr entsprungen!
Wer sagt es also, wo sie hergekommen?" (Rgveda X,129)

Zu der gleichen Zeit, in der wir in der Bibel Indizien für einen möglichen Einfluß auch aus Indien finden, entdecken wir im Gegenzug, wie typisch biblische Elemente neu in den Upanishaden auftauchen. Wir werten dies als Indiz, daß keine einseitige Beeinflussung, sondern ein gegenseitiger Austausch vorzuliegen scheint. Diese Wechselbeziehungen haben wohl ihren Grund ebenso in dem Verborgenen Bereich, wie auch in der objektiv nachweisbaren, geschichtlich-geographischenTatsache, daß Juden (Exil) und Inder einander im ausgehenden 6. Jh. v. Chr. begegneten.

4. Biblische Elemente in Indien

Die Veden und die Upanishaden sind für die Inder das, was für die Juden und die Christen die Bibel ist: heilige, vom Geist inspirierte Bücher. Brahman ist das ewige, unvergängliche Absolute: die höchste, nicht-duale Wirklichkeit. Eine Gnadenlehre entspricht nicht dem Wesen der Ursprungsreligionen und ist meines Wissens in den älteren Upanishaden unbekannt.
Wenn nun zu der Zeit, da die Juden bis nach Indien hinein Handel trieben, in den Upanishaden folgende Texte zu finden sind, ist das ein Indiz für kulturellen Austausch:
„Zu ihm, **der den Gott Brahman schuf** zu Anfang und **der ihm auch die Veden überliefert**, der Gott, **der sich erkennen läßt durch Gnade**, nehm ich Erlösung suchend meine Zuflucht." (Svetasvatara Up. 6,18)
„Dieser Atman ist nicht durch Belehrung zu erfassen, nicht durch Opfergabe, noch durch große Gelehrsamkeit. **Wen er erwählt**, der kann ihn erfassen, **dem enthüllt der Atman sein Wesen**" (Kathaka

Up. 2.Valli). Daß der Atman im theistischen Sinne „erwählt“ und „enthüllt“, ist neu.

„Durch Yoga, so sagt man, geschieht es, daß einer sehend geworden, den Goldfarbigen, den Schöpfer, Herrn, Geist, **den Quell des Brahman** erblickt und, zur Kenntnis gekommen, dann jenseits von Gut und Böse alles zur Einheit in dem Höchsten, dem Unvergänglichen macht.“ (Maitrayani Up. 6)
„Ihn fürwahr quälen nicht mehr die Fragen: ‚Welches Gute habe ich unterlassen? Welches Böse habe ich getan?‘ Wer solches erkennend sich von diesen hin zum Atman rettet, der rettet sich zugleich **von Gut und Böse hin zum Atman.**“ (Taittiriya Up. 138)

Wir sahen, daß das dualistische, von Anfang an daseiende Gut-Böse-Denken typisch für den Iran ist. Im biblischen Schöpfungsbericht aber wird nun in dieser Zeit ausdrücklich betont, daß im Ursprung die ganze Schöpfung sehr gut ist (Gen. 1,31) und erst durch den Menschen, verführt durch die Schlange, das Gut-Böse-Erkennen in die Welt kommt. Das scheint sowohl die Zarathustra Religion beeinflußt zu haben als nun auch in Indien neu aufzutauchen: wieder ein Indiz, daß die unterschiedlichen Kulturen sich nicht nur geographisch begegneten, sondern auch zu inhaltlicher Wechselwirkung kamen.

Während sowohl die Befreiung vom Gut-Böse-Denken und die Gnadenlehre als auch die Erwähnung Gottes, der den Gott Brahman schuf und ihm die Veden überliefert, wohl von der Offenbarungsreligion ausgehend in dieser Zeit die umliegenden Ursprungsreligionen beeinflußt hat, scheint die jetzt in der Bibel auftretende Theologie der Schöpfung aus der Leere von den umliegenden Kulturen übernommen worden zu sein.

Indien befindet sich im 6. Jahrhundert v. Chr. in einer Zeit der Gärungen. Die Priesterkaste, die Brahmanen, hatten, ähnlich wie in Israel, alle Macht dadurch an sich gezogen, daß sie dem einfachen Volke weismachten, irdisches und ewiges Heil könnten nur mittels Opferriten, Gebeten, Magie usw. erlangt werden. Die Priester allein aber seien fähig und berechtigt, diese gegen entsprechende Opfergaben zu vollziehen. Mit Hilfe des Kastensystems wurde das Volk so wirtschaftlich und geistig ausgebeutet, was zu Protest und Aufruhr führte.
Siddhartha Gautama aus dem Geschlecht der Shakyas, genannt Buddha, d. h. der Erwachte oder Erleuchtete, lenkte die berechtigten Gärungen in Indien in heilsame Bahnen, die, wie wir in diesem Buch noch darstellen werden, im Kontakt mit anderen Religionen den Buddhismus im Unterschied zum Hinduismus zur übernationalen Weltreligion werden ließen.
Gautama Shakyamuni lebte etwa von 560 bis 480 v. Chr. in Indien (nach neueren Ansichten 450-370 v. Chr.[81]) Er ist wohl einer der tiefgründigsten Reformer aller Zeiten. Aber gerade darum wurde und wird er – nicht zuletzt auch von den Seinen – oft mißverstanden.

Wir wollen die Lehre Buddhas, die den verschiedenen Ausformungen des Buddhismus zugrunde liegt, kurz skizzieren: Alles dem Kreislauf der Dinge Unterworfene ist vergänglich und nicht wesenhaft. Sich zu verstricken in dieses Irdische durch Begehren und Unwissenheit, bringt Leid.
Durch Dhyana (Meditation) und Shila (Einhalten der Gebote: 1. nicht Töten, 2. nicht Gegebenes nicht nehmen, 3. Vermeiden von unrechter sexueller Betätigung, 4. Vermeiden von unrechter Rede, 5. keine berauschenden Getränke trinken) überwindet man das Leid und gelangt zur Erlösung von dem Verstricktsein in den Kreislauf des Vergänglichen: Nirvana.

Buddha betrachtet sich selbst als Reformer, wenn er sagt: „Ich habe den alten Weg gesehen, die alte Straße, die von früheren Erleuchteten begangen worden ist; das ist der Weg, dem auch ich folge". Mit dem ‚alten Weg' meint er die indische Tradition der Veden und Upanishaden. Und er ist in den folgenden 5 Jahrhunderten bis zur Entstehung des Mahayana nach der Zeitenwende immer nur als der große Reformator betrachtet worden.

Buddha ist wohl der erste und der radikalste Entmythologisierer aller Zeiten. Er hat die indische Tradition radikal von allen mythologischen und ideologischen Einkleidungen und von allem Ritualismus und Magie und vor allem vom Panzer des indischen Kastenwesens befreit und dadurch eine neue Form übernationaler Ursprungsreligion grundgelegt, die es bis dahin hier so noch nicht gegeben hatte.

Die Erlösung ist nun in die Verantwortung jedes Einzelnen gelegt: ein wunderbares Recht und zugleich eine, die meisten Menschen überfordernde Pflicht, die, wie die geschichtliche Entwicklung zeigt (vgl. 9. Kap.), weiterer „Ausführungsbestimmungen" bedurfte. Das sind dann die verschiedenen Ausformungen des Buddhismus vor und nach der Zeitenwende. Der ‚gewöhnliche' Mensch braucht eben zur Kultivierung seiner Sinne und Gedanken Bilder und Worte. Werden diese aber dem ursprünglichen Buddhismus gerecht? –

Um diese Frage zu beantworten, müssen wir uns zuerst den Urbuddhismus anschauen, wie ihn K. Meisig herausgearbeitet hat.[82]

Urbuddhismus

„Bereits der Urbuddhismus schwebt nicht im luftleeren Raum, sondern will Antworten geben auf die drängenden Fragen der Zeit. Sieht man den Buddhismus im kulturellen, politisch-sozialen und religiösen Umfeld Indiens um die Mitte des ersten vorchristlichen Jahrtausends, so stellt er sich dar als eine Reformbewegung, getragen von der Opposition gegen festgefügte politische und religiöse Strukturen der altindischen Gesellschaft." ... „Sechs oppositionelle Züge lassen sich unterscheiden"[83]:

Antiklerikalismus
Die Ablehnung der brahmanischen Priesterschaft und ihres hierarchischen Gesellschaftsmodells mit dem Kastenwesen und dem daraus sich ergebenden Standesdünkel. Alle Menschen sind gleichwertig; Chancengleichheit für die Erlösung.

Antiritualismus
Der Buddhismus ersetzte das vedische Opferritual, welches den Göttern dargebracht wurde, durch die Forderung eines ethischen Lebenswandels (mit steigendem Schwierigkeitsgrad je nach individuellem Vermögen): Almosen spenden; Klosterbau; Zufluchtnehmen zu Buddha, Lehre und Gemeinde; die 5 Gebote halten; Mönch bzw. Nonne werden.[84]

Antitheismus
„Der oft beschworene A-theismus des Buddhismus ist eher als Anti-theismus zu verstehen."[85]

Hierzu möchte ich ein sicher echtes Buddhawort zitieren: „Es gibt, meine Schüler, einen Bereich frei von Erde, Wasser, Feuer, Luft. Es ist nicht unendlicher Raum, noch endloser Gedanke, noch Nichts. Weder diese Welt ist es, noch jene. Ich nenne es weder kommend noch gehend, noch Stillstand, weder Tod noch Geburt; es ist ohne Grund, Fortschritt oder Verweilen. Es ist das Ende allen Kummers. Es gibt, Schüler, ein Ungewordenes, Ungeborenes, Ungeschaffenes, Ungeformtes; wenn es dieses nicht gäbe, so würde es keinen Ausweg geben für das, was geworden, geboren, geschaffen, geformt ist; aber weil es ein Ungewordenes, Ungeborenes, Ungemachtes, Ungeformtes gibt, darum gibt es auch eine Zuflucht für das, was geworden, geboren, geschaffen und geformt ist." (Udana VIII, 1,4,3)

Also eine nur negativ zu umschreibende, aber alles Geschaffene transzendierende Wirklichkeit ist die unabdingbare Voraussetzung für die Überwindung des Leidens, um die es dem Buddha ausdrücklich vor allem anderen geht. Nur darf diese wie auch immer geartete Wirklichkeit nicht als ein von dem Geschaffenen unterschiedener Gott, also theistisch gedeutet werden. Denn dann würde dieser durch das Geschaffene begrenzt werden. Aber das Nicht-benennen-Können ist kein Nicht-wirklich-Sein, sondern ein Wirklicher-als-alle-begreiflichen-Wirklichkeiten-Sein. – Jeder echte Buddhist verneigt sich tief vor dem Unsichtbaren, dem Unhörbaren, welches alle Dinge transzendierend durchwaltet, und welches nicht apersonal und nicht personal, sondern transpersonal erlebt wird. Nur die westlichen Weltanschaungsbuddhisten und rationalistischen Menschen mißverstehen das konsequente Leugnen eines theistisch formulierten Gottes als atheistisch. – Dieses anti-theistische Anliegen richtete sich seinerzeit gegen die Verdinglichung der hinduistischen Götter. Heute richtet es sich mit Recht gegen das theistische Bild von Gott als einer Person, der mir als Person jenseits der Schöpfung gegenübersteht. Dies ist auch zutiefst unchristlich! So sagt auch Bonhoeffer: „Einen Gott, den es gibt, gibt es nicht".

Antimetaphysik

„Darum also, Malunkyaputto, mögt ihr, was ich nicht mitgeteilt als nicht mitgeteilt, und was ich mitgeteilt als mitgeteilt halten.

Was aber habe ich nicht mitgeteilt?: ‚Ewig ist die Welt'. ‚Zeitlich ist die Welt'. ‚Endlich ist die Welt'. ‚Unendlich ist die Welt'. ‚Der Vollendete besteht nach dem Tode'. ‚Der Vollendete besteht nicht nach dem Tode'. ‚Der Vollendete besteht und besteht nicht nach dem Tode'. – Und warum habe ich das nicht mitgeteilt?: Weil es nicht heilsam, … nicht zur Erwachung, Erlösung führt.

Was aber habe ich mitgeteilt?: ‚Das ist das Leiden'. ‚Das ist die Leidensentwicklung'. ‚Das ist die Leidensauflösung'. ‚Das ist der zur Leidensauflösung führende Pfad'. – Und warum habe ich das mitgeteilt?: Weil es heilsam ... zur Erwachung, zur Erlösung führt." (Mittlere Sammlung).

Bedauerlicherweise haben sich die Buddhisten nicht an diese Anweisungen des Buddha gehalten, und darum hat sich manch ein Mißverständnis bezüglich metaphysischer Fragen in die Lehre eingeschlichen.

Ein überall verbreitetes Mißverständnis ist, daß kein Atman, d.h. kein Geist, keine Person existiert (Anatta):

Aber das ‚Sutra vom Diamantschneider der höchsten Weisheit' läßt Buddha sagen: „Denke nicht, daß jemand, der den höchsten, vollkommen erwachten Geist in sich erweckt, alle Objekte des Geistes als nicht-existent, als vom Leben abgeschnitten, betrachten müsse. Bitte denke nicht in dieser Weise. Jemand, der den höchsten, vollkommen erwachten Geist in sich erweckt, behauptet nicht, daß alle Objekte des Geistes nicht-existent und vom Leben abgetrennt seien" (27). – Dazu der Kommentar eines wahrhaft kompetenten, zeitgenössischen Buddhisten: „‚Nicht-existent' und ‚vom Leben abgeschnitten' sind ebenfalls Zuordnungen. Betrachten wir einen Tisch, eine Blume oder den höchsten, vollkommen erwachten Geist und meinen, daß sie unabhängig von anderen Objekten des Geistes existierten, dann sind wir in die Vorstellung von Beständigkeit verstrickt. Glauben wir auf der anderen Seite, daß alles nicht-existent sei, sind wir in die Vorstellung von Auslöschung verstrickt. Der mittlere Weg, den der Buddha lehrt, ist ein Weg, der von beiden Sichtweisen frei ist."[86] „Aus diesem Grund weigerte sich der Buddha bei mehreren Gelegenheiten, auf Fragen bezüglich der Existenz oder Nicht-Existenz des Atman zu antworten. ... Vasubandhu schließt seinen Kommentar zu dieser Begebenheit: ‚An die Existenz des Selbst zu glauben bedeutet, in die Häresie der Dauer zu verfallen; das Selbst zu leugnen aber bedeutet, in die Häresie von der Vernichtung durch den Tod zu verfallen'. ... **Die unzähligen Kontroversen um das Selbst (Atman) und die Natur des Nirvana fanden ihre Lösung in der Erfahrung des Erwachens:**

sie waren mit dem Denken und auf der Ebene der Verbalisation nicht zu lösen“[87].

> Antiasketizismus und Antihedonismus
> Ein maßlos sich selbst peinigendes Asketentum war und ist in Indien (wie auch im mittelalterlichen Christentum) sehr verbreitet. „Nicht nur Askese kettet den Menschen durch Steigerung des Leidens noch fester an das anfangs- und endlose Rad der Wiedergeburten, auch der Genuß, alle Arten der Sinnenlust, setzen die Kette der Existenzen nur immer weiter fort, statt ihr ein Ende zu bereiten.“[88] – Deshalb wandte sich der Buddha gegen beide Extreme und predigte auch hier den mittleren Weg.

Es ist zum Verständnis des Buddhismus wichtig, sich diese oppositionelle Ausgangslage gegen die Mißbräuche seiner Zeit zu vergegenwärtigen. Denn der Sache nach lehrte er weitgehend „den alten Weg, die alte Straße“, wie wir eingangs hörten. Fast alle seine Lehren finden wir schon in den Upanishaden. – Nur sein Reformkurs gegen allzu indische Eigenheiten und gegen alle Bilder befähigten den Buddhismus, später im Kontakt mit anderen Kulturen zu einer Weltreligion zu werden.
Die Radikalität der religiösen Reform: sich kein Bild von Gott zu machen, aber selbst ein Bild Gottes zu werden, – ihre Tiefe und die ethische Inanspruchnahme des Einzelnen unabhängig von Rang und Opferkult ***verbindet in diesem 6. Jahrhundert den Buddhismus mit den Reformbewegungen in Israel und Persien***. Auch das ist ein wichtiger Meilenstein in der Evolution der Religion.
Während aber die letzteren sich betont patriarchal theistisch entwikkelten, gerade auch in der Gestalt der personalen Zwiesprache mit dem ‚Guten Herrn‘, mauserte sich der Hinduismus in Gestalt des Buddhismus zu der wohl reinsten Form der matriarchaischen Ursprungsreligionen, die wir bisher überhaupt auf der Welt haben. Diese manifestiert sich vor allem im konsequenten Schweigen Buddhas bezüglich metaphysischer Wahrheiten und in der bildlosen Me-

ditation (Dhyana) als kultischem Schwerpunkt, wie wir sie in den zahllosen Buddha-Bildnissen seit der Zeitenwende finden. Durch diese extreme Polarisierung zwischen der zum Theismus neigenden Jahwe-Religion und dem anti-theistischen Buddhismus im 5. Jh. v. Chr. bereitet sich geschichtlich die mit der Zeitenwende beginnende „Ehe" beider in Gestalt des Christentums und des Mahayana-Buddhismus vor.

Können wir nicht auch hier das Walten des Herrn der Geschichte ahnen?

6. China, 6. Jh.

Laotse (Lau Dsi) gehört neben Buddha, Zarathustra und Deuterojesaia zu den großen, übernationalen, religiösen Gestalten des 6. Jh. v. Chr., die bis heute die Welt bewegen. Die geschichtlichen Einzelheiten dieser historischen Persönlichkeit, die weitgehend im Dunkel liegen, spielen für unseren Zusammenhang keine Rolle. Uns interessiert sein Werk.

Das Tao te king (Dau de ching) soll von ihm sein. Manches in diesem Werk stammt aus der Zeit vor dem 6. Jh.. Heute wird es in seiner Endgestalt vielfach in das 4. Jh. v. Chr. datiert. Wie so manche andere Werke aus diesen fernen Zeiten – ich denke z. B. an das Werk des Aristoteles oder an die Bibel – ist es wohl von Späteren gerupft und ergänzt worden. Und es spricht für seine und seines Verfassers Größe, daß trotzdem das in ihm Ausgesagte durch kein anderes Werk der Weltliteratur ersetzt werden kann.

Zunächst zwei Zitate aus dem Dau de ching und dem Deuterojesaia:

> „Was halb ist, wird ganz werden.
> *Was krumm ist, wird grade werden.*
> Was leer ist, wird voll werden.

Was alt ist, wird neu werden.
Wer wenig hat, wird bekommen.
Wer viel hat, wird benommen.“ (Tao te king 22)

„Eine Stimme ruft: in der Wüste bahnt eine Straße für Jahwe, macht in der Steppe einen ebenen Weg für unseren Gott! Jedes Tal soll aufgefüllt, jeder Berg und Hügel abgetragen werden; ***Was krumm ist, soll grade,***was zerklüftet ist, zu einem Talgrund ***werden***. Dann wird die Herrlichkeit Jahwes offenbar, und sehen wird es alles Fleisch miteinander.“ (Jes. 40,3)

Bei dem Zitierten geht es nicht nur um das Hervorgehobene. Bei beiden Aussprüchen geht es um das gleiche: Daß für das Inerscheinungtreten Jahwes bzw. des Tao alle Gegensätze, die aus dem eingeschränkten Bewußtsein des Menschen stammen, durch gegenseitige Integration aufgehoben werden müssen.

Der Sinologe Prof. Andre Eckardt versucht in seinem Aufsatz „Der Gottesbegriff bei Laotse“, die Ähnlichkeit der Gotteserfahrung im Tao te king und im Alten Testament aufzuzeigen: „Unwillkürlich fragt man, wie kommt Laotse zu diesem geradezu klaren Gottesbegriff? Es hat nicht an Stimmen gefehlt, die behaupten, Laotse sei von flüchtenden Juden mit dem Jahve-Begriff vertraut gemacht worden. Die Möglichkeit ist nicht abzuweisen, da infolge der Kriegszüge Nebukadnezars u. a. Tausende von Juden zum Teil in die Gefangenschaft abgeführt wurden und in der Verbannung lebten, teils auswanderten und sich u. a. im Gebiet von Baktrien ansiedelten. Tatsächlich berichten auch chinesische Quellen, daß Laotse, da er den Verfall der Dschou-Dynastie mit ansehen mußte und nicht abhelfen konnte, das Land verlassen und sich westwärts gewandt habe. Nach taoistischen (legendären) Lebensdarstellungen ging er nach dem entlegenen Westen, nach Baktrien und dem Norden Indiens.“[89]
Daß von den jüdischen Handelskolonien im Achämenidenreich auf den Seidenstraßen bis nach China hinein unmittelbar bzw. durch die

Vermittlung von Skythen, Griechen und Sogdiern Handel getrieben wurde und es dabei zu einem kulturellen Austausch kam, ist durchaus möglich und – für Kenner der Seidenstraßen – wahrscheinlich. Der Einfluß auf das Tao te king in seiner heutigen Form wäre um so verständlicher, wenn, wie von manchen angenommen, seine letzte Redaktion erst im 4. oder 3. Jh. v. Chr. stattgefunden hätte. Dann wären auch folgende Wendungen ihrer Herkunft nach verständlicher:

„Warum hielten die Alten dieses Tao so wert?
Ist es nicht deshalb, daß es von ihm heißt:
‚Wer bittet, der empfängt;
Wer Sünden hat, dem werden sie vergeben'?
Darum ist es das Köstlichste auf Erden." (Tao te king 62)

Eckardt versucht auch aufzuzeigen, daß im 14. Spruch der Name Jahwe bewußt verborgen ist. Sich über diese umstrittenen Behauptungen ein Urteil zu bilden, ist einem Nichtsinologen auf Grund der Übersetzungsschwierigkeiten nicht möglich.

Dunkel, Leere

Daß alle Gestalten aus dem Dunkel, der Leere entstehen, ist gemeinsame und wohl uralte Erfahrung aller archaischen, matrilinearen Religionen. Laotse ist wohl neben Buddha derjenige, der diesen grundlosen Urgrund von Allem gerade im 6./5. Jh. v. Chr. am meisten betont hat. Im Tao te king heißt es unter anderem:

„Tao ist ewig und hat keinen Namen (unbegreiflich)" (32,1).
„Als Tao noch keinen Namen (‚Leere') hatte,
war es schon des Himmels und der Erde Ursprung;
und seit es einen Namen (‚Sein') hat,
ist es die Mutter von allem, was ist" (1,2).
„Beides ist eins dem Ursprung nach,
verschieden nur der Name" (1,4).

„Der Geist des Tales stirbt nicht, das heißt das dunkle Weib.
Das Tor des dunklen Weibs,
das heißt die Wurzel von Himmel und Erde." (6,1 f.)

Mit der „Mutter von allem", dem „dunklen Weib" begegnen wir wieder der „Großen Neith" von Sais in Ägypten, die der Perserkönig Dareios verehrte und die als Weisheit in der Bibel (Spr. 8) erscheint. In China, in Indien, in Persien, in Palästina, in Ägypten finden wir also etwa im gleichen Zeitraum eine gleiche Thematik neu aufgegriffen:

Der, der alles Begreifliche (Seiende) schafft, ist unbegreiflich. Laotse nennt ihn im Unterschied zum Seienden ‚Nichtsein'. Wenn sich der Mensch, ausgehend vom Seienden, in dessen Ursprung (Sein) zurücktastet, so schaut er immer zuerst die große Mutter, die ungeformte Mater-ie, die Erde als Urgrund, als unbegrenzte Möglichkeit zu allen irdenen Gestalten. Sie aber wird immer als gestaltlos, leer, als unbegreiflich, dunkel erfahren; „Die Erde leer und gestaltlos, Finsternis über Urwirbels Antlitz" (Gen. 1,2).

Das, was die Fähigkeit zu allen Gestalten hat, ist selbst gestaltlos, leer, dunkel.

Daß diese große Mutter, die erste Materie, die Erde als leerer Urgrund (Ursprung) von allen Gestalten identisch ist mit dem Urheber (Ursprung) von Himmel und Erde, ist ein bedeutender Identitätspunkt vom Tao te king und der jüdischen Mystik. So sahen wir, daß die Kabala im Geheimnis des TsimTsum, sich berufend auf Gen. 1,2, Gott als erste Schöpfungstat nicht etwas schuf, sondern leer von sich selbst wurde, um dadurch selbständige Geschöpfe zu ermöglichen. Und Gott in seiner Selbstentleerung erscheint als die ‚Erde', die gestaltlose Materie, die unbegrenzte Möglichkeit zu allen Gestalten, aus der alle materiellen Gestalten hervorgehen (vgl. Gen. 1,2 und Spr. 8).

Zusammenfassung

Die historisch-geographischen Bedingungen, verbunden mit einer Fülle von kulturhistorischen Indizien, legen uns nahe, anzunehmen, daß im 6. Jh. v. Chr. ein reger Austausch – und zwar sowohl auf der objektiven wie auch auf der transzendenten Seite der Geschichte – zwischen den hier dargestellten Religionen stattgefunden hat. Er ist der Beginn eines **Entwicklungsprozesses der Religionen**, der zwar mit der Zeitenwende seinen Höhepunkt erreicht, aber von dessen weltweiter Verwirklichung in der Kulturgeschichte der Menschheit wir noch weit entfernt sind. In den folgenden Kapiteln wollen wir diese Entwicklung weiter beobachten.

VII. Vom Alexanderreich bis zur Zeitenwende, – der Hellenismus

Wir hatten gesehen, daß im 6. Jahrhundert v. Chr. die Religionen in China, im Iran, in Indien und bei den Israeliten durch gegenseitige Befruchtung und das Auftreten der großen Reformatoren Lau Dsi, Zarathustra, Buddha und Deuterojesaja begannen, sich zu Weltreligionen mit übernationaler Bedeutung zu entfalten.
Das geht zusammen mit der Entwicklung von neuen Großreichen, die ihre göttliche Begründung und Legitimation in diesen Religionen fanden. Denn so, wie durch den Austausch der Religionen übernationale Reiche mit religiöser Toleranz zunehmend ermöglicht wurden, so fördern im Gegenzug die neuen Großreiche zunehmend den Austausch der Religionen. Diesen Prozeß wollen wir nun in den folgenden Jahrhunderten betrachten bis hin zu dem 1. und 2. Jahrhundert n. Chr., in welchem wir wieder einem neuen Höhepunkt, einer Achsenzeit in der Kulturgeschichte der Menschheit begegnen.

Das Alexanderreich

Von einschneidender Bedeutung für etwa ein Jahrtausend war die Entstehung des Hellenismus, der mit dem Alexanderreich begann. Alexander war der Sohn Philipps von Makedonien, sein Hauslehrer war Aristoteles. Mit Aristoteles faßte in Griechenland eine für den Westen Eurasiens neue Form des Denkens und Weltverstehens Fuß, die später vor allem durch Thomas von Aquin unter dem Namen der

Philosophia Perennis das ganze Abendland bis in unsere Tage (vgl.u. a. die transpersonale Psychologie Ken Wilbers) entscheidend gestalten sollte. Die für dieses Denken grundlegenden Begriffe wie dynamis (potentia, Möglichkeit) und enérgeia (actus, Wirklichkeit), Materie und Form, sind weitgehend identisch mit den taoistischen Begriffen yin und yang, die schon in dieser Zeit in China uralt sind. – Wenn wir bedenken, daß schon im 9. Jh. v. Chr. Handel von China über die Issedonen und Serer über Baktrien mit dem Westen nachgewiesen ist, der im 7./6. Jh. bereits in beiden Richtungen blühte (Seide in der keltischen Heuneburg bei Sigmaringen, religiöse Motive im Austausch von China und Altai bis Griechenland und Ägypten) und daß Herodot (5. Jh. v. Chr.) auf Grund der Berichte griechischer Kaufleute die Nordroute der Seidenstraße beschreibt, braucht uns das Auftreten chinesischer Philosophie in Griechenland nicht sonderlich zu verwundern. War es vielleicht Aristoteles, der in seinem Schüler Alexander die Sehnsucht nach den Wundern und Schätzen des Fernen Ostens weckte?

Alexander d. Gr. (356-323 v. Chr.) überschreitet 334 den Hellespont zum Rache- und Eroberungsfeldzug gegen die Weltmacht Persien. Nach dem Sieg über Darius III. bei Issos (333) zog er durch Palästina nach Ägypten, das ihm kampflos zufiel. Beim Besuch des Ammon-Heiligtums in der Oase Siwa begrüßte ihn der Orakelpriester als Sohn des Ammon (Amun-Re, der Schöpfergott). Alexander sah darin eine Bestätigung seiner götttlichen Abkunft. Nach dem Sieg bei Gaugamela über das Perserheer übernimmt er die Würde des geflüchteten und ermordeten Großkönigs Darius III. (330) und wird als ‚König von Asien' proklamiert. Alexander stößt nun bis nach Turkestan vor, wo er sich mit der baktrischen Fürstentochter Roxane vermählt (ein Zeichen für seine auch sonst geübte Verschmelzungspolitik). Von dort gelangt er bis zum östlichen Indusarm und besiegt in seiner letzten Schlacht am Hydaspes (326) den König Poros. Durch die Meuterei seines Heeres zum Rückzug gezwungen, stirbt er 323 in Babylon.

Mit seiner Politik der Verschmelzung von Makedonern mit Persern

und anderen einheimischen Völkern leitet er die Verbreitung der hellenischen Kultur bis nach Afrika (Ägypten), Indien und Zentralasien ein, eine Tat von welthistorischer Bedeutung, wie wir noch sehen werden.
Allerdings sollten wir uns darüber klar sein, daß er die Voraussetzung für sein Werk in dem persischen Achämenidenreich vorfand, und zwar nicht nur in politischer, sondern ganz besonders auch in kultureller Hinsicht: Er übernahm ein Weltreich – vielleicht das erste Weltreich –, welches ein wohlgeordneter Vielvölkerstaat im Geiste der „Rechten Ordnung“ (Asha) und der „Guten Gesinnung“ (vohu manah) des „Weisen Herrn“ (Ahura Mazda) war. Hier wurde die in den folgenden Jahrhunderten um sich greifende Idee der Oikumene mit kosmopolitischen und universalistischen Tendenzen grundgelegt. So wurde letztlich auch das Alexanderreich erst ermöglicht durch den „Guten Herrn“, der, wie wir sahen, identisch ist mit Jahwe, dem „Ich bin da“, dem Herrn der Geschichte.
Geschichte ist eben nicht nur eine Auseinandersetzung von Völkern unter genialen oder größenwahnsinnigen Herrschern oder ein Wandel von menschlichen Ideen, sondern sie liegt letztlich in der Hand des Herrn der Geschichte, welcher die Absonderlichkeiten der Menschen zur Heilsgeschichte der Menschheit zu gestalten weiß.
Nach dem Tode Alexanders zerfällt sein Reich in die sogenannten Diadochenreiche: Das Antigonidenreich in Makedonien, das Ptolemäerreich in Ägypten und das Seleukidenreich, welches sich von Kleinasien bis Indien und nach Norden bis nach Baktrien (Mittelasien) erstreckt. In diesen Teilreichen konnte sich der griechische Einfluß für die folgenden Jahrhunderte von Nordafrika bis nach Mittelasien und Indien auswirken.

Der frühe Buddhismus

Nach dem Eingehen Buddhas in das Nirvana bildete sich (wie meist angenommen wird) im frühen Buddhismus eine zweistöckige Ge-

sellschaft heraus, bestehend aus Mönchen und Laien, die nach dem Prinzip: ‚Buddha, Dharma, Samgha' lebten.
Buddha ist „in der buddhistischen Erinnerung immer auch ein historisch wahrnehmbarer Mensch geblieben, der Leiden fühlen konnte, der in der Suche nach Wahrheit kompromißlos war und der, als er die Wahrheit gefunden hatte, aus Barmherzigkeit seine Erkenntnis mit allen Menschen teilte. ... Dieses narrative Erbe der Tradition hat die Buddhisten in allen buddhistischen Ländern und zu allen Zeiten geprägt: Sie folgten dem Buddha nach, indem sie sich in der Ethik der Vollkommenheit, im meditativen Geistestraining und in selbstlosem Dienst an anderen Wesen (Menschen und Tieren) übten."[90]

Das buddhistische Dharma deckt sich weitgehend mit der altägyptischen Ma'at (s. Kap. 2). Es ist die stets sich wandelnde Seinsordnung von allem schlechthin. Das Dharma erkennen, heißt in der Wahrheit leben. Das Dharma tun, bedeutet rechtmäßig handeln. Alle Dinge sowie ihre Bestandteile sind Dharmas; sie sind ein In-Erscheinung-Treten des unaussprechlichen, allgegenwärtigen Mysteriums. Wie in allen Ursprungsreligionen sind die Dinge, auch in ihren Bestandteilen und in ihrem Zusammenspiel, die Offenbarung schlechthin, weshalb das Dharma auch für jeden Menschen das universale Maß ist. – Die Erleuchtung des historischen Buddha ist sein Einswerden mit dem Dharma, und so hat er den Seinen das Dharma, d. h. die Seinsordnung, als Richtschnur hinterlassen.

Der Samgha ist die mönchische Gemeinschaft derer, die radikal den weltlichen Motiven entsagen und so das Dharma zu verwirklichen suchen, um das Nirvana ohne Wiedergeburt zu erlangen.

Die frühe buddhistische Gesellschaft

Während die Mönche durch Leerwerden von sich selbst nach „Weisheit und so nach dem Nirvana streben, indem sie bestimmte Gelübde beachten und Philosophie pflegen, streben die Laien durch gute Werke zunächst nach gutem Karma, indem sie sich von den Wundererzählungen aus der Lebensgeschichte des Buddha inspirieren lassen."[91]

„Die beiden Teile dieser zweistöckigen Gesellschaft waren nie selbstgenügsam, sondern außerordentlich kooperativ, besonders in den Dorfgemeinschaften, wo die meisten Menschen lebten."[92]

Die Laien waren die ‚Geber von Nahrung' und die Mönche die ‚Geber vom Dharma', d.h. die geistlichen Führer und Lehrer des Volkes. Diese Symbiose hat sich in ländlichen Bereichen des Buddhismus bis in unsere Tage hinein bewährt.

Nach dem Hinscheiden Buddhas wurde der Buddhismus weitgehend vom Hinduismus wieder aufgesogen und bildete bis zur Bekehrung Ashokas aus dem Maurya-Reich nur eine unbedeutende Sekte neben vielen anderen.

Das Maurya-Reich

Tschandragupta, ein Offizier im Heere Alexanders aus dem altindischen Maurya-Clan, eroberte nach dessen Tod in blutigen Feldzügen ganz Nordindien und gründete ca. 320 v.Chr. – wohl nach dem Vorbild des Achämeniden- und des Alexander-Reiches – das erste indische Großreich, das Maurya-Reich. Sein Regierungsstil war brutale Gewalt. Tschandraguptas Enkel Ashoka (272-231) erweiterte in weiteren blutigen Feldzügen das Reich über fast ganz Indien und Afghanistan. Nach seiner Bekehrung zum Buddhismus läßt er diesen in volkstümlicher Weise in ganz Indien, vor allem aber in Nordwest-Indien im Gebiet um Takshashila (Taxila) verbreiten. Er errichtet Hospitäler für Menschen und Tiere. Nächstenliebe und religiöse Toleranz sind wie im Achämeniden-Reich (Ich bin da!) die Grundlagen seiner Herrschaft. Die Grundwahrheiten dieses volkstümlichen Buddhismus läßt er auf Felswänden und Säulen in den jeweiligen Landessprachen einmeißeln. So finden wir in Kandahar (NW Indien) eine Inschrift in Griechisch und Aramäisch (der damaligen internationalen Handelssprache, die auch Jesus sprach). Durch Ashoka bekommt der Buddhismus ein neues Gesicht.

Der Buddhismus unter Ashoka

Während es im frühen Buddhismus, in der zweistöckigen Gesellschaft von Mönchen und Laien, noch keine eindeutigen Ansichten über die politische Macht gab, änderte sich dies in dem nun von einem buddhistischen Herrscher regierten Großreich.
Ashoka hatte „mit Gewalt sein Reich zusammengeschmiedet, dann aber entsagte er der Gewalt und wollte allein durch Gerechtigkeit (Dharma) regieren. Tatsächlich aber war seine Herrschaft auf staatliche Gewalt und auf moralische Autorität gestützt."[93]
„Ashokas ‚milde Herrschaft' war paternalistisch. Als ‚Geliebter der Götter' war Ashoka selbst ein ‚Freund der Götter', doch der Titel bedeutete nicht göttliches Königtum: Als Freund der Götter präsentierte sich Ashoka auch als Vater seines Volkes."[94]
Aus der ursprünglichen Ordnung: Buddha, Dharma, Samgha, wurde nun: Buddha, König, Samgha. Denn wie im alten Ägypten war es nun Aufgabe des Königs, das Dharma politisch in seinem Reich durchzusetzen und es weltweit zu verbreiten. Obwohl dies eigentlich Aufgabe des Samgha war, den Dharma (auch dem König) zu lehren, griff Ashoka bei Streitigkeiten und Mißständen ein, um die Ordnung im Samgha zu erhalten.

Ashoka schickte Gesandte und Missionare in die ganze griechisch-hellenistische Welt, die diese diplomatischen Beziehungen erwiderte. In dieser Zeit beginnt sich der Hellenismus mit Kunst und Architektur nach Indien auszubreiten. Megasthenes, griechischer Gesandter in Pataliputra, der Winterresidenz des Maurya-Reiches, schreibt sein vierbändiges Werk über die Wunder Indiens. Durch den Einfluß der Griechen entstehen nun in Indien zum ersten Mal monumentale Steinbauten. Während so der Hellenismus sich nach

Osten ausbreitet, missioniert der Buddhismus nach Westen bis hin nach Ägypten. Hellenismus und Buddhismus beginnen sich gegenseitig zu durchdringen.

Die politische Entwicklung in Mittelasien

250 v. Chr. spaltet sich westlich des Pamirknotens als selbständiger Staat das Graeco-Baktrische Reich mit der Hauptstadt Baktra (Balch) vom Seleukidenreich ab. Baktra ist in dieser Zeit einer der bedeutendsten Umschlagplätze des kulturellen und wirtschaftlichen Austausches zwischen Ost und West und Nord und Süd auf den Seidenstraßen. Auch hier findet schon seit Alexander eine gegenseitige Durchdringung von Hellenismus und den einheimischen Religionen statt. Um 190 v. Chr. erobert Demetrius v. Baktrien große Teile Nordwest-Indiens.

Die Yüe-chi und die Saken

Um die weiteren politischen Entwicklungen zu verstehen, müssen wir einen Blick in die südsibirischen Steppen werfen, die immer schon vor und nach der Zeitenwende von den verschiedensten kriegerischen Nomadenvölkern durchwandert wurden. Wir hatten schon die skythischen Stämme im Kansu-Korridor erwähnt, die von den Chinesen Yüe-chi und Wu-sun bzw. von den Griechen Issedonen und Serer genannt wurden. Diese Yüe-chi waren von den Chinesen zum Schutz vor den andringenden Nomadenhorden vor der chinesischen Mauer angesiedelt worden. Als Tribut bekamen sie Anteil an den reichen Kulturgütern der Chinesen und konnten so sich selbst im Vergleich zu anderen Nomaden kulturell außerordentlich entfalten.
Sie wurden von den Hiung-nu 176 v. Chr. aus dem westlichen China vertrieben und wanderten mit ihren Herden nördlich um den Tien

Shan herum westwärts und bedrängten die Saken im westlichen Tarimbecken und Mittelasien, welche wiederum nun unter dem Druck der Yüe-Chi ca. 130 v. Chr. das graecobaktrische Reich eroberten und es in Indien östlich bis hin zum Ganges und der Narbada erweiterten. Dieses Reich der Kshatrapas, wie sie von den Indern genannt wurden, wurde wiederum von dem nachdrängenden Stammesverband der Yüe-chi, der sich nun aber Kushan nannte, erobert.
„Die griechisch-baktrische Kunst verlor mit dem Zusammenbruch der griechischen Städteherrschaft in Baktrien zunächst ihre Grundlage ... Offensichtlich fand sie im nomadischen Milieu ein Weiterleben, indem sie von der nomadischen Aristokratie in ihre Dienste genommen wurde ... Mit dem Aufgreifen hellenistisch-antiker Formen und dem hellenistischen Herrscherporträt haben die nomadischen Stammesfürsten zweifellos eine Art Legitimations-Anspruch geltend zu machen gesucht ... Es steigert den Macht- und Legitimationsanspruch des Fürsten". „Der fürstliche Ahnenkult kann als Vorstufe zur Adaptierung der hellenistischen Kunst durch den Buddhismus angesehen werden, der dann seine ‚Heroen' ebenfalls in griechisch-römischer Gewandstatuarik darstellt".[95]

Ich habe diese komplizierten Eroberungs- und Völkerwanderungs-Bewegungen nur kurz skizziert. Sie interessieren uns als reelle Geschichte in unserem Zusammenhang nur soweit, als durch sie geographisch so fern voneinander liegende Kulturen wie der griechische Hellenismus, die chinesische Kultur, die mittelasiatischen Nomadenreligionen, die persische Zarathustra-Religion, das Judentum, der indische Hinduismus und Buddhismus und die altägyptische Religion miteinander in Berührung kamen. Denn die Eroberung eines Reiches durch fremde Herrscher bedeutet keineswegs immer die Auslöschung der bisherigen Kultur, sondern gerade in dieser Zeit eine gegenseitige Durchdringung und Befruchtung.

Der Hellenismus

Mit „Hellenismus“ wird die gegenseitige Durchdringung der griechisch(-römischen) Kultur mit den Religionen anderer Kulturen bezeichnet. Er umfaßt etwa den Zeitraum von 300 v. Chr. bis 300 n. Chr.

Jetzt findet ein lebhafter kultureller und wirtschaftlicher Austausch im ganzen Orient und Mittelmeerraum statt. Sowohl die Ursprungsreligionen wie auch die Offenbarungsreligion übernehmen in auffälliger Weise Züge der jeweils anderen Form, die zwar in ihnen ursprünglich angelegt sind, aber bis dahin sich noch nie so eindeutig entfaltet hatten.

Wir hatten uns bereits im vorigen Kapitel angeschaut, wie schon vor dem 6. Jh. v. Chr. aus den ägyptischen Himmelsgöttinnen Nut und Neith und der Ma'at, dem Sinnbild der Schöpfungsordnung, die biblische „Weisheit“ wurde, die Gott vor allen Geschöpfen schuf und durch die er alles erschafft (Präsens!). – Verglichen mit dem Dharma geht es immer um die Seinsordnung als Offenbarungsfeld: einmal in matriarchaischer Sicht als **Sein**smysterium, zum anderen in patriarchaischer Sicht als **Schöpfung**smysterium.

Die Mysterienkulte

Dieser Prozeß der gegenseitigen Durchdringung nimmt in den Jahrhunderten vor und nach der Zeitenwende besonders in den überall sich entwickelnden Mysterienreligionen beherrschende Ausmaße an. In der Fachwissenschaft, besonders bei den christlichen Theologen, wird das Ergebnis meist abwertend als „Synkretismus“ abgetan.

Aber, wie so oft bei uns Menschen, liegen Brauch und Mißbrauch, gerade auch in den Religionen, dicht nebeneinander. Durch die unaufhaltsame, weil im lebendigen Gott begründete Evolution, die auch den Menschen und gerade auch seine Religion betrifft, wird das

Bisherige auf Grund der Entwicklung der Menschen als ungenügend empfunden, und man schaut nach Besserem aus. Dieses kann dann in der Begegnung mit anderen Kulturen gefunden werden. Soweit dann nur äußerliche Formen übernommen werden, ist das ein oberflächlicher Synkretismus. Findet man aber in der Begegnung Elemente, die in der eigenen Kultur nicht richtig entwickelt oder aber durch Veräußerlichung verlorengegangen waren, dann bedeutet die Übernahme fremder Formen Wachstum und Bereicherung. (Vielleicht ist das der vorgegebene Weg hin auf eine universale Weltreligion? Vgl. Projekt Weltethos von H. Küng).
Solch eine Phase der Überalterung der archaischen Religionen ist die Epoche des Hellenismus vor und nach der Zeitenwende. Auch in der jüdischen Offenbarungsreligion finden wir in dieser Zeit eine Veräußerlichung in Form des Legalismus. In den jetzt überall aufsprossenden Mysterienkulten suchen die Menschen, und zwar jetzt gerade auch der einzelne Mensch, nach der Quelle aller Religiosität. Während sich bisher das Individuum meist als ein kollektives Geschöpf in seinem Volk im Kosmos erfuhr, geht es in diesen Mysterienkulten um eine erneute Geburt des einzelnen Mysten. Aus seinem irdischen Schoß und dem göttlichen Geist erneut geboren, wird er als Teilhaber am Gottmenschen (Osiris, Purusha) befähigt, sich und den ganzen Kosmos kontemplativ in diesem Gottmenschen zu schauen und so, durch Transzendieren alles Irdischen, Unsterblichkeit hier und jetzt zu erlangen.
Wie wir schon am Beispiel der altägyptischen und der chinesischen Religion sowie der Upanishaden sahen, ist diese Erfahrung uralt. Nur war sie bisher in unterschiedlichen Formen ein Privileg der Priesterkönige und/oder der Priesterkaste, der Schamanen oder einzelner Heiliger gewesen. Besonders in Ägypten spielte sich der Kult unter Ausschluß des Volkes weitgehend im Tempel ab, und nur an hohen Festtagen durfte das Volk im Vorhof oder auf Prozessionen die Götterbilder sehen oder gar den Gottmenschen (Pharao), wenn dieser sich oberhalb des Tempeltores zwischen den Pylonenflanken zeigte. **Nun aber rückt die Sehnsucht, unsterblich zu werden, aus**

der kollektiven Teilhabe am Gottkönig neu in den Mittelpunkt individueller Religiosität. Jeder Einzelne kann durch entsprechende Initiationsriten lernen, der Welt zu sterben, und durch erneute Geburt aus dem göttlichen Geist ein unsterblicher Gott-Mensch zu werden. Wir sehen hier eine ähnliche Entwicklung, wie wir sie schon bei der Entstehung des Buddhismus fanden: Der einzelne Mensch sollte sein Heil unabhängig von einem sozialen Status selbst wirken im Rahmen der Gemeinschaft.
Die hellenistischen Mysterienkulte um die Zeitenwende gründen, wie uns gerade auch der Sprachgebrauch des Hermetismus und der Alchemie verrät, weitgehend in dem Geheimwissen des alten Ägypten, wiewohl uralte populäre Strömungen und wohl auch Einflüsse aus anderen Bereichen wahrscheinlich sind.

Die Isismysterien

Im Unterschied zu den umliegenden matriarchaischen Kulten gewannen die Isismysterien vor allem deshalb in der Zeit des Hellenismus eine so überragende Bedeutung, weil Isis im Unterschied zu den anderen archaischen Muttergottheiten keine Erd-, sondern eine Himmelsgöttin war. Nur durch sie konnte der Myste – Werden und Vergehen transzendierend – als Unsterblicher am allumfassenden Himmel erneut geboren werden.
Denn in den meisten matriarchaischen Kulten weltweit, ausgenommen Ägypten, feierte der Mensch das zyklische Sterben und Wieder-Auferstehen der Natur in dem Schoß der Großen Mutter Erde. Deren Sinnbild ist die Urne (Bild 8), der Mutterschoß, in der der Verstorbene wie das Samenkorn im Herbst in die Erde versenkt wird, um im Frühjahr von der Großen Mutter Erde erneut geboren zu werden: ein nie endender Zyklus von Werden und Vergehen.

Diese Möglichkeit, gerade auch als nichtprivilegierter Einzelner, also nicht nur als Gottkönig, Erlösung von dem ewigen Werden und Ver-

Abb. 8: Die Urne als Bild der großen **Erd**-Mutter, die **zyklisch** den Menschen im Tod verschlingt und wiedergebiert. (Bildnachw.: Adolf Weis, Die Madonna Platytera)

gehen zu finden, versprach den damaligen Menschen Erfüllung ihrer Sehnsucht. Denn seit den vorhergehenden Jahrhunderten hatte sich bei den Menschen im Mittelmeerraum und Vorderen Orient (und nicht nur dort) eine Entwicklung vom Kollektiv zum individuellen Selbstbewußtsein vollzogen. Das allgemeine Interesse an der Erlösung des Einzelnen war ein Zeichen dieser Zeit.
So war die Chance, als Horussohn der Himmelsgöttin Isis unsterbliches Leben (Djet) zu erlangen, die allen anderen archaischen Mutterkulturen himmelweit überlegene Antwort auf das Suchen dieser Zeit. Nur so konnte auch der gewöhnliche Mensch der endlosen, zyklischen Wiederkehr der anderen matriarchaischen Kulturen entrinnen. Als Zeugnis hierfür sei nur stellvertretend für andere an das Gilgamesch-Epos erinnert, in welchem Gilgamesch vergeblich das Kraut der Unsterblichkeit zu gewinnen sucht.
Das Mittel der individuellen Heilsaneignung in den Isismysterien ist – wie bei allen Mysterienkulten – der Kratèr, das Mischgefäß. Dem entspricht in der Alchemie die Retorte, im Minnegesang der Gral, bei den Nornen der Kessel, im Taoismus das untere Elixierfeld, im Christentum das Taufbecken. Der Kratèr ist das Sinnbild für den Beckenraum, die Unterleibshöhle der Isis bzw. des Mysten (!). In ihn hinein muß der alte, von der vergänglichen Welt her seiende Mensch sterben, d. h. aufgelöst werden, um als Neuer Mensch durch Integration aller Polaritäten, vor allem von Himmel, Erde und Unterwelt, aus der **Mitte**, aus der **Mater**-ie, der **Leere** zu einem Unsterblichen wiedergeboren zu werden. „Solve et coagula!“ (Auflösen des Alten und Auskristallisieren des Neuen): das Kernprinzip der Alchemie. Diese erneute Geburt zum unsterblichen Leben aus dem Kratèr ist identisch mit der Geburt des Pharao aus der Himmelsgöttin Nut. Daß das keine mythische Phantasterei ist, haben wir eingangs am Beispiel der erneuten Geburt des Pharao mit der Sonne dargelegt.

Es ist das uralte Mysterium der Integration (vgl. 2. Kap.) von der aufgerichteten Schlangenkraft, der feuerspeienden Kobra Uto, mit der Geiergöttin Nechbeth. Und die Unterleibshöhle ist diese „Achet“,

wo der Myste sterbend in die Unterwelt hinuntersteigt, mit all den dort lauernden Gefahren (vgl. die ägyptischen Unterweltsbücher), vor allem mit Apophis zu kämpfen hat, um dann in der 12. Nachtstunde wie die Sonne am Horizont strahlend neu als Sonnenkind (Horus, griech.: Harpokrates) aus dem Kratèr der Isis (Nut) zum unsterblichen Leben erneut geboren zu werden (Bild 9).
Aus dem altägyptischen Kult (die Einbalsamierung durch Auseinandernehmen des Leichnams und neu Zusammensetzen und seine Aufrichtung = Djet) entwickelt sich in der Zeit des Hellenismus im Vorderen Orient die Praxis der Alchemie bzw. die Philosophie des Hermetismus. Hier haben die meisten esoterischen Strömungen, die später – vor allem aber in der Renaissance- und Barockzeit – das Abendland mitprägten, ihren wichtigsten Ursprung.

Diese Isismysterien fanden durch die Griechen einen neuen künstlerischen Ausdruck im alexandrinischen Stil. Alexandria, die Weltstadt des Altertums, im Nildelta am Mittelmeer von Alexander d. Gr. 331 v. Chr. gegründet und seit ihm von den griechischen Ptolemäern beherrscht, war selbst ein Mischtiegel aller Kulturen von den Säulen des Herkules (Gibraltar) bis nach Indien. Den alexandrinischen Stil finden wir verbreitet im Westen bis nach Rom, Pompeji und in der nordafrikanischen Cyrenaica und im Osten bis nach Kleinasien, Milet, Baalbek und Petra, um nur ein paar bekannte Namen zu nennen. Am Beispiel von den Monumenten in Petra wollen wir uns nun den alexandrinischen Stil in seiner religiösen Aussagekraft anschauen. Denn Petra kommt eine epochale Bedeutung für die Entwicklung des Christentums zu (vgl. 8. Kap.).

Abb. 9: Isis: Die **Himmels**-Mutter, die den Menschen zum **ewigen** Leben gebiert. (Bildnachw.: Archiv.)

Petra liegt in der arabischen Wüste im heutigen Jordanien, nur 100 km von Qumran entfernt, im Negev südlich des Toten Meers, dort, wo sich die antike Weihrauchstraße mit der Königsstraße kreuzte (Karte 10). Die Königsstraße war der Verbindungsweg zwischen dem benachbarten Ägypten und den vorderorientalischen Reichen. Die Weihrauchstraße war der etwa 3000 km lange Weg durch die arabische Wüste, der das Mittelmeer mit der südarabischen Küste am Indischen Ozean verband. Nur dort, an einem schmalen Saum der in der Monsunzeit regenreichen Küste des Indischen Ozeans, in dem sagenhaft reichen Königreich Saba, dem heutigen Jemen und Oman, wurde im Dhofar das Harz der Weihrauchbäume gewonnen, welches das kostbarste Handelsgut in der antiken Welt war. Außer dem Weihrauch wurden auch von dort das arabische Gold und indische Gewürze (Myrrhe) importiert. Und die Nabatäer waren die einzigen, die die überlebensnotwendigen Wasserstellen an diesem langen Wüstenweg kannten und ihr Geheimnis wohl hüteten.
Petra war die Hauptstadt der Nabatäer, eines Beduinenvolks, vielleicht sabäischer Abstammung, welches an diesem Knotenpunkt den gesamten Handel zwischen Nord und Süd und Ost und West beherrschte und so zum reichsten Volk in dieser Zeit wurde. Um die Zeitenwende hatten sie Handelsniederlassungen in allen wichtigen Städten. Als Nomaden und Kinder der Wüste, die stets unter freiem Himmel lebten, pflegten auch sie einen Himmelsgottkult, der sich leicht mit dem ägyptischen Isiskult vereinen ließ.

Die Khazne Firaun

Petra liegt in einer wildzerklüfteten, wüsten Felslandschaft. Um die Stadt zu betreten, muß man durch einen etwa 1,2 km langen und 70 m tiefen tektonischen Riß in der Felslandschaft, den Siq, wandern, der stellenweise so schmal ist, daß man den Himmel kaum

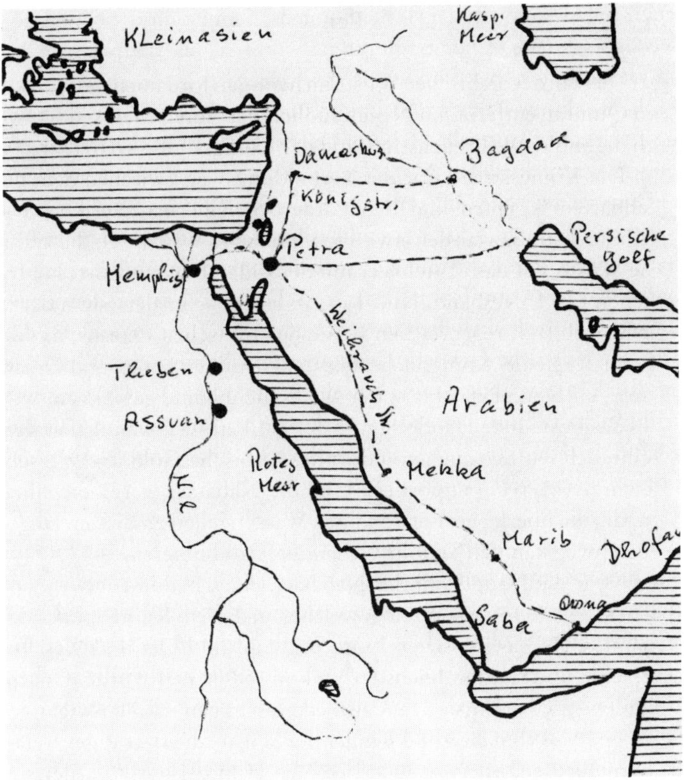

Abb. 10: Landkarte mit Petra

noch sehen kann (Bild 11). Bei Sonnenschein ist diese überaus abwechslungsreiche Klamm mit ihren rosaroten Sandsteinwänden bezaubernd schön. Bei dunklem Regenwetter ist sie ein unheimlicher Höllenschlund. Rechts und links säumen antike Wasserleitungen und seltsame Kultmale, Baityloi (Hebr. Beth El = Gotteshäuser), diesen eindrucksvollen Weg. Nach einer kleinen Biegung am Ende des Siqs weitet sich völlig unerwartet der Blick auf ein querliegendes, breiteres Wadi, an dessen gegenüberliegender, auch etwa 70 m hohen, senkrechten Felswand eine rötlich leuchtende, überaus grazile, barocke, 40 m hohe Tempelfassade erscheint: Es ist nach dem grandiosen Naturerlebnis, dem langen, bedrückend engen Schlund des Siq, wie eine neue Geburt in eine ungeahnt himmlische Weite, wie ein Blick in eine andere, überirdische Welt (Bild 12). – Und das war wohl auch der Sinn dieses Kunstwerkes: Eine Achet zu sein, eine Begegnungsstätte von Hiesigen und Verklärten, von Natur und Himmlischen, von Neheh und Djet.

Ich mußte das Wort ‚Kunstwerk' wählen, denn die Khazne Firaun, wie dieser Tempel genannt wird, ist kein aus Holz oder Steinen errichtetes Bauwerk, sondern eine aus der geglätteten Felswand herausgemeißelte Skulptur (Bild 13). Das gilt auch für die einzelnen Figuren. Hier haben die griechisch-alexandrinisch-nabatäischen Künstler eine Form gefunden, den alten ägyptischen Mysterien einen neuen Ausdruck zu verleihen.

Der Tempel ist deutlich in zwei Stockwerke gegliedert.

Die untere Hälfte ist im klassischen, griechischen Stil gestaltet. Eine von 6 schlanken Säulen gebildete Vorhalle mit 2 Nebenräumen führt durch ein reichgeschmücktes Portal in den eigentlichen Hauptraum. Dieser hat noch 2 Seiten- und eine Zentralnische. Dieser untere Fassadenteil entspricht ganz der klassisch-griechischen Architektur: „An dem Tempel wird ein statischer Vorgang des Lastens und Tragens eindringlich dargestellt. Es handelt sich offenbar um einen Vorgang, der auf den einfachen Gesetzen der Schwerkraft beruht. Diese Charakterisierung gilt nun nicht nur für den Tempel, sondern für die

Abb. 11: Siq (Bildnachw.: U. Levy, Die Nabatäer)

Abb. 12: Die Khazne Firaun (Bildnachw.: U. Levy, Die Nabatäer)

Abb. 13: Die Khazne Firaun (Bildnachw.: Rolf Pawlowski)

gesamte klassische Architektur der Griechen und kennzeichnet das Wesen ihrer Ordnungen. ... Ihre Merkmale: die unlösbar reziproke Relation der Glieder und des Ganzen."[96] – Die untere Hälfte ist also ein räumliches Gebilde, welches nach den irdischen Gesetzen der Schwerkraft gestaltet ist. Die Säulen tragen den klassisch griechischen Giebel, der in eine Attika eingebettet ist.

Die obere Hälfte „steht im Gegensatz zu den Formen klassisch griechischer Architektur"[97]. Das Obergeschoß ist im Unterschied zur Einheitlichkeit des Untergeschosses in drei in sich selbst stehende Elemente zergliedert, die in einer dynamischen Spannung zueinander stehen. Die beiden äußeren Bauteile bilden zwar zusammen den klassischen Giebel, der aber *nach oben aufgesprengt* ist. Diese beiden Giebelreste zentrieren den Blick auf ein Rundtempelchen (Tholos) in ihrer Mitte, welches mit seinem Hörnerkapitel und einer alles krönenden Urne zum Himmel hinaufweist.
In dem Rundtempelchen steht, durch die gesamte Architektur stark hervorgehoben, die alle Muttergöttinnen in sich zusammenfassende Himmelsgöttin Isis, eindeutig erkennbar an dem Emblem zu ihren Füßen, der Sonnen- oder Mondscheibe zwischen dem Kuhgehörn (Hathor) und zwei Ähren. Das Füllhorn in ihrem Arm symbolisiert die Integration mit anderen Glücks- und Siegesgöttinnen (z. B. Fortuna). Isis ist es, die jeden Morgen die Sonne, das LICHT, und mit ihm den erleuchteten Gottkönig, den Sohn Gottes, den Harpokrates, gebiert, der als Ach, als ein Verklärter, mit Re, der Sonne, zum Himmel aufsteigt (Himmelfahrt). Auf die Wiedergeburt im Himmel weist, im Unterschied zu den in die Erde versenkten Urnen, die alles krönende Urne, der Kratèr, der Mutterschoß der Isis hin.

Das Obergeschoß entspricht mit seiner Dreiteilung dem Pylon des ägyptischen Tempels, welcher eine ‚Achet' darstellt und der Ort der Begegnung von Himmel, Erde und Unterwelt, bzw. Verklärten, Hiesigen und Verstorbenen ist (S. 64 u. Bild 6). Diese Dreiteilung ist der architektonische Ausdruck für die, für Ägypten so typische In-

tegration der Polaritäten. Er symbolisiert die Dreieinheit. Während im alten Ägypten hier an hohen Festen der erleuchtete Pharao sich dem Volke zeigte, erscheint in der nabatäischen Kunst hier die Isis, bzw. in anderen Tempeln der verstorbene und im Tempel verehrte, verklärte Gottkönig (z. B. Obodas III.[98]).
Während das Untergeschoß von Löwen gekrönt wird, die die irdische Macht symbolisieren, finden wir oben vier Adler oder Geier (die Geiergöttin Nechbeth), Zeichen für die himmlische Komponente des Verklärten. „Auch der plastische Dekor mancher Fassaden (Adler, Schlange!) weist in den sakral-sepulkralen Bereich."[99]
Auffällig ist auch, daß die untere Hälfte ein irdischer, nach den Gesetzen der Schwerkraft gebildeter Raum ist, während das Obergeschoß kein Raum ist, sondern eine Scheinfassade, ein künstlerischer Hinweis auf eine andere, unräumliche, überirdische Sphäre zu sein scheint. „Die hier behandelten Motive lassen sich schließlich als das Fazit einer einschneidenden Umgestaltung der traditionellen griechischen Baukunst erklären. Disartikulation der Ordnungen führt zu einer neuen, untektonischen Gesetzmäßigkeit, deren Prinzip Spannung und Dynamik lautet."[100]

Barocke Architektur soll es schon seit dem Ende des 4. Jh. v. Chr. im griechischen Raum gegeben haben. „But this overlooks the possibility that the Greeks derived from the Egyptians the impetus to create some of what were to become the most characteristic features of the newly evolving architectural style, such as segmental and broken pediments."[101]
Das entscheidend Neue ist also der nach oben aufgebrochene Ziergiebel, der sowohl architektonisch aus Ägypten stammt als auch eine neugestaltete Form des ägyptischen Pylon ist und damit inhaltlich die Hieroglyphe Achet (Horizont, Auferstehung, Aufstieg in den Himmel, bzw. Abstieg zum Kultmahl oder in die Unterwelt) darstellt, samt dem Rundtempelchen, in welchem meist der Verklärte und hier Verehrte inmitten der Achet wie die aufgehende Sonne aufscheint.

Insgesamt ist die nabatäische Architektur synkretistisch, d.h zusammengesetzt aus all den umliegenden Kulturen, wobei aber der alexandrinische Stil, der ja ebenfalls schon eine griechisch-ägyptische Synthese war, mit seiner Auferstehungssymbolik (Achet) den wichtigsten Beitrag stellte.
Dieser Bau, der wahrscheinlich zur Zeit des nabatäischen Königs Aretas IV. (9 v.Chr.-40 n.Chr.), also eines Zeitgenossen Jesu, aus dem Felsen herausgearbeitet wurde, könnte vielleicht die ‚Achet' dieses Königs sein. Es ist die Stätte, wo entsprechend den Isismysterien der Übergang des Verstorbenen zum ewigen Leben und die Begegnung mit dem im Kultmahl herabsteigenden Verklärten gefeiert wurde.

Kultmahl

„Die Khaznet Fara'un wurde unter stilistischen Gesichtspunkten bereits umfassend untersucht. Noch immer aber ist nicht eindeutig geklärt, welche Bedeutung diesem Monument zukam und welchem Zweck es diente. Vieles spricht dafür, daß es sich um eine Kult- oder Mysterienstätte gehandelt habe. Vermutlich diente es dem Totenkult, jedoch nicht als Mausoleum für die sterblichen Überreste, sondern als ein Ort, wo man die Verbindung mit der Seele des Verstorbenen suchte. Diese Bedeutung stünde auch in Übereinstimmung mit der Symbolik der Fassadengestaltung: Der Innenraum des Tempels bleibt nicht hinter dem Eingang verborgen, sondern erscheint nach außen projiziert und tritt in der Besonderheit des Obergeschosses in Erscheinung. Die Welt des Verstorbenen erreicht man nicht, indem man das Innere des Gebäudes betritt. Sie befindet sich auf einer höheren Ebene, wo sich hinter einer Scheinfassade keine weiteren Räume befinden und die somit physisch unerreichbar ist."[102]

38 solcher prunkvollen Monumente, „deren typisches Merkmal die zentrale Tholos im Obergeschoß ist, sind dem Herrscherkult geweiht. An solchen Stätten wurden zu Lebzeiten des Königs heilige Gastmahle mit einer Art Kommunion abgehalten, an denen nur sorgfältig ausgewählte Anhänger teilnehmen konnten. Diese Festlichkeiten fanden im Anschluß an die dem Gottkönig dargebrachten Opfer statt. Man teilte den Wein der Trankopfer und das Fleisch der Schlachttiere in einem Ritual der Identifizierung und Gemeinsamkeit, in dem das Essen einen Teil des ‚Mysteriums' bildete. Nach dem Tod des Herrschers wurde der Bau zum Mahn- und Grabmal: Man feierte dort an bestimmten Daten Totenmahle, die in Anwesenheit des Gottkönigs sein Andenken wachhielten."[103]
Dafür, daß es sich auch um eine Begegnung mit den vom Himmel herabsteigenden Verklärten, den Achu, im Kultmahl handelte, sprechen die zahlreichen Triklinien in Petra, die meist mit solch einem Monument verbunden sind. Im Mittelmeerraum im klassischen Altertum lagen die Menschen zum Kultmahl auf drei U-förmig angeordneten, mit Polstern bedeckten Bänken; von der vierten Seite her wurden sie bedient. In ihnen wurden die weltweit bezeugten und bis auf den heutigen Tag gepflegten (vgl. Eucharistiefeier), rituellen Kultmahle gefeiert.[104] Genauso wie in Ägypten (2. Kap.) finden wir sie z. B. auch im alten China (3. Kap.) oder in der Bibel (Gen. 14,8) mit der Gestalt des heidnischen Priesterkönigs Melchisedek (5. Kap.) und der Einsetzung des Pascha (Ex. 12).

Das Kultmahl will in Gestalt der elementaren LEBENS-MITTEL: Brot und Wein, Zeichen sein für die totale Hinnahme und Hingabe des Menschen von und an Gott: daß er sich total Gott verdankt. Wenn sich der Mensch wirklich mit Leib (Brot), Seele (Wein) und Geist total hinnimmt und hingibt und so ganz leer von sich selbst wird, erfährt er sich selbst als lebendiges Wirken Gottes und eins mit den Mitmenschen. Er erfährt Gott als den gegenwärtig in sich Wirkenden, als den Da-Seienden („Jahwe" = „Ich bin da!"). Durch das sich **Ein**-ver-**leiben** des Brotes erfährt er die Gemeinschaft (Kommu-

nion) mit seinem in ihm **leibhaft** gegenwärtig wirkenden Schöpfer.
Und sowohl das Monument als auch das Kultmahl ist die Achet, der Ort der Begegnung von Gott und Mensch. – Und gerade in dieser totalen Hingabe und Hinnahme, d. h. im Leer-Sein von sich selbst, kann der Mensch auch in Gott die Gemeinschaft mit den Verklärten oder Verstorbenen erfahren. – Und so drücken diese großartigen, hellenistischen Monumente in Petra architektonisch das aus, was in ihnen geschah: die Achet, die Begegnung der Hiesigen mit den im ‚Verborgenen Bereich' lebenden Jenseitigen.

Daß die Symbolik dieser Tempel den Aufstieg in den Himmel und das Herabsteigen zu den Kultmahlen bezeichnet, bezeugen auch die über 600 (!) Treppen- und Zinnengräber (Bild 14) in Petra und zahlreiche weitere in Hegra (vgl. die Stufenpyramide des Djoser 2. Kap.). Sie sind viel einfacher gehalten und haben entweder zwei zur Mitte abfallende Treppen oder ein oder zwei Reihen von Zinnen als Obergeschoß, als Symbol für den Aufstieg des Verstorbenen in den Himmel und seine Herabkunft zu den Kultmahlen. Diese Treppen- oder Zinnengräber werden im Unterschied zu den Königstempeln mehr dem Mittelstand zugeschrieben, dessen Angehörige keine Gott-Könige waren. Denn die öffentliche kultische Verehrung gebührte nur den Gottkönigen. – Ferner findet man noch unzähliche Grab- und auch Wohnhöhlen, wohl für die ärmeren Menschen.

Zwar gibt es die unterschiedlichsten Hypothesen darüber, was in den prachtvollen Kultbauten Petras tatsächlich geschah. Mir scheinen die eben zitierten Interpretationen als Kultraum für den Gott-König von U. Levy und H. Stierlin der Wahrheit am nächsten zu kommen. Das läßt sich m. E. zwiefach begründen. Einerseits hat die zeitlich/räumliche und inhaltliche Nähe der ägyptischen Kultur, die Levy und Stierlin nicht erwähnen, und die wir darum ausführlich anfangs entfaltet haben, großen Einfluß. Andrerseits spricht die unübersehbare Verwandtschaft des alexandrinischen Stils, der damals

Abb. 14: Stufengrab (Bildnachw.: Archiv)

im ganzen östlichen Mittelmeerraum zu finden war, mit dem abendländischen Barock eine klare Sprache.
Denn jede gute Architektur ist bestrebt, den Zweck eines Gebäudes durch eine entsprechende bauliche Gestaltung auszudrücken, was besonders für Kultbauten gilt. Daher sind wir bezüglich der von allen Autoren als barock bezeichneten Khazne in Petra in der glücklichen Lage, unsere auf der altägyptischen Kultur fußende Interpretation der nabatäischen Barockbauten bzw. dessen, was in ihnen geschah, mit Hilfe der abendländischen Barock-Rokoko-Architektur des 17./18. Jahrhunderts einer Prüfung zu unterziehen.

Im Barock/ Rokoko

In der altägyptischen Kultur beherrschen als durchgehende Motive Sterben, Auferstehung, Aufstieg in den Himmel als Gestaltungsprinzipien die Architektur. Das gleiche finden wir auch in der abendländischen Barock-Rokoko-Architektur: angefangen von der Fassade über den Innenraum als Ganzem bis hin zur Struktur jedes einzelnen Altares.
Bei einem Vergleich ist es eigentlich unübersehbar, daß dem ganzen Gehalt nach nichts anderes vor 2.000 Jahren in Petra geschah als das, was heute noch in den Barockkirchen gefeiert wird: Die Begegnung von Himmel und Erde, von den Hiesigen mit dem Auferstandenen (Christus) und mit den Verstorbenen (Allerseelen) und mit den Verklärten (Allerheiligen) im Kultmahl.

Der Altar selbst ist schon nach traditioneller Auffassung ein Symbol für die Grablege, in der nicht selten die Reliquien der Verklärten, der verehrten Heiligen (entsprechend den ägyptischen Mumien), eingelassen oder zur Schau gestellt sind. Dabei kommt es aber genau wie in Ägypten (vgl. die Scheingräber in Abydos) und Petra nicht darauf an, daß der Leichnam des Verstorbenen tatsächlich dort beigesetzt wurde. Ein Bild, eine Skulptur tut es genauso. Der Altar (Bild 15) ist

Abb. 15: Hochaltar in Weingarten (Bildnachw.: Archiv)

von Säulen flankiert, die mehr oder minder deutlich als Kapitelle den gesprengten Giebel tragen. Zwischen den Säulen – also dem der Erdschwere unterworfenen, irdischen Bereich – finden wir meist als Altarbild den Heiligen dargestellt, wie er auf Erden hier zum Heiligen wurde: z. B. sein Martyrium.
Über dem Altarbild wird durch den aufgesprengten Giebel der Auferstandene von Engeln (vgl. die Adler) in den Himmel getragen, – in die Sonne (Re), – in das LICHT entrückt. Dieser Aufstieg mit der Sonne in den Himmel wird oft betont durch ein entsprechend angeordnetes, gelbes, mit Strahlen versehenes Fenster über dem Altar.

Der Innenraum als Ganzer ist durch die gebrochenen Säulenkapitelle und die Emporen wie durch einen Horizont zweigeteilt (Bild 16). Der untere Bereich ist ein echter Raum, der oft mit einer laut die Stunden verkündenden Uhr die vergängliche Zeit betont. Statisch tragende Säulen symbolisieren die Erdschwere, den raum-zeitlichen, irdischen Bereich.
Ganz anders der obere, aller Erdenschwere enthobene, himmlische Bereich: Hier wirbelt alles in das LICHT empor (Bild 17), wo der Gott-König Christus und Maria (Nut, Isis), die Mutter Gottes und aller Gläubigen, und eine Fülle von Heiligen den Auferstandenen empfangen. – Während der untere Bereich ein echter Raum ist, wo die Hiesigen sich zum Kultmahl versammeln, ist oben alles ein Raum und Zeit enthobener, nicht zugänglicher Schein: Der obere Bereich ist also – wie in Petra – Bild für Unaussprechliches.

Das Innere der Kirche ist also eine Achet, ein Horizont, eine Nahtstelle zwischen Himmel, Erde und Unterwelt, wo die Irdischen den noch leidenden Verstorbenen (Allerseelen) wie auch den schon Verklärten, den Achu (Allerheiligen), begegnen. Dies geschieht vor allem im Kultmahl, wie wir es oben schon beschrieben haben. Hier wird in der Totalhingabe (Opfergang) und -hinnahme (Kommunion) das Anwesen der sonst für jenseitig Gehaltenen erfahren. Denn im Prozeß der festlichen Hinnahme und Hingabe an den Fei-

Abb. 16: Innenraum Zwiefalten (Bildnachw.: Archiv)

Abb. 17: Aufnahme Mariens in den Himmel (Obelisken und ägyptische Tempel verweisen auf die Herkunft des Motivs). (Ottobeuren)

ertagen wird der Gläubige vorübergehend von sich selbst und den alltäglichen Sorgen leer und dadurch offen für die Djet, in der alle eins in Gott sind. Im festlichen Gottesdienst gelangt also der Mensch in den Bereich, **in dem der Kontemplative (Gott-König) ständig lebt.**

Auch in der Fassade begegnen wir wieder den Barockbauten in Petra (Bild 18). Wir finden meist den zweigeschossigen Aufbau, bei dem Unter- und Obergeschoß durch einen gesprengten Giebel voneinander getrennt und miteinander verbunden sind. In oder über dem gesprengten Giebel befindet sich dann in einer Nische oder Oval oder gar in einem Rundtempelchen (z. B. San Carlo alle quattro fontane in Rom) der Titel der Kirche: der Verklärte, dem diese Kirche geweiht ist. – Sehr oft ist es Maria (Isis) als Himmelskönigin, die jungfräulich den Gottessohn (Horus) empfangen und geboren hat und nun durch ihn in den Himmel aufgenommen wird.

Antike Mysterienkulte – Barock

Dieser in unserer Gesamtbetrachtung etwas ungewöhnliche Ausflug in den abendländischen Barock soll dazu dienen, uns die antiken Mysterienkulte und ihre Architektur verständlich zu machen. Denn zur Zeit der Renaissance und des Barock bestand eine intensive Wechselbeziehung mit der Alchemie und dem Hermetismus des alten Ägypten. Und wir müssen die antiken Mysterienkulte verstehen, weil sie eine wichtige Rolle bei der Entstehung und Verbreitung des Christentums spielen.
Dies ist die Thematik des folgenden Kapitels.

Abb. 18: Fassade Zwiefalten (Bildnachw.: Archiv)

VIII. Jesus von Nazareth und die Entstehung des Christentums

Daß Jesus von Nazareth zu den größten religiösen Gestalten der Menschheit gehört, darüber sind sich eigentlich die meisten Menschen aller Religionen einig. Es gibt Juden, die ihn für den größten jüdischen Rabbi halten, und es gibt Buddhisten, die nachweisen, daß er eigentlich ein buddhistischer Wandermönch gewesen sei. Auch von den Moslems wird er als einer der größten Propheten verehrt. Und es gibt heute nicht wenige Menschen, die sagen: „Jesus – ja! Christentum bzw. Kirche – nein!"

Schon diese kurze Aufzählung sollte uns aufhorchen lassen: Die Weite und die Größe dieses Menschen muß schon enorm sein, wenn eigentlich jeder ihn für sich in Anspruch nehmen kann.

Woran sich die Geister scheiden, ist eben nicht der Mensch Jesus, sondern das Christentum und speziell noch einmal die Kirchen. So konnte z. B. die Botschaft Jesu kurz nach der Zeitenwende (!) bei den Indern in Südindien leicht fußfassen. Ihre Nachfahren sind die Thomaschristen. Als aber die späteren, verkopften, westlichen Missionare den asiatischen Hochreligionen einen monotheistischen, personalen Gott, der der Schöpfung und dem personalen Menschen als ein ganz anderer gegenübersteht, verkündeten, kam diese Botschaft nicht an. Denn für einen Asiaten bedeutete sie einen Gott, der durch Welt oder Mensch eingeschränkt ist.

Dabei lehrt uns doch das Neue Testament, daß, wenn der Christ betet, ihm Gott, der Heilige Geist, suggeriert (1Kor. 2,11 ff.), was er dem Vater (dem transzendenten Gott) sagen solle. Was aber der Heilige Geist ihm eingibt, nimmt er von Christus (Joh. 16,13-15), – denn

zwar betet der Christ, aber nicht er, sondern Christus (Gott, der kosmische, immanente) in ihm (Gal. 2,20). So bleibt der Dreieinige Gott alles in Allem, und der Christ hat bei allen seinem Reden und Tun Teil am innergöttlichen Leben und steht Gott so nie gegenüber, obwohl er nicht Gott ist.
Die Kirchen und weltweit ebenso die anderen Religionsgemeinschaften haben stets die Neigung, die Botschaft ihres Stifters dogmatisch zu verkürzen, weil sie zu klein sind, dessen lebendige Größe zu erfassen.

Die Problematik der biblischen Überlieferung

Leben, Wirken und Lehre Jesu ist uns schriftlich im Neuen Testament (NT) überliefert. Seit der Renaissance, dem Humanismus und mit dem Aufkommen der neuzeitlichen, wissenschaftlichen Bibelkritik ist diese Überlieferung immer mehr in das Kreuzfeuer der Meinungen geraten. Die formgeschichtlichen Untersuchungen haben gezeigt, daß vieles, gerade Wunderbares, was uns von Jesus erzählt wird: so z.B. Verkündigung durch Engel, Jungfrauengeburt, Wunderheilungen, Tod, Auferstehung, Himmelfahrt usw. in anderen umliegenden Religionen auch so erzählt wurde; diese „Heilstatsachen“ seien also keine historischen Wahrheiten, sondern wohl von anderen übernommenes Gut. Und die historisch-kritische Methode konnte eindeutig zeigen, daß eben viele der Jesus zugeschriebenen Aussagen über und von Jesus gar nicht zu seinen Lebzeiten existierten, sondern erst im Laufe der Jahrzehnte nach seinem Tode von den christlichen Gemeinden zu dem uns heute vorliegenden Bilde gestaltet wurden. – Viele moderne Menschen haben darüber ihren Glauben verloren, weil dieser in der nun historisch nicht mehr glaubwürdigen Schrift verankert war (sola scriptura), andere wiederum haben mehr oder weniger krampfhaft an ihrem Glauben festgehalten und ihre Augen vor den unwiderlegbaren Ergebnissen der Theologie verschlossen. – Und viele wissen gar nicht um dieses Problem von Geschichte und Mythos oder verdrängen es.

Ein Beispiel für die Bibelkritik: Die Jungfrauengeburt[105]

Viel Aufsehen erregend und folgenreich für die ganze Geschichte des Christentums ist die Geburt Jesu durch die Jungfrau Maria, die für viele Christen zu einem zentralen Mysterium werden sollte. Nur Matthäus und Lukas berichten ausdrücklich, daß nicht Josef der Vater Jesu sei, sondern die Empfängnis Jesu in Maria von „heiligem Geist durch Kraft des Allerhöchsten" gewirkt sei. – Paulus, der als der älteste Zeuge unter den neutestamentlichen Schriftstellern gilt und dem doch viel an der Jungfräulichkeit liegt, weiß nichts davon zu berichten. Auch Markus, der unter den Evangelisten die ältesten Quellen gebraucht, erwähnt das nicht. Und Johannes, dessen Evangelium außergewöhnlich viele historische und geographische Details kennt, schweigt hierzu.
Da aber, wie wir schon sahen, in den umliegenden hellenistischen Mysterienreligionen die jungfräuliche Empfängnis zum Kennzeichen für den Heilbringer gehört, nahmen viele der kritischen Theologen an, daß dieser Zug eine analog mythologisierende Gemeindebildung sei, – also keine objektiv historische Realität besitze. Die Palette der Meinungen, die hier erbittert aufeinander prallen, reicht eben von dieser wissenschaftlich-objektiven Betrachtungsweise, die das NT entmythologisieren will, bis hin zum fundamentalistischen Festhalten an dem Wortlaut der Heiligen Schrift, welches sich dem historisch einwandfrei beweisbaren, objektiven Befund verschließt.

Die Problematik

Da aber das Christentum von sich selbst behauptet, in Jesus eine *historisch* nachweisbare Grundlage zu haben, darf sich der Gläubige den historisch nachweisbaren Tatsachen nicht verschließen, nämlich daß zahlreiche, wesentliche Glaubensinhalte (Jungfrauengeburt, Auferstehung, Himmelfahrt usw.) erst in den Jahrzehnten nach der Kreuzigung Christi entwickelt wurden. Ein ahistorischer, wissenschaftsfeindlicher, christlicher Glaube ist darum in sich verkehrt und hat den Anschluß an die Entwicklung der Menschheit verpaßt. – Auf der anderen Seite müssen wir aber auch die wissenschaftliche Methode kritisch unter die Lupe nehmen, denn sie scheint ihre Kompetenz überschritten zu haben, wenn sie den religiösen Mysterien, weil dem rationalen Verstand nicht objektiv faßbar, eine reale Wirklichkeit abspricht und sie als Mythos ins Reich der Fabel verweist. Dabei will doch der Mythos in seiner bildhaften Sprache auf spirituelle Wirklichkeiten hinweisen, die für das objektivierende, gegenständliche Denken unfaßbar sind.

Mysterien und objektives Wissen

Mircea Eliade schreibt, wie wir eingangs schon erwähnten: „Symbolisches Denken ist kein ausschließliches Privileg des Kindes, des Poeten und des unausgewogenen Geistes: Es ist wesensgleich mit der menschlichen Existenz und rangiert vor der Sprache und dem diskursiven Verstand. Das Symbol enthüllt gewisse Aspekte der Wirklichkeit – die tiefsten Aspekte –, die allen anderen Erkenntnisformen unzugänglich bleiben. Bilder, Symbole und Mythen sind keine unverantwortlichen Kreationen der Psyche; vielmehr antworten sie auf ein Bedürfnis und erfüllen eine Funktion: Licht in die verborgensten Formen des Seins zu bringen.“[106]

Wenn die Theologen aus der Schrift (!) den historischen Jesus als objektive historische Gestalt herauszuarbeiten suchen, zerrinnt er ihnen zwischen den Fingern. Was in ihren Augen bleibt, ist der von der Gemeinde verkündete Christus: eine in den Bildern der zeitgenössischen Mysterienkulte dargestellte Gestalt, die wir entmythologisieren müssen, um zum wahren, aber leider nicht mehr faßbaren Jesus zu gelangen. Denn Mythen waren für objektive Wissenschaftler nur Phantasieprodukte einer noch wenig entwickelten Menschheitsstufe. Das Projekt der Leben-Jesu-Forschung war für die rationalistischen Wissenschaftler gescheitert.

Diese wissenschaftliche Methode macht aber einen fundamentalen Fehler: Sie reduziert die geschichtliche Person Jesu auf das objektiv Faßbare, auf den Schein. Er selbst aber war und ist – wie jeder Mensch und jedes Geschöpf – ein In-Erscheinung-Treten des unbegreiflichen, transzendenten LICHTES, welches sich einerseits dem Meditierenden, dem kontemplativen Menschen erschließt, aber andrerseits dem wissenschaftlichen, nur vom Kopfe her forschenden und darum objektivierenden Verstand verborgen bleibt.

Mysterienreligionen und biblische Sprechweisen

Die biblischen Schriftsteller malen und dichten als echte Künstler mit Hilfe der archätypischen (also zu allen Zeiten und für alle Menschen geltenden) Bilder, die auch in der kontemplativen Erfahrung der archaischen Religionen auftauchen, die wahre Gestalt des historischen Jesus, die alles objektiv Wißbare übersteigt.
Gerade die so mythisch klingenden Osterberichte zeigen uns das: Maria von Magdala erkennt den Auferstandenen erst, als er sie mit der vertrauten Stimme beim Namen ruft; objektiv war er auch für sie nicht zu erkennen. Die Emmaus-Jünger erkennen ihn erst bei dem ihnen so vertrauten Brotbrechen; objektiv war er auch für sie nicht begreifbar. Paulus ist überwältigt von dem LICHT, das ihn umstrahlt und aus dem Jesus zu ihm spricht, aber seine Begleiter sehen es nicht.
Der verstorbene Jesus wird von ihnen *wider Erwarten* als der lebendige, geheimnisvoll gegenwärtige Christus erlebt (!), so wie ihn die religiösen Menschen zu allen Zeiten, also auch schon vor seiner

Menschwerdung (z. B. als Osiris oder Purusha oder als die Buddhanatur) erfuhren bzw. bis heute erfahren. Und diese Erfahrung wird dargestellt in den von der Schöpfung genommenen, also von Gott gegebenen, archätypischen Bildern der Jungfrauengeburt, der Taufe, des Abstiegs in die Unterwelt, der Auferstehung von den Toten und der Himmelfahrt, wie wir sie schon im Alten Ägypten im Bilde der Sonnengeburt und der Nachtfahrt der Sonne kennengelernt haben.

Diese aus der altägyptischen Religion stammenden Bilder wurden, wie wir sahen, in Gestalt der hellenistisch-ägyptischen Mysterienreligionen von allen damaligen Menschen im Mittelmeerraum kultisch gelebt! Und nicht wenige Christen, die aus diesem Heidentum kamen, sahen in ihnen die Fortführung ihrer bisherigen Religion in einer neuen, nunmehr historisch-transhistorischen Form in der Integration von Judentum (historisch) und Heidentum (vor-historisch). So finden wir solche Heidenchristen im damals nabatäischen (s. 7. Kapitel!) Damaskus, wohin Paulus nach seinem überwältigenden Erlebnis des Auferstandenen zuerst hingeführt wurde.

„Doch da gefiel es Gott, der mich vom Schoße meiner Mutter an ausersehen und berufen hat, durch seine Gnade seinen Sohn in mir zu offenbaren, damit ich die Frohbotschaft von ihm unter den Heiden verkündete. Und nun habe ich nicht sofort Fleisch und Blut zu Rat gezogen und bin nicht nach Jerusalem hinaufgegangen zu denen, die vor mir Apostel waren, sondern ich ging weg nach Arabien und bin wieder nach Damaskus zurückgekehrt. Dann erst, 3 Jahre später, ging ich nach Jerusalem hinauf, um Kephas (=Petrus) kennenzulernen, und ich blieb bei ihm 15 Tage.“ (Gal. 1,15-18). – Arabien war damals von Israel aus gesehen das Nabatäerreich, die spätere Provinz „Arabia“ der Römer, mit der Hauptstadt Petra!

Daß Paulus nicht gleich in seine Heimat und zu den neuen Glaubensgenossen, den Christen in Jerusalem, zurückkehrte, sondern im heidnischen Arabien blieb, ist höchst sonderbar, und wir können das nur als die Führung Gottes verstehen, wie es Paulus selbst bezeugt

(Gal. 1,16 f.). Er sollte ja der Apostel der Heiden werden. Das konnte er nur, wenn er deren Religion aus ihrem göttlichen Ursprung verstand; und so war es!: „Wenn die Heiden, die das Gesetz nicht haben, von Natur aus das tun, was im Gesetz gefordert ist, so ist für sie das Gesetz wirksam, obwohl sie das Gesetz nicht haben. Sie zeigen damit, daß ihnen die Forderung des Gesetzes in's Herz geschrieben ist, indem ihr Gewissen mit Zeugnis ablegt, und indem ihre Gedanken sich untereinander anklagen oder auch verteidigen" (Rö. 2,14 f.).

„Die zwei bis drei Jahre des ‚Apostels Jesu Christi' zwischen der Bekehrung und der Jerusalemreise ca. zwischen 33 und 36 mit seiner ersten missionarischen Verkündigung in Damaskus und im nabatäischen Arabien sollte man ... nicht einfach unter den Tische fallen lassen. Das Motiv dafür, daß er seine erste missionarische Wirksamkeit unter den ‚Völkern' in Arabien, d.h. im Nabatäerreich begann, scheint uns so eindeutig zu sein. Einmal die geographische Nachbarschaft zu Damaskus und Eretz Israel, ja wie bei Damaskus die Zugehörigkeit dieses Gebietes zu einem ‚erweiterten Eretz Israel' und zum anderen, daß auch die ‚Araber' wirkliche Abrahamssöhne ‚dem Fleische nach' waren. ... Diese erste Wirksamkeit gab ihm vermutlich bereits reichlich Anlaß, über Abraham, die wahre Abrahamskindschaft aufgrund von Abrahams Glauben, die Beschneidung und das Gesetz nachzudenken."[107]

Die eben zitierte, gründlich-wissenschaftliche Untersuchung zeigt, daß Paulus nach seiner Bekehrung tatsächlich etwa 3 Jahre im Nabatäerreich verbrachte. Als ein wesentlicher Grund hierfür wird die Abrahamskindschaft genannt. Abraham hatte von Hagar (Hegra ist eine bedeutende Stätte nahe Petra) einen Sohn, Ismael. Dessen ältester Sohn war ‚Nebajoth', von dem nach damaliger Auffassung die ‚Nabatäer' dem Fleische nach abstammen sollten. Die eigentlich großen Missionserfolge gewann Paulus von Anfang an immer unter den ‚Gottesfürchtigen'. Das waren Heiden, die zwar nicht wie die Proselyten zum Judentum übergetreten waren, aber doch an den einen Gott Israels glaubten und viele Sitten und Gebote der Juden befolgten. Was lag wohl geographisch und mental näher, als diesen ‚Söhnen Abrahams' den erwarteten Messias, den Christus, zu verkündigen, insbesondere, da dieser die Juden und die Heiden in sich vereinte.

Der Boden für die Verkündigung des Paulus war also in jeder Hinsicht bei den Nabatäern aufs beste bereitet: sie waren Nachbarn Israels, mit denen sie im kulturellen Austausch standen, sie waren ‚Söhne Abrahams dem Fleische nach', sie waren ‚Gottesfürchtige', die den einen Himmelsgott verehrten, sie glaubten auf Grund der ägyptisch-hellenistischen Mysterienkulte an die ‚Auferstehung der Toten'.

So hat in diesen 3 Jahren wohl ein wechselseitiger Austausch zwischen ihm, dem bislang eifernden, orthodoxen Juden, und den heidnischen Nabatäern stattgefunden. Paulus lernte sein gewaltiges Auferstehungserlebnis zu interpretieren durch die kosmische, altägyptische Auferstehungserfahrung mit deren von der göttlichen Schöpfung genommenen Bildern. Und im Gegenzug konnte Paulus den Nabatäern ihre kosmische Erfahrung einerseits durch sein historisches Erlebnis bestätigen und ihnen andrerseits verkünden, daß auch sie nun nicht mehr unter den schweren Gesetzen der Schöpfungsordnung, der Ma'at, stünden, sondern mit Christus, dem am Kreuz Entstellten und Auferstandenen, unmittelbar hier und jetzt auch mit ihren Mängeln bei Gott, seinem und ihrem Vater, leben und mit ihm im Sterben auferstehen können.

Vor dieser Bekehrung des Paulus und seinem Aufenthalt bei den Heiden bestand eine unüberbrückbare, krasse Feindschaft zwischen den matriarchaischen, **polytheistischen Heiden** mit ihrer Idolatrie und ihren kosmischen Mysterienkulten und den patriarchaischen, bildlos-**monotheistischen Juden** mit ihrer Buch- und Wortreligion (s. 5. Kapitel!).

„Jetzt aber in Christus Jesus seid ihr, die ihr einst fern waret [vom auserwählten Volk der Juden], nahe gebracht worden durch das Blut Christi. Denn er ist unser Friede; er hat die beiden [Juden und Heiden] in eins verbunden und hat die trennende Scheidewand niedergerissen; er hat die Feindschaft beseitigt dadurch, daß er durch sein Fleisch das Gesetz mit seinen Geboten und Satzungen außer Kraft setzte. So wollte er, Frieden stiftend, in seiner Person die beiden zu einem neuen Menschen umschaffen und wollte die beiden in einem Leib durch das Kreuz mit Gott versöhnen, indem er in seiner Person die Feindschaft tötete." (Eph. 2,13-16).

Nur durch seinen dreijährigen Aufenthalt bei den aus dem Heidentum kommenden Christen (z. B. Damaskus) und den Heiden im Nabatäerreich (Petra), während dem er sein Auferstehungserlebnis mit ihnen zusammen verarbeitete, konnte Paulus zum Apostel der Heiden werden. Und nur so wurde dem Christentum durch die Führung des Auferstandenen die Möglichkeit eröffnet, zu der alle Religionen versöhnenden Weltreligion werden. Denn nicht Paulus hat die heidnischen Mysterienkulte in das junge Christentum eingeführt, sondern *Jesus selbst war das Mysterium, welches schon seit Anbeginn der Zeiten allen Religionen zu Grunde lag. Nur hat wohl Paulus als erster und deutlicher als alle anderen diesen Zusammenhang durch seinen Aufenthalt bei den Nabatäern erkannt.* Und, wie er es im 2. Kapitel des Galaterbriefes ausführlich schildert, hatte er es schwer genug, seine ihm offenbarte Erkenntnis bezüglich der Heiden bei den Altaposteln durchzusetzen. Auch die heutige Kirche tut sich oft noch schwer genug mit der Inkulturation von Heiden- und Christentum.
Diese umwerfenden Erlebnisse verbreiteten sich mündlich (!) wie ein Lauffeuer in der jungen Christenheit. „Die Bedeutung gemeinsamer mündlicher Tradition wurde in der Vergangenheit wohl öfter unterschätzt."[108] So wurde das Christentum zunehmend für viele die Erfüllung ihrer bisherigen Religion.

Nachdem man sich seit Jahrhunderten im Westen bemüht hat, die Unabhängigkeit der christlichen Offenbarung von den anderen Religionen zu erweisen, gibt es heute mancherlei Versuche zu zeigen, daß Jesus ein buddhistischer Wandermönch gewesen oder beim Buddhismus in die Schule gegangen sei, oder das junge Christentum buddhistische Züge in sich aufgenommen habe. Der Zeitraum, in welchem diese Vermutungen angesiedelt werden, ist die Spanne zwischen dem 12. und dem 30. Lebensjahr Jesu und die 50 Jahre nach seiner Kreuzigung, bei der er nicht gestorben, sondern nach Kashmir geflohen sein soll. Die Indizien für solche Indienreisen sind entweder nicht nachprüfbar oder zeugen von wenig Fachkenntnis und haben keinerlei Beweiskraft. Hier scheint der tendenziöse Wunsch der Vater des Gedankens zu sein.[109]

Andrerseits finden wir tatsächlich neben vielen anderen auch mancherlei buddhistische Züge in den Worten und Taten Jesu. Müssen wir deswegen, ohne daß sichere Indizien dafür sprechen, annehmen, daß er ein Buddhist gewesen sei und in Indien gelebt habe?
Keineswegs. Jesus kann durchaus dem Buddhismus schon in Palästina und Ägypten begegnet sein. Wir hatten schon gesehen, daß in den Zeiten vor und nach der Zeitenwende ein reger kultureller Austausch zwischen Asien und dem Mittelmeerraum bestand. Unter anderem wird sogar ausdrücklich im NT die Anwesenheit von Parthern und Medern in Jerusalem erwähnt (Ag. 2,9). Diese standen aber schon etwa seit der Zeit Ashokas (3. Jh. v. Chr.) unter dem Einfluß des Buddhismus, der nach Westen ausstrahlte. Hier ist also die Möglichkeit eines Kontaktes historisch belegbar vorhanden.

Wichtiger als dieser objektive Befund der Möglichkeit einer äußeren Begegnung scheint mir die Tatsache zu sein, daß Jesus wohl mindestens ein ebenso erleuchteter Mensch wie Buddha war, wenn nicht

sogar, wie das Neue Testament verkündet, das LICHT selbst, welches dann eben auch Buddha erleuchtet hat.
Buddha wollte ja keine übernatürlichen Wahrheiten verkünden. Er wollte – in einer allerdings einmaligen Radikalität – nichts anderes leben und lehren, **als was von Natur aus ein heiler Mensch eben sei**; und das war Jesus auch, nach allem, was wir von ihm wissen. Wie sollte dann **Jesus nicht auch alle buddhistischen Wahrheiten von Natur aus in sich gehabt und verkündet haben**? Denn er wollte ja die Heiden und die Juden in sich vereinen (Eph. 2,14f.).

Gerade weil er eine so alles in sich vereinende Gestalt war, kann ihn natürlich jede Partei für sich reklamieren. Aber wenn das exclusiv geschieht, indem man z.B. Jesus zum buddhistischen Wandermönch erklärt und alles, was nicht in diese Sicht hineinpaßt, zur späteren Zutat erklärt, dann wird man der Besonderheit Jesu als dem, der die verschiedenen Religionen in sich eint und sie in eine neue Weite führt, nicht gerecht.

Das Neue im Vergleich zu den bisherigen Religionen

Aber – und das ist sehr wichtig für ein sachliches Einordnen der Bibelkritik hinsichtlich der Übernahme mythischer Bilder – das aus den bisherigen Religionen Übernommene hatte ein neues Gesicht bekommen: der *neue* Gottmensch, dieser Priesterkönig war kein unnahbar herrschender Pharao, kein „Göttlicher Augustus", keine nur nach unendlichen Wiedergeburten erreichbare religiöse Idealgestalt wie der Buddha Shakyamuni, noch ein Messias nach jüdischer Tradition. – Er eröffnete den Menschen einen neuen Zugang zu Gott, der alles Bisherige in eine schier unbegrenzte Weite und Nähe hinein aufhob:
Weite, indem Jesus die mehr theistische Gotteserfahrung der Juden (Gott, der ganz Andere) mit der mehr immanenten Gotteserfahrung

der Heiden (Gott, in der Schöpfung zu finden) in seiner Gestalt vereinte.
Nähe, indem er in seiner durch die Kreuzigung entstellten Gestalt in der Vergebung der Sünden allen mehr oder minder gottfernen Menschen die Möglichkeit eröffnete, trotz unseres oft heillosen Zustandes zu dem unermeßlich großen und heiligen Gott kindlich, vertrauensvoll „Abba" (= „Papa") sagen zu können und so den Frieden zu finden, den die Welt nicht geben kann.

Dieses wahrhaft Neue müssen wir genauer entfalten, um die Entwicklung der Religionen auf den Seidenstraßen richtig verstehen zu können.

Die Erlösung durch das Kreuz

„Wir verkünden einen gekreuzigten Messias; den Juden ein Ärgernis; den Griechen eine Torheit. Ihnen aber, den Berufenen – Juden wie Griechen – den Messias: Gottes Kraft und Gottes Weisheit" (1 Kor. 1,23 f.).

Als erstes muß ein weitverbreitetes Mißverständnis ausgeräumt werden: **Nicht Jesus hat uns das Kreuz gebracht, sondern** *wir* ihm! Historisch gesehen haben ihn damals zwar ein paar Menschen an das Kreuz geheftet. Was aber viel wichtiger ist: **Wir kreuzigen den transzendent-immanenten Gott-Menschen tagtäglich In Uns.**
Urerfahrung der Menschheit (Purusha, Osiris)! Wir sind zerstükkelt in uns: Oben der Kopf, unten die Füße, irgendwo ein verklemmtes Herz, ... ; wir sind doch nicht eins mit uns selbst, sondern zerfallen in Leib und Seele und Geist, und darum ist keines derselben in Ordnung. Und die Mitmenschen und die Dinge empfinden wir als Objekte uns gegenüber. Unsere Welt ist zerfallen in lauter einzelne Dinge, die einander weitgehend fremd sind. Und diese zerstückelte

Welt und dieser zerstückelte Mensch ist der zerstückelte, gekreuzigte Gott-Mensch, in welchem ursprünglich eigentlich alles, bei aller Verschiedenheit, eins ist! – Alles, was wir den lieben, langen Tag falsch machen, ist ein Peinigen des Gott-Menschen in Uns!
Und in diese zerstückelte, gottverlassene Schöpfung, die wir ständig verursachen, kommt uns Gott in der heilen Gestalt Jesu entgegen. Aber nicht nur als ein wunderbares Vorbild kommt er uns entgegen, sondern er kommt uns nahe bis dahin, wo wir leidenden Menschen sind. Aber nicht dadurch, daß er sich selbst peinigt!, sondern dadurch, daß er, nach dem Willen des Vaters, sich seinen Peinigern, deren Hand wir führen, ausliefert. Also: Nicht Jesus hat uns das Kreuz gebracht, sondern wir ihm – in uns und in unseren Mitmenschen und in unseren Mitgeschöpfen, der leidenden Kreatur! Das ist doch unübersehbar, daß der ganze Kosmos nach Erlösung schreit.
Und diese Erlösung geschieht dadurch, daß wir mit diesem unschuldigen, gepeinigten und ermordeten Gott-Menschen heute noch ein Leib und ein Geist sein können. Wir können – dank dem Abendmahl vor seinem Leiden – heute noch mit dem einen Schächer hören: „Heute noch bist du mit mir im Paradies!" (Lk. 23,43). Nur so können wir den Frieden finden, den uns diese leidvolle Welt nicht geben kann.

Aber dieser gekreuzigte Messias ist den Juden ein Ärgernis. Denn „Letztlich kommt es nur darauf an, daß er [der Messias] das von den Propheten vorausgesagte Friedensreich auf Erden errichtet – was aber leider bis heute noch nicht geschehen ist, wie wir alle wissen. ... Diese Welt, in der wir leben, ist nach wie vor unerlöst."[110]
Lapide, ein ökumenisch eingestellter, großer, jüdischer Theologe, erwartete das Friedensreich als ein historisches Ereignis. Jesus jedoch schenkt den Seinen ein **Friedensreich, welches nicht von dieser Welt, aber zu jeder Zeit (!) ganz in dieser Welt da ist.** Wäre dieses Friedensreich ein historisches Ereignis, so wäre es auf eine winzige Zahl von Menschen beschränkt. Jesus hat aber mit seinem Sterben am Kreuz „ein für allemal" (Hebr. 7,27) den Menschen einen Frieden

geschenkt, den die Welt niemals geben kann. Denn das Angesicht der Welt vergeht ständig und mit ihm jedes nur historische Faktum.

Denn das ist der tiefste Sinn des Leidens und Sterbens Jesu am Kreuz, daß wir – wie der reumütige, mit ihm gekreuzigte Verbrecher – in jedem Augenblick unseres Lebens die Worte hören dürfen: „Heute noch bist du mit mir im Paradies" (Lk. 23,43). Und so hat Gottes Weisheit alle Menschen berufen, gerade auch die Kleinen, die (sittlich) Schwachen, die Sünder, … . Dieses Friedensreich des gekreuzigten Messias ist also für die historisch denkenden Juden ein Ärgernis, für die Berufenen aber „Gottes Kraft und Gottes Weisheit".

In Jesu Reich aber kann auch jeder *unvollkommene* Mensch zu jeder Zeit seinen Frieden mit Gott und den Mitmenschen finden, unabhängig davon, ob er selbst oder die weltlichen Umstände, irdisch gesehen, in Ordnung sind oder nicht, – wenn ihm seine Fehler leid tun und er seinen Mitmenschen ihre Fehler verzeiht. Denn es geht nach der Offenbarung durch Jesus Gott nicht um das Angesicht der Welt, sondern um den Frieden, den die Welt nicht geben kann: den Frieden durch die Vergebung der Sünden. „Frieden hinterlasse ich euch, meinen Frieden gebe ich euch. Nicht wie die Welt gibt, gebe ich euch" (Joh. 14,27).

Das ist vielen Heiden eine Torheit. So auch für die damaligen Griechen, die, wie viele Menschen, einer weltlich gesehenen perfekten Gestalt als Ideal nachstrebten. – Finden wir doch gerade bei den Heiden, daß der durch uns zerstückelte Gottmensch, der Purusha oder Osiris, wieder *durch unser Bemühen* (z. B. Yoga, Zen) in uns geheilt werden sollte, damit wir so Unsterblichkeit erlangen. Dieses Bemühen verlangt auch Jesus von uns! Nur wissen gerade die Menschen, die das seit jeher erstreben, daß dazu weder ein, noch tausend Leben ausreichen, um diese Vollkommenheit eines Erleuchteten, eines Buddha zu erlangen. Gottes Weisheit hat dieses berechtigte, aber schier hoffnungslose Bemühen im gekreuzigten Heiland ein für alle Mal erlöst, indem auch wir mit unseren Unvollkommenheiten und Wunden zum unsterblichen Leben eingehen können. Wir werden im folgenden Kapitel sehen, daß diese Kunde von der Vergebung der Sünden eine wirklich neue, umwerfende, wahrhaft frohe Botschaft für die Heiden wurde.

Jesus „ist das Bild des unsichtbaren Gottes" (Kol. 1,15). Dieser „unsichtbare Gott" hat, wie wir im 6. Kapitel bei der Betrachtung des Tsimtsum entfalteten, in einem ersten Schritt **durch Leerwerden von sich selbst die Schöpfung erst ermöglicht**. In einem zweiten Schritt offenbart er nun in Jesus, seinem Bilde, **durch Leerwerden von sich selbst** (Phil. 2,7: Kenosis am Kreuz) **die Erlösung der von den Menschen zerstörten Schöpfung**. Diese Erlösung durch das Kreuz offenbart, daß **das Leerwerden-von-sich-selbst ein Wesenszug Gottes** ist und bestätigt, daß es der Gott Abrahams ist, der in Jesus Mensch wurde. Die freiwillige Annahme des Kreuzes durch den Gott-Menschen ist also die konsequente, aber nicht selbstverständliche (!), Grundhaltung des Lebendigen Gottes.

Abba

In Jesus ist also **allen** Menschen, den Heiden wie den Juden, ein neuer Zugang zu Gott eröffnet worden: Ein jeder kann nun in all seiner Unvollkommenheit im entstellten Heiland mit Jesus zu dem unvorstellbar großen und fernen Gott „Abba" sagen und so, wie ein Kind zu seinem gütigen Vater, all seine Probleme vor Gott bringen. „Gott als Vater steht im Neuen Testament vor allem für soziale und emotionale Geborgenheit. Die Vaterschaft Gottes wird nicht primär autoritär verstanden, sondern im Sinne von Geborgenheit, Nähe und Verähnlichung. So ist auch ein alltäglicher Kontakt Vater/Kinder vorausgesetzt."[111]
Auch das war für die Juden neu und ein Ärgernis. „Jesus überträgt

die, weil dem Alltagssprachgebrauch der Familie angehörig, seinen Zeitgenossen unfeierlich und respektlos klingende Vokabel ‚Abba' auf Gott. ... In jedem Fall aber steht fest, daß der Gebrauch des Wortes in der Gemeinde Anknüpfung an die Gottesbezeichnung Jesu und damit bewußte Aneignung des von ihm verkündigten und gelebten Gottesverhältnisses ist."[112]

Denn Gott ist erst einmal nur „der Vater unseres Herrn Jesus Christus". „Paulus und Johannes bezeugen gleichermaßen, daß die Ausweitung der einzigartigen Vater-Kind-Relation, in der Jesus stand, auf alle Christen als das eigentliche nachösterliche Geschehen angesehen wird."[113]

Der Gott-Mensch Jesus

Jesus lebte und verkündete ein wahrhaft neues Verhältnis zu Gott. Mit unwiderlegbarer, göttlicher Autorität als Sohn Gottes lebte und lehrte er, ausnahmslos alle göttlichen Gebote zu halten, führte sie aber in eine bisher unbekannte göttliche Weite: „Ihr habt gehört, daß den Alten gesagt ward: ...; Ich aber sage euch: ..." (Mt. 5,17-48). Hierher gehören die vielen verschiedenen Berichte, wie z. B. das Heilen am Sabbat oder das Nichtverurteilen der nach dem Gesetz todeswürdigen Ehebrecherin.

Schulden kann nur der vergeben, dem man sie schuldet. So kann also nur Gott dem Menschen das vergeben, was er ihm schuldig geblieben ist. Wenn Jesus den Menschen ihre Sünden vergab, sprengte er alle menschlichen Grenzen. War also Jesus größenwahnsinnig, er, der alle irdischen Ehren von sich wies?

Jesus ist wie Laotse, Zarathustra und Buddha Shakyamuni keine mythologische Gestalt, sondern eine historische Person. Aber im Unterschied zu diesen großen Religionsstiftern und Reformatoren, die *wir* als *Erleuchtete* bezeichnen, die aber von sich selbst nie sagten, daß sie **das Licht** seien, werden von Jesus im Neuen Testament

Aussagen überliefert, die keiner von diesen von sich selbst gesagt hat:
„Ich Bin das Licht der Welt" (Joh. 8,12 u. a. m.); „Ich Bin der Weg, die Wahrheit und das Leben" (Joh. 14,6); „Ich Bin die Tür" (Joh. 10,7); usw.. Eindeutiger sind noch die Stellen, wo das „Ich Bin" ohne Attribut steht: „Ich Bin es ..." (Joh. 4,26); „Wenn ihr nicht glaubt, daß Ich Bin, werdet ihr in euren Sünden sterben ...." (Joh. 8,24.28.58). Das sind in den Ohren der Juden, d. h. sowohl seiner Jünger wie auch seiner Feinde, Jahwe-Aussagen: „Ich Bin Da!". So wird uns seine Gestalt von den neutestamentlichen Schriftstellern überliefert, d. h. von Angehörigen eines außerordentlich geschichtsbewußten Volkes, von Menschen, die Jesus noch direkt oder indirekt kannten und die Geschichte schreiben wollten. Ist das eine nachträgliche Deifizierung von Seiten seiner Jünger?

An der Geschichtlichkeit Jesu sowie an den Prozessen vor dem Hohen Rat der Juden und vor Pilatus sowie an seiner Kreuzigung zweifelt kein normaler Mensch. Und der Grund für seine Verurteilung in diesen allgemein für historisch gehaltenen Prozessen war: „daß er sich selbst zu Gott machte"!
Angesichts dieses objektiv geschichtlichen Verurteilungsgrundes spielt es keine Rolle, ob die Ich-Bin-Aussagen in der uns überlieferten Form aus dem Munde Jesu kamen oder Gemeindebildung sind. Denn die ganze Weise seines Auftretens, seine erweiterte Auslegung der Gesetze, sein Eintreten für die ethisch und sozial Schwachen und daß er den Menschen ihre Sünden vergab, war neben manchem anderem in der Sicht der gesetzestreuen Pharisäer und Schriftgelehrten der Anlaß, ihn des Todes schuldig zu finden: „weil er sich selbst zu Gott machte".

Das alles wurde von der führenden Schicht – den Priestern, Pharisäern und Schriftgelehrten – als ein Angriff auf den von Gott gegründeten theokratischen Staat, als eine Auflösung der gottgegebenen Gesetze empfunden. Diese mit göttlicher Autorität verkündete

Botschaft konnten die den göttlichen Gesetzen Treuen – die Priester und die Schriftgelehrten und die Pharisäer – weder verstehen noch dulden, denn das zerbrach ihr ganzes traditionelles Wertesystem, in welchem sie lebten.

Gott ist grosszügig

Erstmalig neu in der gesamten Geschichte der Menschheit ist die Behauptung, daß Gott großzügig sei. Daß Gott gerecht sei, haben alle gesagt; daß er auch großzügig sei, ohne die Gerechtigkeit zu verletzen, wagte noch nie jemand zu sagen: Daß er allen Arbeitern den vollen Lohn gibt, gleichgültig, wie lange sie gearbeitet haben (Mt. 20,1-16), dagegen sträubt sich sofort das kleinkarierte, allzu menschliche Gerechtigkeitsgefühl, welches eine berechenbare Karma-Ideologie, nach der jeder genau das bekommt, was er sich eingebrockt hat, bei weitem vorzieht.
Und dieser einzig von Jesus offenbarte Zug Gottes ist letztlich die Grundlage für all das bisher Aufgezählte: der unschuldig (!) gekreuzigte Gott, der den unheilen Menschen *großzügig* ihre ihm angetane Sünden vergibt und so die Unvollkommenen *großzügig* in sein innergöttliches Leben aufnimmt und zu dem wir hier und auf ewig *großzügig* Abba sagen dürfen.

Dieses „Ich Bin“, verbunden mit der Sündenvergebung und mit den wahrhaft erstaunlichen und doch überzeugenden Aussagen über die Großzügigkeit Gottes, ist – (wie schon die alttestamentliche Offenbarungsreligion, in der Gott als handelnde Person in die Weltordnung eingreift) – anstößig für den gesunden Menschenverstand der Heiden. Denn die archaischen Religionen beruhen ja auf der zwar überaus lebendigen, aber unerbittlichen Schöpfungsordnung (Ma'at, Rta, Dharma, Karma), in der ein freies Handeln Gottes bezüglich dieser seiner Schöpfung noch nicht in das Blickfeld gekommen war.

Jesus, der transzendent immanente Gott

Jesus Christus ist nach der biblischen Überlieferung weder nur ein erleuchteter Mensch noch eine archätypische, unhistorische Göttergestalt, sondern das unerschaffene, „das wahre LICHT, das jeden Menschen erleuchtet“ (Joh. 1,9). Dieser praeexistente, damit transtemporale und **kosmische, also in der Schöpfung erfahrbare, Christus, der in Jesus ein individueller Mensch wurde,** bringt Kunde von dem, was kein Mensch vor ihm noch nach ihm je gesehen oder gehört hat und was doch nicht im Widerspruch zu allen echten, eben auch den archaischen Religionen steht.

Jesus „ist das Bild des unsichtbaren Gottes“ (Kol. 1,15). „Denn alles ist durch ihn geworden und alles hat in ihm seinen Bestand“ (Kol. 1,16f.). „Er war das wahre Licht, das erleuchtet jeden Menschen – kommend in die Welt“ (Joh. 1,9). – Dabei muß aber im selben Atemzug gesagt werden, daß „die Eigenen ihn nicht aufnehmen“ (Joh. 1,11), wenn sie ihn so eingeengt verehren und so verkünden, daß sich die „Heiden“ nicht in ihm finden können!

Die Erkennbarkeit des transhistorischen Wirkens Jesu

So ist eben auch heute noch der historisch-transhistorische Jesus Christus für den nur objektiv Forschenden eine zwischen den Fingern zerrinnende Gestalt. Der Mensch aber – gleichgültig, ob Erwachsener oder Kind –, der sich auf Grund der biblischen Berichte auf den Auferstandenen einläßt, erfährt diesen allgegenwärtig wirkend als eine Wirklichkeit, die wirklicher ist als alle wissenschaftlichen Abstraktionen der ganzen Welt: „Ich preise dich, Vater, Herr des Himmels und der Erde, daß du vor Weisen und Verständigen dies verborgen, Unmündigen aber offenbart hast“ (Mt. 11,25). Das gilt ebenso für seine Zeitgenossen wie auch für uns Heutige und gerade auch für die Theologen.

Vor Gott sind wir alle klein und unmündig. Wer das einsieht und so Jesus leibhaft durch Meditation, im Gebet, in den Sakramenten und in der Bibel sucht und durch diese ihn in sich – und in den Mitmenschen – und in Himmel und Erde – und in jedem Geschöpf findet, dem erschließt sich sein ebenso transzendentes wie auch allgegenwärtig immanentes Wesen.

Diese Glaubenserfahrung braucht aber Zeit, um sich zu entwikkeln – damals bei den frühen Christen, wie auch heute! Erst mit der Zeit merkt der suchende Mensch, daß – wie in den Mysterienkulten – der „Alte Mensch" im Wasser der Taufe (das bedeutet: im eigenen mütterlichen Schoß) aufgelöst werden sollte und er – wie Maria – jungfräulich vom Heiligen Geist den Gottessohn in sich empfangen und zur Welt bringen muß, daß er dazu mit Christus sterben, in die Unterwelt steigen und auferstehen darf und schließlich in dem Maße, wie er so der Welt stirbt und Gott lebt, in dem „Kosmischen Christus", Himmel und Erde transzendierend, hier und jetzt schon in den die ganze Erde umgreifenden Himmel aufgenommen wird. – Um aber diese spirituelle Glaubenserfahrung auszudrücken, kommen wir nicht umhin, wieder, wie die alten Ägypter, die von der Schöpfung genommenen, gottgegebenen Bilder zu gebrauchen.

Der kosmische, praeexistente Christus als Ursprung und Ziel aller Religionen

Der ‚Pro-Log' des Johannesevangeliums ist das ‚Vor-Wort' zum Evangelium. Er ist im Unterschied zu den Geschichte schreibenden Evangelien eine Ursprungserzählung. Ursprungserzählungen, wie zum Beispiel die Schöpfungsgeschichten, sind Aussagen über archätypische, d.h. zu jeder Zeit gültige, transhistorische Wahrheiten. *Dieses Vor-Wort des Johannesevangeliums beginnt wie das Alte Testament mit den Worten „en archä"*. Dieses griechische Wort ist wie das lateinische „in principio“ keine zeitliche Aussage über einen Anfang (lat.Initium), sondern meint den allgegenwärtigen Ur-Sprung, das immer und überall daseiende Prinzip alles Geschaffenen. In ihm wird die allzeit gültige Situation der Schöpfung beschrieben, unabhängig von der Menschwerdung des Logos. Dort heißt es: „Alles wird durch ihn, und ohne ihn wird nicht eines. ... Er war das wahre Licht, das erleuchtet jeden Menschen“ (Joh. 1,3.9).

Wenn das wahr ist, müßte der menschgewordene Logos, d. h. Jesus, als Prototyp des Menschen z. B. identisch sein mit dem Purusha der Upanishaden. Hier ein Upanishadentext aus dem 6. Jh. v. Chr., den wir, in Klammern gesetzt, mit Aussagen von oder über Jesus vergleichen: „Ich kenne jenen Purusha [Menschensohn], den großen, jenseits der Dunkelheit wie Sonnen leuchtend. Nur wer ihn kennt, entrinnt dem Reich des Todes [Ich bin das Leben]; nicht gibt es einen anderen Weg zum Gehen [Ich bin der Weg]. Groß und herrlich ist der Purusha, er regt an die Erkenntniskraft [Logos]. Zu jenem reinen Ort ist er Herr des Zugangs [Ich bin die Tür]; unvergängliches Licht [Ich bin das Licht]. Er heißt der Erstlingspurusha, der Große [Erstgeborener aller Schöpfung]. Des Kleinen Kleinstes und der Großen Größtes wohnt er als Atman (Geist) im Herzen der Geschöpfe hier [Der Herr ist der Geist]. Den Willensfreien schaut man, fern von Kummer, durch Gottes Gnade als den Herrn [Kyrios]. Ich weiß ihn, jenen alterslosen Alten, in allem, es durchdringend, gegenwärtig, als Atman in allem, dem Entstehen die Brahmanwisser absprechen, den sie ewig nennen [Ehe Abraham ward, bin ich].“ (Svetasvatara Up., 3.Adhy., 8-21). – Nach Aussagen eben dieser selben Upanishad (1.Adhy.) haben die Menschen gesucht, worin „sie leben, sich bewegen und sind“ (Apg. 17,24-28). Und sie haben sechs Jahrhunderte vor seiner Geburt den gefunden, „durch den und in den hinein alles erschaffen ist“ (Kol. 1,16 f.).
Damit ist Jesus sowohl der Purusha der Veden und Upanishaden als auch der Osiris der Ägypter, als auch Ahura Mazda, der „Weise Herr“, des Zarathustra, als auch das Tao, die Führung, der Weg der

ganzen Schöpfung und des Menschen, als auch der Dharma-kaya des Mahayana-Buddhismus, als auch die epische Gestalt des Krishna in der Bhagavadgita. Und er trat zu seinen Lebzeiten in Israel auf als der Jahwe der Juden: der „ICH BIN DA, als der ich jeweils dasein werde!".

Ein wichtiger Hinweis, daß Jesus Christus tatsächlich der Prototyp der archaischen Religionen ist, ist seine Kreuzigung. Es ist ein immer wiederkehrendes und darum archätypisches Thema in den Mythen, daß der ursprünglich heile, kosmische Urmensch zerstückelt wird. Wir haben es im 2. und 3. Kapitel von Osiris und dem Purusha gehört.
Es ist bezeichnend, daß dieses mythische Thema nun in der Offenbarungsreligion als geschichtliche Wirklichkeit im gekreuzigten Heiland wiederkehrt: Diese Botschaft, daß der zerstückelte Urmensch mit seinen Wunden von den Toten aufersteht, vermittelt ihnen nun die Hoffnung, daß auch sie nach dem Zerfall von Leib und Seele im Sterben mit dem Gott-Menschen auferstehen werden.
Diese Mythen werden also durch den historischen Kreuzestod Christi und seinen transhistorischen Abstieg in die Unterwelt, seine Auferstehung und Himmelfahrt in ihrem Grundanliegen bestätigt. „Wahrlich, ich sage dir: Heute wirst du mit mir im Paradies sein" (Lk. 23,43).

So bestätigen einerseits die ahistorischen, archätypischen Erzählungen vom zerstückelten Prototyp des Menschen (Purusha, Osiris), daß Jesus Christus tatsächlich Prototyp des historisch-transhistorischen Gottmenschen ist. Andrerseits eröffnet die historische Kreuzigung Jesu mit ihren Folgen für diesen archätypischen Topos eine neue Deutung: Die Vergebung der Sünden und die dadurch ermöglichte Teilhabe am ewigen Leben trotz irdischer Unvollkommenheit: „In Ihm besitzen wir die Erlösung um den Preis seines Blutes, die Vergebung der Sünden ..." (Eph. 1,7). „... den Heiden die Frohbotschaft von dem unergründlichen Reichtum Christi zu verkünden, wie das Geheimnis verwirklicht wurde, das von Ewigkeit her in Gott, der alles schuf, verborgen war“ (Eph. 3,8 f.).

Jesus, die Synthese von matriarchaischen und patriarchaischen Religionen

Das Tasten und Suchen der Menschen in den Ursprungsreligionen, durch Sich-Einordnen in die Schöpfungsordnung zur Teilhabe am Schöpfer zu kommen, um in seinem Sinne die Schöpfung zu gestalten, führt zu eben dem nun auch historisch auftretenden Menschen, der uns im Neuen Testament als der praeexistente, kosmische Christus geoffenbart wird. Zugleich offenbart ihn aber auch das Neue Testament als den Messias, der die Erfüllung des Alten Testamentes ist. Somit vereinigt Jesus in sich, wie Epheser 2 deutet, die matriarchaisch naturhaften, kosmotheistischen Ursprungs-Religionen mit ihrer immanenten Gotteserfahrung und die patriarchaische Offenbarungs-Religion mit ihrer mehr theistischen Gotteserfahrung:

Wir hatten im 4. Kapitel gesehen, daß mit Abraham eine neue religiöse Epoche der Menschheitsgeschichte eingeleitet wurde: das Patriarchat. Für das Volk Israel war es ein mühsamer Prozeß gewesen, sich aus den bisher bestehenden matriarchaischen Formen der umliegenden Kulturen herauszulösen. Nach der Rückkehr aus dem babylonischen Exil wird mit Esra und Nehemia die patriarchaische Thora die eigentliche Mitte des jüdischen Kultes, und die Antithese zu den matriarchaischen Religionen war perfekt.

Aber beide göttlichen Ordnungen, die naturhafte der Ursprungsreligionen und die in Gestalt der Thora gegebene, sittliche Ordnung der Offenbarungsreligion überfordern die aus der Ordnung geratenen Menschen. Ein Menschenleben reicht nicht aus, um das Heil, das ewige Leben zu erlangen.

Aber die von dem „Ich bin da, als der ich jeweils dasein werde!“ lebendig gestaltete Heilsgeschichte der Menschheit eröffnet unaufhaltsam immer neue Perspektiven. Nach These und Antithese offenbart der Herr der Geschichte nun eine in den Mythen vorausgeahnte Synthese in Gestalt der Erlösung durch den historisch-transhistorischen, entstellten und mit seinen Wunden zum ewigen Leben auferstandenen Gott-Menschen. Dieser vereint in seiner Person, in seinem Leibe, beide so entgegengesetzt scheinenden und doch aufeinander hingeordneten und einander ergänzenden Religionsformen: die Heiden und die Juden, wie wir es im Epheser-Brief gelesen haben. – Dadurch werden die bisherigen Religionsformen keineswegs geächtet, sondern gerade im Gegenteil bestätigt als notwendige Entwicklungsphasen und weiterlebende Bestandteile derselben sich weiterentwickelnden Religion, die alles Bisherige nicht zerstört, sondern in sich aufhebt.

Jesus Christus ist also – nach dem Neuen Testament – der Inbegriff aller bisherigen Erscheinungsweisen Gottes, aber mehr als ihre Summe: Er ist nicht nur *eine* Inkarnation Gottes, sondern *die* historische Inkarnation, die alle bisherigen Erscheinungsweisen in sich vereint. Wieder gilt der alte Satz „Was oben ist, ist unten; und was unten ist, ist oben", aber nun auf eine neue Weise: Gott tritt nicht nur in einem konkreten Menschen in Erscheinung, sondern er ist ein für alle Mal dieser Mensch selbst. Er ist nicht ein Gott, sondern die Selbstoffenbarung, das In-Erscheinung-Treten Gottes selbst.

Gott, der Dreieinige – Grundstruktur der Schöpfung

Diese Selbstoffenbarung fanden wir kosmotheistisch schon in den Ursprungsreligionen als die natürliche Offenbarung durch die Geschöpfe (s. 2. Kapitel). Wir fanden sie monotheistisch im Judentum im An-Spruch (Wort) Gottes durch prophetische Menschen. Wir finden nun die Integration beider polaren Formen als Selbstoffenbarung des Dreieinigen Gottes:

1. *Jesus ist der menschgewordene, kosmotheistische oder panentheistische Gott der Ursprungsreligionen*, denn: „Alles ist durch ihn und in ihn hinein erschaffen und er ist vor allem, und alles hat in ihm seinen Bestand“ (Kol. 1,17); „Ich bin der Weg, die Wahrheit und das Leben“ (Joh. 14,6); „Was ihr einem von diesen meinen geringsten Brüdern getan habt, das habt ihr MIR getan“ (Mt. 25,31-45); und viele andere Aussagen mehr.

2. Aber er verweist grundsätzlich und immer über sich hinaus auf seinen *„Vater“*, *auf den monotheistischen Gott Israels*: „Ich kann von mir aus nichts tun; wie ich höre, so richte ich, und mein Gericht ist gerecht; denn ich suche nicht meinen Willen, sondern den Willen dessen, der mich gesandt hat“ (Joh. 5,30); und wieder zahlreiche Aussagen mehr.

3. „Wenn aber der Beistand kommt, den ich vom Vater her senden werde, der Geist der Wahrheit, der vom Vater ausgeht – der wird von mir Zeugnis geben“ (Joh. 15,26). „Wenn aber jener kommt, der Geist der Wahrheit, wird er euch zur ganzen Wahrheit führen. Denn er wird nicht sprechen aus sich selbst, sondern was er hören wird, wird er reden und das Kommende euch verkünden. Alles, was der Vater hat, ist ja mein; darum sage ich, daß er aus dem meinigen nimmt und euch verkündet“ (Joh. 16,13 f.). Denn: „Ich und der Vater sind eins“ (Joh. 10,30).

So offenbart sich Gott durch Jesus, den Christus, als ***der Dreieinige, der die natürlichen Ursprungs- und die jüdische Offenbarungsreligion als der Dreifaltige in sich eint:*** Der *„Vater“* entspricht dem mehr theistischen Gottesbild der Juden. Der ***„Sohn“*** entspricht dem kosmotheistischen Gottesbild der archaischen Naturreligionen. Der Geist wird in allen Religionen als das in alle Wahrheit einführende Geheimnis verehrt, welches in der Hinnahme und Hingabe (vgl. Atem), der Liebe, alle Polaritäten eint.

Mit der altägyptischen Kultur konnten wir erkennen, daß die Grundstruktur der Schöpfung (Ma'at) polar, d. h. dreieinig ist: jedes Geschöpf steht mit jedem anderen in einer polaren, selbstlosen Wechselbeziehung, die durch den lebendigen Geist (Amun) moderiert wird. Mit der Selbstoffenbarung Gottes in Christus als der Dreieinige zeigt sich, daß das Werk seinen Meister spiegelt: Die Schöpfung ist analog dem Schöpfer geschaffen. Sie ist ein durch und durch dynamisches Beziehungsspiel von selbstlosen Seienden, die einander jeweils zu höheren Einheiten ergänzen.
Die totale Hinnahme und Hingabe, das dynamische Leersein von sich selbst ist als Voraussetzung der Liebe (Geist) die Quintessenz aller Religionen, wie das am deutlichsten gelehrt worden ist in den drei radikalen Reformbewegungen: dem Buddhismus, dem Taoismus und dem Christentum (Phil. 2,5-7).

Und so ist das adaequate Bild Gottes, welches wir uns nicht machen sollten, sondern welches wir selbst werden sollten, daß der „Vater" sich selbst restlos an den Sohn verschenkt; der „Sohn" nichts aus sich tut, sondern alles vom „Vater" empfängt und ihm wieder darreicht; und der „Geist" eben diese totale Hinnahme und Hingabe beider, eben die Liebe ist. – ***Und nur weil jeder dieser drei ‚Personen' leer von sich selbst ist, sind diese Drei eins: die Dreieinigkeit.***

Der Auferstandene

Das historische Erscheinungsbild Jesu ist wie alles Irdische vergangen (2 Kor. 5,16). Er lebt aber weiter als lebendiges, gegenwärtiges Urbild für alle Menschen, die das Wirken Gottes im Hier und Jetzt suchen, wie er auch schon vor seiner Menschwerdung immer schon für alle Menschen als Heilsweg da war. Er bleibt aber für alle Zeiten vor und nach seiner Menschwerdung die geheimnisvolle Gestalt des kosmischen Christus, so wie ihn Maria Magdalena und die Jünger als Auferstandenen erlebten, und wie ihn die kontemplativen Menschen

aller Religionen und Zeiten auf ihre je eigene Weise (z. B. Purusha oder Osiris) erleben.
Es ist bezeichnend für den von den Toten auferstandenen, transhistorischen Heilbringer, daß ihn jeder in einer für ihn einmaligen Weise erlebt. Denn er ist eben nicht nur ein historisches Vorbild, sondern eine *zu allen Zeiten lebendige* Wirklichkeit. Menschen, die in Jesus verwurzelt sind und aus ihm heraus ihr Leben gestalten, erfahren ihn als Den Weg, Die Warheit und Das Leben, welcher Ursprungs- und Offenbarungsreligion in sich vereinigt. Deshalb sind die Ursprungsreligionen – richtig gelebt – auf ihre Weise genauso wahr wie die Offenbarungsreligionen!

Das christliche Kultmahl: Werde, der du bist !

Das Kultmahl ist wohl so alt wie die Menschheit. Wir finden es, wie oben ausgeführt, u. a. schon bezeugt in der altägyptischen Kultur, im frühen Indien und frühen China (2., 3. Kap.), am Beginn der jüdischen Offenbarungsreligion und im Paschamahl (4. Kap.), sowie in den Mysterienreligionen, gerade auch bei den Nabatäern (7. Kap.). Jesus greift diese uralten Traditionen auf und gibt ihnen ihre weitere Erfüllung: Evolution der Gottesbeziehung!

Die Grundstruktur des Kultmahles ist, daß der am Mahle teilnehmende Opfernde unter den Zeichen seiner *Lebens-Mittel* (mittels derer er lebt) – (Fleisch und Wein bei den Nomaden, bzw. Brot und Wein bei den Ackerbaukulturen) – **sich** mit Leib und Leben der Gottheit hingibt, der er sich und all das Seine verdankt. Der Priester(-König) als Mittler zwischen Gott und den Menschen, als Bild Gottes (Sakrament), nimmt diese Gaben im Namen Gottes an und gibt sie den Opfernden als Speise zum Essen, zum *Ein*-ver-**leiben** zurück. Dadurch gehört der Opfernde nicht mehr sich selbst, sondern dem Gott, dem er sich verdankt.
Dies ist ein Prozeß, welcher dem Menschen bewußt machen soll,

was er eigentlich immer schon ist: Eigentum dessen, dem er sich und all das Seine verdankt. So sagen denn auch die Rabbiner: wenn ein Mensch etwas von der Schöpfung genießt, ohne dafür dem Geber aller Gaben, dem Schöpfer zu danken, daß dieser Mensch ein Dieb ist. Denn er tut so, als ob all die guten Gaben sein souveränes Eigentum wären und nicht die des Schöpfers, der sie ihm schenkt.

Zuerst wollen wir uns auf die uralte Erkenntnis der Menschheit besinnen, daß der Schöpfer (Ptah in Altägypten, der Purusha in den Veden) durch sein *Wort* alle Dinge erschafft, in ihnen gegenwärtig ist, ihnen ihre Be-*Stimm*-ung verleiht: Kein Geschöpf ist etwas Fertiges in sich; es unterliegt ständig wechselnden Be-Stimm-ungen. So kann eine Pflanze, ein Tier dem Menschen etwas über seine guten bzw. schlechten Eigenschaften sagen. Es kann als Nahrung für andere Lebewesen dienen. Es beglückt durch sein Dasein andere Geschöpfe. Es mag als Medizin oder als Opfertier dienen. – So erhält es auf vielfältige und sich wandelnde Weisen seine Be-*Stimm*-ung primär durch den Schöpfer und sekundär auch durch den Menschen.

Jesus greift diese Urerfahrung der Menschheit auf und *be-stimmt diese Opfergaben, Brot und Wein, in denen sich seine Gläubigen mit Fleisch und Blut ganz an Gott hingeben, als* **seinen** Leib und **sein** Blut. Der Gläubige sollte also ersteinmal beim Kultmahl Brot und Wein als sein eigenes Fleisch und Blut be-stimmen. Jesus sagt dann beim letzten Abendmahl vor seinem Sterben zu diesen Gaben: „Das ist **mein** Leib für Euch." „Das ist der Neue Bund in **meinem** Blut, das für die Vielen vergossen wird. Tut dies zu meiner Erinnerung." – Denn er ist ja nicht *ein* Gottmensch, wie es jeder Mensch sein sollte, sondern er ist *der Gottmensch*, „in den hinein wir alle erschaffen sind und in dem wir alle unseren Bestand haben" (Kol. 1,16 f.) und der als der Logos allen Dingen ihre Be-Stimm-ung gibt. ***Nur deshalb kann Jesus – im Unterschied zu allen anderen Menschen – zu den Gaben, in denen wir uns darhöhen, sagen: das ist mein Leib, weil alle Ge-***

schöpfe, insbesondere aber der Mensch, immer schon sein mystischer Leib sind.

Die Gläubigen sollen sich diese so be-*stimmt*-en Opfergaben: Fleisch und Blut Christi, ausdrücklich durch Essen und Trinken *ein-ver-leiben*. Wenn wir uns ein Stück Brot oder ein Hühnerbein einverleiben wollen, dann werden wir es gründlich zerkauen und mit Speichel und den Magensäften auflösen, so daß es seine bisherige sichtbare Gestalt verliert und restlos in uns aufgehen kann, – daß es uns seine ihm wesentlichen Eigenheiten mit-teilen kann. Beim Kultmahl sollte uns nicht etwas vor-gestellt werden, sondern beim Essen geht es um Einswerden, um Teil-habe. Die Opfergabe sollte restlos in uns aufgehen und wir in ihr. Weshalb beim alttestamentlichen Pascha nichts vom Opferlamm übrig gelassen werden durfte und es hastig verzehrt werden sollte (Ex. 12,10f.).

Eigentlich geschieht hier gar nichts Neues, sondern es wird uns, wie bei jedem Kultmahl, in Er-*inne*-rung gerufen, daß jeder Mensch sich immer schon durch das WORT Gottes in seinem Dasein verdankt: „Alles wird [Aorist I: zu jeder Zeit] durch den Logos, und ohne ihn wird nicht eines, das geworden ist" (Joh. 1,3).
Wenn Jesus zu unseren Opfergaben, in denen wir uns selbst und all das Unsere Gott darhöhen, sagt: „Das ist **mein** Leib; das ist **mein** Blut. Eßt und trinkt", dann sollten wir uns im Einverleiben dieser Gaben, jedes gegenständliche Bild von ihm und von Gott auf-lösen und uns in Er-*inne*-rung rufen, dessen *inne-werden*, daß wir, daß jeder Mensch von seinem Ur-Sprung her Leib Gottes, ein leibhaftes In-Erscheinung-Treten Gottes ist (Gen. 1,27). ***Jeder Mensch ist Teilhaber am mystischen Leib Christi:*** **„So viel ihr nur einem dieser meiner geringsten Brüder getan – MIR habt ihr es getan. … So viel ihr einem dieser Geringsten nicht getan – MIR habt ihr es nicht getan"** (Mt. 25,40.45). Werde, der du bist!

Wenn wir uns im Kultmahl in diesen Gaben, vertrauend auf das Wort Gottes, restlos mit Leib und Leben immer wieder Gott darhöhen, werden wir mehr und mehr in Christi Leib und Blut verwandelt werden. D. h. unsere falschen Vor-stellungen von uns (überhebliche oder minderwertige) werden aufgelöst, und wir werden mehr und mehr inne-werden, daß wir, wie alle Menschen, uns restlos Gott verdanken und von unserer ursprünglichen Be-Stimm-ung her immer schon Teilhaber an dem mystischen Leib Christi sind, **wie es die Menschen weltweit immer schon erfahren haben:** Z. B. Teilhaber am Purusha, dem ursprünglichen Gottmenschen, der durch sein Wort ständig alles erschafft. Oder: „Die wahre Lehre und *die Offenbarung der Natur* beweist, daß allen lebendigen Wesen seit Urbeginn der wahre, reine Geist ursprünglicher Erleuchtung innewohnt und in seinem hellen, ungetrübten Schein alles klar erkennen läßt. Dies ist die Erleuchtungsnatur." (Tsung-mi, Zenmeister 780-841).

Was aber ist nun das Neue, das Jesus in dieses Kultmahl einbringt? Seinen Kreuzestod! Das Kultmahl wurde ausdrücklich am Abend vor seinem Leiden im Hinblick auf sein Sterben am Kreuz gefeiert. Gerade durch das **Einverleiben** seines unschuldigen Leibes und Blutes in unser Fleisch und Blut soll uns in Er-*inne*-rung gerufen werden, daß wir durch unser Fehlverhalten ihn ständig **in uns** entstellen, kreuzigen. „Tut dies zu meiner Er-*inne*-rung!" Und das ist nun der Neue und ewige Bund, daß jeder von uns in dem entstellten Gott-Menschen eins mit ihm und in ihm mit seinem Vater, und dadurch mit Gott sein darf (sofern uns unsere Fehler, an Jesus gemessen, leid tun und wir unseren Mitmenschen die ihren verzeihen!). Hier bekommen wir in diesem Kultmahl ***den*** Frieden mitgeteilt, den die Welt uns nicht geben kann: den Frieden mit Gott trotz unserer oft schlimmen Mangelhaftigkeit. – Denn wer von uns kann ein so heiler Mensch sein, wie es Jesus oder Buddha war?
Es geht hier also primär nicht mehr um das heile Angesicht der Welt, welches bei allem not-wendigen Bemühen darum doch nicht zu erreichen ist. Es geht um das Ein-Leib-Werden mit Gott in dem durch uns

entstellten Gottmenschen und mit all den vielen entstellten Menschen, denen wir in ihm ihre schrecklichen Fehler verzeihen, wie er uns die unseren verzeiht. Es geht um das **Ein-Leib-und-ein-Geist-Werden** in Christus mit **allen** Menschen. Was das für eine ungeheuer erlösende Botschaft für die Heiden war, werden wir im folgenden Kapitel bei der Entstehung des Mahayana-Buddhismus erfahren.

Kosmischer oder historischer Christus

Wer war zuerst da: Das Ei oder die Henne? – Ohne Henne gibt es kein Ei, und ohne Ei gibt es keine Henne! Wer war zuerst da: Der historische Jesus oder der kosmische, praeexistente Christus?
Zuerst ist „sicher" der historische Jesus dagewesen, in dem dann später die Gemeinde, analog zu der kontemplativen Erfahrung der archaischen Religionen (Purusha, Osiris usw.), den kosmischen Christus erfahren hat. – Zuerst ist „sicher" der transzendente, praeexistente Christus, der ja schon lange vor der Zeitenwende als Osiris oder Purusha verehrt wurde und der dann später, im Jahre Null, in der historischen Gestalt des Jesus von Nazareth Mensch wurde.
In solche Aporien gerät der Mensch, wenn er transzendente Ereignisse mit zeitlich/räumlichen vergleicht. Jedes Geschöpf, besonders aber der Mensch und ganz besonders Jesus Christus ist in sich eine unteilbare, geheimnisvolle Einheit, die beide Aspekte umfaßt.
Nur der Mensch, der nicht von der Welt, aber ganz in der Welt lebt, verwirklicht beide Dimensionen zugleich und hat auch keine Schwierigkeit, davon zu reden mit den von der Schöpfung genommenen Bildern (Jungfrauengeburt, Himmelfahrt usw.). – Wenn man aber wie die wissenschaftlich forschenden Theologen nur objektiv den historischen Jesus herausarbeiten will, zerrinnt seine Gestalt zwischen den Fingern, und die transzendente Dimension wird zur späteren Zutat, zum übernommenen Mythos. Sie stehen mit leeren Händen da und haben nichts begriffen, weil sie alles rational begreifen wollen.

Einerseits ist Jesus im Unterschied zu den mythischen Gottmenschen der archaischen Religionen (Osiris, Purusha) eine historische Gestalt wie z. B. auch Siddharta Gautama, genannt der Buddha (der Erleuchtete). Andrerseits ist er als der Christus die vollendete Erfüllung aller mythischen Vor-Bilder, deren transzendentes Ur-Bild er ist.

Jesus, der Christus, ist aber nicht nur die erste restlose Erfüllung aller Vor-Bilder, sondern er hat der Menschheit durch sein Leiden neue Beziehungen zu Gott erschlossen, die bis dahin nur dunkel oder gar nicht offenbar waren. Hierher gehört ganz besonders auch die Großzügigkeit Gottes, die sich deutlich von der auf Gott projizierten, allzumenschlichen Gerechtigkeit in den Ursprungsreligionen unterscheidet. Wie sich das in den folgenden Jahrhunderten auf den Seidenstraßen auswirkt, werden wir in den folgenden Kapiteln sehen.

IX. Das Kushan-Reich als Schmelztiegel der Religionen und die Entstehung des Mahayana

Fast gleichzeitig mit dem Auftreten des Christentums in Palästina und seiner Ausbreitung in dem ‚fruchtbaren Halbmond', der Asien, Afrika und Europa verbindet, entsteht in Indien das Großreich der Kushan. Wir sind diesem Nomaden-Verband schon im 7. Kapitel begegnet: es sind die Yüeh-chi, welche die Chinesen vor ihrer Großen Mauer zum Schutz gegen die kriegerischen Horden aus den Steppen angesiedelt hatten. Unter dem übermächtigen Druck der Hiungnu waren sie nach Mittelasien gewandert und hatten dann etwa nach der Zeitenwende das Großreich der Saken in Indien erobert.

Ihr Reich, ein wohlgeordneter Vielvölkerstaat nach dem traditionellen Muster des Achämenidenreiches, lag wie eine Drehscheibe um die Achse des Pamir, Osten und Westen, Norden und Süden miteinander verbindend. Hier begegneten sich die großen Kulturen Asiens: vom Osten her China, vom Norden her aus den sibirischen Steppen nomadisch-schamanistische Einflüsse, vom Westen her der Hellenismus mit Judentum und Christentum – und das Ganze in Indien, welches seit Ashoka buddhistisch geprägt war.

Diese Verschmelzung der Religionen fand ihren sichtbaren Ausdruck in der Gandhara-Kunst. In ihr finden wir das gleiche Phänomen, wie wir das im 7. Kap. am Beispiel Petras dargestellt hatten: daß die tiefgründigen Erfahrungen der archaischen Religionen mittels griechischer Gestaltung einen neuen, künstlerischen Ausdruck fanden. Die Form der Gandhara-Kunst ist hellenistisch, also aus dem Westen stammend, der Gehalt buddhistisch aus Indien. Weitere wichtige Einflüsse kommen aus der jüdisch-christlichen Offenbarungsreligion, aus dem nomadischen Milieu sowie aus dem Iran.

Der Beginn der Gandhara-Kunst

Die politisch-kunsthistorische Vorgeschichte der Gandharakunst haben wir schon im 7. Kap. kurz skizziert. Nun wollen wir uns ihrer religiösen Dimension zuwenden: „Der fürstliche Ahnenkult kann als Vorstufe zur Adaptierung der hellenistischen Kunst durch den Buddhismus angesehen werden, der dann seine ‚Heroen' ebenfalls in griechisch-römischer Gewandstatuarik darstellt ... Ein doppelter Integrationsprozeß hat sich damit vollzogen, indem das nomadische Herrschertum sich auf der einen Seite religiös mit dem Buddhismus und künstlerisch formal mit der Kunst des Hellenismus zu indentifizieren suchte. Andrerseits hat der Buddhismus mit der Einbeziehung der Kushanherrscher in sein religiöses Programm diese als Förderer gewonnen, die seine Ausbreitung begünstigten."[114]

Von einem ‚religiösen Programm des Buddhismus' zu sprechen, scheint mir für die damalige Zeit unangemessen zu sein. Denn der entscheidende, selbstverständliche Identitätspunkt für die damaligen Menschen war die göttliche Abstammung des Herrschers. Auch liegt es wohl im Wesen der Religionen, den Herrscher als den von Gott gegebenen Beschützer anzuerkennen, solange dieser sie begünstigt bzw. wenigstens nicht verfolgt. Dazu braucht es kein eigenes „religiöses Programm", welches aufzustellen den Kushan sicher fern lag.

Der geographische Raum, in welchem sich vor der Zeitenwende die Übernahme hellenistischer Formen durch die Nomadenkönige abspielte, war Mittelasien. Mit „Mittelasien" wird meist das Gebiet

westlich des Pamir bis hin zum Kaspischen Meer bezeichnet, während das östlich des Pamir gelegene Gebiet, das Tarim-Becken, „Zentralasien" genannt wird.
In Mittelasien nun bezeugt eine Fülle von neueren archäologischen Funden, angefangen von ganzen Stadtanlagen, Burgen und Palästen über (Feuer-)Kult-Tempel und Ahnenkulthallen mit Ausmalungen und Plastiken bis hin zu unzähligen Kleinfunden, Schmuckstücken und Münzen, in welchem Ausmaß die Nomadenherrscher die griechischen Künstler in ihren Dienst genommen hatten. Im Unterschied zu dem vorderorientalischen Hellenismus, der sich stark mit der vorgefundenen einheimischen Kunst vermengte, hat sich hier fern der alten Kulturlandschaften, abgesehen von einigen iranischen Einflüssen, der griechisch-römische Stil ziemlich rein durchgesetzt.

Die Gandhara-Kunst

Gandhara ist eine Landschaft in Nordwest-Indien (etwa entsprechend dem heutigen Nordpakistan) am Oberlauf des Indus mit der Hauptstadt Taxila (Takshashila), die uns schon durch die Eroberung Alexander d. Gr. bekannt ist. In dieser durch die griechische Kultur geprägten Stadt residierte als Statthalter Ashoka, bevor er 272 v. Chr. den Maurya-Thron bestieg. Infolge seiner Bekehrung zum Buddhismus wurde Gandhara zu einem neuen, blühenden Zentrum dieser Religion, die in Indien schon hundert Jahre nach dem Tode Buddhas zu einer unbedeutenden Sekte des Hinduismus herabgesunken war. Infolge wechselnder politischer Herrschaft durch die baktrischen Griechen, die Saken und seit ca. 50 n. Chr. durch die Kushana blieb der beherrschende hellenistische Einfluß in der Kunst bis in die Jahrhunderte nach der Zeitenwende ungebrochen.

Bezeichnende Stilmittel für die Gandhara-Kunst sind: die Gestaltung der Gewänder mit dem typisch griechischen Faltenwurf, welche auch die rechte Schulter bedecken; die wellenförmige Ausarbeitung des hochgebundenen Haarschopfes, des Krobylos, der so von den griechischen und parthischen Reiter-Soldaten getragen wurde; Standbein und Spielbein; der griechische Gesichtsschnitt (Abb. 19).

Die bildliche Darstellung Buddhas

Die explosionsartige Entwicklung der Gandhara-Kunst unter den Kushan-Herrschern begann wohl erst im 2. Jh. nach der Zeitenwende zur Zeit Kanischka I. (ca. 144-168 n. Chr.). Eine genaue Datierung gibt es bislang nicht.

Das entscheidend Neue ist die bildliche Darstellung Buddhas in menschlich-göttlicher Gestalt. Bis nach der Zeitenwende war der Buddhismus – auch in Mittelasien – anikonisch, d. h. ohne Bilderverehrung. Es gab nur einige Symbole, wie z. B. das Speichenrad oder das Diamantzepter, aber keine Bilder von Buddha und seinen Begleitern.
Auch wurde in den vorangegangenen fünf oder sechs Jahrhunderten im Hinayana, dem „Kleinen Fahrzeug“, Buddha, d. h. der „Erwachte“, stets nur als Mensch, als großer Reformator des Hinduismus verehrt. Er selbst hat sich auch als solchen bezeichnet: „Ich habe den alten Weg gesehen, die alte Straße, die von den früheren Erleuchteten begangen worden ist; das ist der Pfad, dem auch ich folge“. So wird er auch heute wieder von den westlichen Buddhisten verehrt.

In der Gandhara-Kunst stellen ihn nun die griechischen Künstler absichtlich als einen Apollo, also als einen Lichtgott dar. Wie wir aus ihren Schriften wissen, nahmen die für ihre Listigkeit bekannten Griechen, wo immer sie eine Lichtgestalt darzustellen hatten, als Prototyp Apollo, um so ihre Auftraggeber indirekt zur Verehrung ihres griechischen Lichtgottes zu bringen. Buddha, der Erleuchtete, wird so durch die hellenistische Kunst zu einer Göttergestalt, zu einem Lichtgott erhoben und genießt, um diese Zeit beginnend (!),

Abb. 19: Frühe bildliche Darstellung Buddhas in der Gandhara-Kunst (Bildnachw.: Archiv)

mehr und mehr im Mahayana, dem „Großen Fahrzeug“, göttliche Verehrung.

„Was oben ist, ist unten …“

Daß Buddha von nun an im Kultbild göttliche Verehrung genießt, müssen wir sorgfältig differenzierend betrachten, um nicht in die üblichen Vereinfachungen zu verfallen. Grundlegend für das richtige Verständnis bleibt der Satz der archaischen Welterfahrung: „Was oben ist, ist unten, und was unten ist, ist oben“ (oder auf altägyptisch: „Wie im Himmel, so auf Erden“), der die göttliche Gegenwart im Menschen, wenn auch auf unterschiedliche Weise, besagt. Wir haben uns diese Sätze im 2. und 3. Kapitel am Beispiel des Priesterkönigtums veranschaulicht. Bei diesem geht es um die Verehrung der göttlichen Gegenwart in der konkreten, religiösen und/oder politischen Führergestalt.

Die Deifizierung Buddhas

Jedoch nun, beginnend (!) im ersten, zweiten Jahrhundert nach Christi Geburt, wird der historische Mensch und großartige Reformator Siddharta Gautama aus dem Geschlecht der Shakya, genannt der Buddha, der „Erwachte“, etwa sechshundert Jahre nach seinem Tode zu einer Göttergestalt, ja sogar zu der allen Wesen zugrundeliegenden LICHT-Natur, der Buddha-Natur, zum „Vater der Welt“ selbst erhoben. „Die Kolossalfiguren in Bamiyan sind ein Zeugnis für den Prozeß, der nur unangemessen mit dem Wort ‚Deifizierung‘ des Stifters umschrieben wird, und verweisen grundsätzlich auf jenen Zug zur Monumentalisierung seiner Gestalt, die schon in den Texten der ersten Jahrhunderte nach der Zeitenwende greifbar wird. Dazu paßt auch die solare Symbolik um den Buddha“.[115]
Dieser Prozeß der Vergöttlichung, ja der Vergottung des histori-

schen Buddha Shakyamuni erstreckt sich nun über die folgenden Jahrhunderte und hat bis auf die heutige Zeit vielerlei Facetten angenommen. Zu untersuchen, wie es zu dieser Entwicklung kam, heißt aber, erst sich einer heiklen Frage zu stellen.

Grundsätzliche Gedanken zur gegenseitigen Beeinflussung von Buddhismus und Christentum

Hierüber ist viel geschrieben und diskutiert worden[116]. Die beiden in der Anmerkung zitierten Bücher haben mit großer Gründlichkeit auf ca. 1600 Seiten diese Frage behandelt, ohne eine klare Antwort. Die Frage ist heikel, weil die Diskussion über das Mahayana von beiden Seiten mit Emotionen geführt wird. Die einen meinen, das Mahayana sei ein uneheliches Kind des Christentums, die anderen, das Christentum basiere auf dem viel älteren Buddhismus. Andere meinen, das Mahayana sei eine rein innerbuddhistische Entwicklung. Andere wiederum wollen die Antwort auf die Frage ausklammern, um die Gefühle der einen oder anderen Seite nicht zu verletzen.

Das alles aber sind standpunkthaft bedingte An-Sichten, die der Wahrheitssuche nicht dienlich sind. Wer nicht nur An-Sichten über den Buddhismus hat, sondern ihn lebt, kennt seine Grundanschauung von der ‚pratitya samutpada', daß alle Erscheinungen in der Welt sich gegenseitig bedingen und durchdringen und einander verwandeln, ohne sich gegenseitig zu behindern. So sollte es denn auch für einen echten Buddhisten selbstverständlich sein, daß das Christusereignis seine Auswirkungen auf die Entwicklung des Buddhismus haben mußte. Und es beweist die Größe und die Lebendigkeit des Buddhismus, daß er fähig war, weitgehend dieses Ereignis in sich zu integrieren. Und ebenso beweist es die Weite der christlichen Offenbarung, wenn sie fähig war und ist, archaische Elemente in sich aufzunehmen, – wie wir es am Beispiel der altägyptischen Isismysterien im vorigen Kapitel gesehen hatten und wiederum im folgenden Kapitel bezüglich buddhistischer Einflüsse sehen werden.

So wollen wir nun ohne falsche Rücksichtnahme versuchen, einigermaßen sachlich nachzuvollziehen, wie sich die gegenseitige Begegnung von Buddhismus und Christentum nach der Zeitenwende vollzog. Denn dies ist in den beiden eben zitierten sonst so gründlichen Kompendien m. E. nicht genügend untersucht worden, wie das Folgende zeigt.

Wie es zur Deifizierung Buddhas kam

Die nomadischen Herrscher waren ja schon vor der Zeitenwende in Mittelasien und Nordwest-Indien sowohl mit dem Hellenismus als auch mit dem Buddhismus in Berührung gekommen. Obwohl sie die griechischen Künstler, gerade auch hinsichtlich ihres Herrscherporträts als Gott-König, in ihren Dienst nahmen, gibt es bis nach der Zeitenwende keine Anzeichen dafür, daß Buddha bildlich als ein Lichtgott dargestellt wurde. Dieses epochale Phänomen, welches in der Gandhara-Kunst explosionsartig erscheint, wird allgemein etwa mit der Herrschaft Kanishkas (ca. 2. Jh. n. Chr.) zusammengebracht. Wie mag es dazu gekommen sein? –

Mitunter wird vermutet, daß die oben erwähnten politischen und religiösen Interessen seitens der Kushan und der Buddhisten der Grund hierfür seien. Aber die Inanspruchnahme griechischer Künstler durch nomadische Herrscher war zu diesem Zeitpunkt gar nicht mehr neu. Und doch trat die bildliche Deifizierung Buddhas erst nach der Zeitenwende unter Kanishka neu auf. In dieser Zeit wirklich neu seinem Einfluß nach war die Entstehung und die Ausbreitung des jungen Christentums. Wir schauen uns zuerst die Ausbreitung des Christentums nach Indien an.

Zuerst die geschichtlichen Fakten: Für den vorderasiatischen Raum interessieren die Thomas-Akten, (nicht zu verwechseln mit Thomasapokryphen), sowie die Zeugnisse von frühen Kirchenvätern. Nach ihnen soll der Apostel Thomas das Evangelium unmittelbar nach dem Tode Christi zuerst zu den Parthern (NW-Iran) und dann zu weiteren Völkern bis nach Indien hinein gebracht haben. Dort habe er einen König Gundaphares von seiner Blindheit geheilt, worauf dieser sich mit seinem Volk zu Christus bekehrte. In Kalamina (Südindien) sei er dann als Märtyrer gestorben.
Dies wurde von den aufgeklärten Theologen solange für Legende gehalten, bis Münzfunde die Existenz des Königs Gundaphares für genau diese Zeit in Nordwest-Indien bestätigten. Zusammen mit der alten, geschichtlichen Überlieferung über das Grab des Thomas in Mailapur gilt das Wirken des Apostels in Indien heute nicht mehr als legendär. – Dazu kommt noch, daß die Apostel das Evangelium zuerst immer in den jüdischen Synagogen verkündeten, und von diesen finden wir zu dieser Zeit u. a. auch Reste in Taxila und an der Westküste Indiens.

Ferner müssen wir bezüglich der Echtheit der Thomasakten noch die Sprechweise der damaligen Zeit berücksichtigen: Wenn Thomas den König Gundaphares von seiner Blindheit heilte, bedeutet das in unsere Sprache übersetzt, daß er ihn von der Blindheit des „heidnischen Unglaubens“ befreite. Daß dieser dann mit seinem ganzen Volk zum Christentum übertrat, war damals üblich.
Bemerkenswert in unserem Zusammenhang ist auch die Tatsache, daß im geschichtlich gut orientierten Johannes-Evangelium der bislang „ungläubige“ Thomas als erster mit dem Ausruf: „Mein Herr und mein Gott!“ (Jo. 20, 25-28), Jesus als Gott bekennt. Diese Botschaft brachte er nach Osten, nach Indien. Und das war neu!

Ferner kann man getrost annehmen, daß der Apostel Thomas nicht der Einzige war, der die Botschaft nach Indien brachte. Das öffentliche Leben und die Verbreitung von Neuigkeiten spielte und spielt sich im Orient auf der Straße ab! Und in den Zeiten des Hellenismus vor und nach der Zeitenwende gab es allenthalben einen lebhaften Austausch zwischen Asien und dem Mittelmeerraum sowohl zu Lande als auch auf dem neu eröffneten Seeweg durch das Rote Meer. **Der Sitz im Leben für die Ausbreitung neuer Ideen** war also die Straße. Sie geschah, wie wir es uns an dem Beispiel der Skythen deutlich gemacht hatten, weniger durch einzelne Personen als vielmehr ganz allgemein, wie heute noch im Orient üblich, durch Reisende, handeltreibende Kaufleute, ‚Märchen'-Erzähler, Söldner, Gaukler usw., die von Bazar zu Bazar durch alle Lande zogen. Und das in dieser Zeit alle Menschen bewegende Thema war die Religion. Neuigkeiten wurden begierig aufgenommen und verbreitet.

Die Auswirkung auf den Buddhismus

Wie mochte die Botschaft, die die Christen **aus dem Westen** brachten, gelautet haben?: „Bei uns ist auch ein ‚Buddha', ein ‚Erleuchteter', aufgetreten. Es ist der ‚Erleuchtete des unendlichen Lichtes' (Sanskrit: ‚Buddha Amithaba'). Er hat uns verheißen, daß, wenn wir ihn immer voll gläubigen Vertrauens ständig anrufen, er uns die Sünden vergibt und in der Stunde unseres Todes unmittelbar in sein westliches Paradies (Sukhavati) aufnimmt. Wir werden dann nicht mehr wiedergeboren, sondern können von dort aus in das Nirvana eingehen. Diese Verheißung gibt er den Lahmen und den Blinden, die ihre Erlösung nicht aus eigener Kraft (jiriki) schaffen." Diese Formulierungen sind nicht von mir ausgedacht, sondern das ausdrückliche Wesen des nach der Zeitenwende neu auftretenden Kultes des ‚Buddha Amitabha' (jap. Amida), des **‚Buddha des unendlichen Lichtes'**, des **‚Buddha des Westens'**.[117]
Und dieser wird nun von den Griechen bildlich dargestellt als der

Lichtgott (Apollo), den man im Kultbild anbeten kann! Diese Menschen interessierten sich damals überhaupt nicht für historisch-geographisch-biographisch-theologische Unterschiede von Buddha und Jesus. Als östlich ahistorische, kontemplative Menschen verhalf ihnen die Botschaft des jungen Christentums, daß Gott Mensch geworden sei, unmittelbar zu einem tieferen Verständnis ihrer eigenen Re-ligio, ihrer eigenen Rück-Bindung an das LICHT, das jeden Menschen erleuchtet:
Ihr „Buddha“ Shakyamuni, ihr „erleuchteter“ Religionsstifter aus dem Geschlecht der Shakya, war als Buddha des Westens (eben in Palästina) auf die Erde wiedergekehrt! Er war ja schon als Buddha Maitreya, als der Buddha der unendlichen Liebe, als der Wiederkommende erwartet worden. Und dieser war im Westen reinkarniert. „Er ist das wahre Licht, das jeden Menschen erleuchtet, – kommend in die Welt“ (Jo. 1,9). „Alles wird durch ihn, und ohne ihn wird auch nicht eines, was geworden ist“ (Jo. 1,3). Er ist der ‚Buddha Amitabha‘, der ‚Erleuchtete des unendlichen Lichtes‘: dieser ‚Buddha des Westens‘.

Das ist der Ausgangspunkt für die den ganzen Mahayana-Buddhismus kennzeichnende Idee, daß alle Dinge „Buddhanatur“, d.h. Erleuchtungsnatur, haben, wie es der Johannesprolog verkündet und wie es die kontemplativen Menschen aller Zeiten, also auch Buddha Shakyamuni, immer schon erfahren haben. Der historische Buddha Shakyamuni wird nun zunehmend identifiziert mit dieser Buddhanatur. Es entsteht dann neben manchen anderen Deutungen die Gestalt des ‚Adi-Buddha‘, d.h. ‚Über- oder Ur-Buddha‘, das ist der Absolute bzw. der Dharmakaya, oder der Buddha Vairocana, der Sonnenbuddha, der alle Buddhas umfaßt.

Implizit war also auch schon *lange **vor** dem historischen Buddha Shakyamuni* in Indien die Erfahrung der ‚Buddhanatur‘, der Erleuchtungsnatur, immer schon da: „Das Licht, das jenseits dieses Himmels, jenseits von allem, in den höchsten Welten, über denen es keine höhereren mehr gibt, erstrahlt, ist in Wahrheit dasselbe Licht, das im Inneren des Menschen leuchtet.“ (Chandogya Upanishad III,13,7; 8. Jh. v. Chr.!). – **Explizit** wurde sie theologisch-philosophisch erst **nach** der Zeitenwende als Buddha-Natur formuliert. Ein innerbuddhistisches Zeugnis hierfür ist das XIV. Kapitel des Lotos-Sutra, welches wir weiter unten zu Worte kommen lassen wollen.

Hier haben die in den folgenden Jahrhunderten auf den Seidenstraßen bis nach Tibet, China, Japan und Südostasien hinein sich entwikkelnden Kulte mit den beiden bis heute am meisten verehrten Gestalten: Bodhisattva Maitreya, dem wiederkommenden Buddha, und Amitabha, dem westlichen Buddha des unendlichen Lichtes, ihren Ursprung. Wir werden auf diese Kulte nebst den „Reine-Land-Schulen“ in dem 13. Kapitel zurückkommen.

Daß die Botschaft von der Menschwerdung der „unendlichen Liebe“ (Maitreya) und des „unendlichen LICHTES“ (Amitabha) und der Erwartung seiner Wiederkehr eine so außergewöhnliche Bereitschaft vorfand und sich darum so explosionsartig in der Gandhara-Kunst entwickeln konnte, lag wohl nicht nur an der politischen Konstellation des Kushanreiches rund um den Pamir mit seinem Priesterkönigtum und seiner Verquickung mit dem Hellenismus. Der Boden war wesentlich bereitet durch die Zustände im ‚Hinayana‘ (‚Kleines Fahrzeug‘), wie wir es gleich noch im Lotos-Sutra hören werden: Ein ganz bildloser, apersonaler, ritenarmer Kult, der den Schwächen der Gläubigen kaum entgegenkommt, überfordert den gewöhnlichen Menschen.
Und da wir ja in unserer religiösen, evolutionsgeschichtlichen Betrachtung das allzeit gegenwärtige Mysterium, den Verborgenen Bereich, nicht außer acht lassen wollen, können wir in diesem auffälligen Zusammentreffen so vieler politischer, historischer und religiöser Umstände, [die alle auf das In-Erscheinung-Treten und Sich-Ausbreiten des einen LICHTES hin convergieren (Teilhard de

Chardin!), welches in diesem weltgeschichtlichen Augenblick Mensch wurde,] die nicht objektiv faßbare, verborgene Seite der Geschichte erahnen: das Wirken des HERREN der Geschichte, des „ICH BIN DA!“, des Ahura Mazda, des Tao, des Purusha – eben dieses einen LICHTES. Dies wird auf Grund des *innerbuddhistischen* Zeugnisses deutlicher werden bei der gleich folgenden Behandlung des Lotos-Sutra.

Die Gandhara-Kunst als Ausdruck der Verschmelzung der Kulturen

Das Wort „Buddha“ (Erwachter, Erleuchteter) bezeichnet nun zunehmend allgemein die ursprüngliche Lichtnatur eines jeden Menschen und speziell das LICHT selbst, das jeden Menschen erleuchtet und durch das ein jedes Ding wird. Wir würden die Entwicklung des Mahayana-Buddhismus mißverstehen, wenn wir diesen Titel auf westlich-geschichtlich-christliche Weise identifizieren mit der historischen Person des Siddharta Gautama. Dieser wird zwar von den Buddhisten durchaus mitgehört, wenn von Buddhanatur gesprochen wird, weil er derjenige ist, der unserer Zeit den Weg zur Erleuchtung gewiesen hat. Aber es gab vor ihm schon ebensolche Buddhas, und weitere werden erwartet. Dabei wird ausdrücklich die geschichtliche Identität, weil nur Schein, verneint. Gerade das ist die Voraussetzung dafür, daß Buddha Shakyamuni seit der Zeitenwende identisch werden kann mit dem ursprünglichen LICHT. Das entspricht der asiatischen Mentalität der damaligen Zeit.

Und hier ist der Ansatzpunkt, die Gandhara-Kunst aus der religiösen Mentalität ihrer Zeit zu verstehen: So können wir die Münzen Kanishka I., auf deren Rückseite eine stehende Buddhagestalt mit der griechischen Inschrift „Boddo“ abgebildet ist, dahingehend deuten, daß der Nomadenherrscher sich als ein Buddha bzw. Bodhisattva verehren ließ. Der Buddha Shakyamuni war ja auch, bevor er zur Buddhaschaft erwachte, ein Königssohn gewesen. Als solcher wird ihm seit der Kushanzeit die Bodhisattva-Würde zugeschrieben. Was oben ist, die Lichtnatur, der Dharmakaya, ist unten im irdischen Herrscher als Nirmanakaya (sichtbarer Körper) gegenwärtig. „Sicher ist dieser auf dem Wege zur Buddhaschaft befindliche, anstelle des in das Nirvana eingegangenen historischen Buddha, als Erlöser-Heros kommender Zeiten auftretende Bodhisattva Maitreya nicht ohne tiefere Bedeutung als nomadischer Reiterfürst mit reichem Goldschmuck behängt, mit Turban, Ohrringen und einem Diadem sowie mit eleganter geringelter Lockenfrisur, mit Reiterhosen und weitem, langem Reitermantel dargestellt“.[118]

Der Bodhisattva-Kult

Der Bodhisattva-Kult ist ein weiteres typisches Merkmal der Gandhara-Kunst und des Mahayana-Buddhismus. Der Bodhisattva ist ein Mensch, der schon zur Erleuchtung gelangt ist, aber auf das Eingehen in das Nirvana freiwillig verzichtet, um *durch stellvertretendes Leiden* den leidenden Kreaturen auf ihrem Weg zur Erlösung beizustehen.

Das Mitfühlen (maitri) mit allen leidenden Geschöpfen ist von Anfang an ein Kernstück der Lehre des Buddha Shakyamuni und ethische Pflicht für alle Buddhisten.

Das Bodhisattva-Ideal tritt aber erst mit dem Mahayana auf. Bis dahin war im Hinayana der Arhat die höchste Stufe auf dem überweltlichen Pfad. Dieser hatte für seine Person alle Befleckungen und Leidenschaften abgelegt und hatte die Gewißheit, nicht mehr wiedergeboren zu werden. Da es bei dieser Form des Buddhismus um die *individuelle* Erlösung ging, wurde dieser Weg von dem Lotos-Sutra das „Kleine Fahrzeug“: „Hinayana“, genannt.

Zeitlich kurz nachdem Jesus die aktive Hinwendung zum leidenden Mitmenschen und sein stellvertretendes Leiden für die Sünden der

Menschen in die Mitte seiner Botschaft gestellt hat, tritt sie nun auch als *zentrales* Anliegen im Mahayana auf. Mit dem *stellvertretenden Leiden* des Bodhisattva und seiner aktiven Hinwendung zum leidenden Kosmos bekommt der Buddhismus einen neuen Schwerpunkt. Man will nicht eher in das Nirvana eingehen, bevor nicht das letzte Geschöpf erlöst ist.

Das Bodhisattva-Ideal findet nun seine Verehrung in zahlreichen Gestalten, von denen auf den Seidenstraßen Maitreya, Avalokitesvara und in Tibet Tschäresi wohl die beliebtesten sind. Diese sind meist keine historischen Menschen, sondern Idealtypen, die, wie die historischen Heiligen in der Kirche, von den Gläubigen um Hilfe angerufen werden.

Es ist ein verbreitetes religionshistorisches Phänomen, daß in dem Maße, wie der historische Religionsstifter deifiziert wird, menschliche Zwischengestalten, die dem einfachen Menschen näherstehen, in den Vordergrund des Kultes rücken. So berechtigt die Verehrung und Anrufung der vorbildlichen Zwischengestalten ist, so sollten sie dennoch nicht die zentrale Gestalt des historischen Urbildes in das Nirvana oder in den Himmel verdrängen. Aber diese Zwischengestalten sind wichtig, dem Gläubigen das Bewußtsein für die große Gemeinschaft der Heiligen im Diesseits und Jenseits zu erhalten. Dies findet nun in den folgenden Jahrhunderten seinen immer wiederkehrenden Ausdruck in der mahayanistischen Gandharakunst durch die überall auf den Seidenstraßen dargestellten Buddhahimmel, die, wie in den Barockkirchen oberhalb eines Simses (Achet), die Decken der Kulthöhlen schmücken. In Ihnen hockt ein Buddha neben dem anderen in Meditationshaltung, soweit der Platz reicht.
Die Bodhisattvafiguren der Gandhara-Kunst werden häufig mit einem Salbenfläschchen dargestellt. Der ‚Gesalbte' ist im Hebräischen der ‚Messias', im Griechischen der ‚Christos'.

Nachdem wir versucht haben, die Entstehung des Mahayana am Leitfaden der Gandhara-Kunst gewissermaßen *von außen* zu verstehen, wollen wir nun zu diesem Thema **die Buddhisten selbst** hören in Gestalt des Lotos-Sutra.

Das Lotos-Sutra[119]

„Niemand kann den fernen Osten verstehen ohne einige Kenntnis der Lehren des Lotossutra, denn es ist die bedeutendste Schrift des Mahayana-Buddhismus, der sich über den ganzen fernen Osten zieht." (Wing-tsit Chan) (S. 17). „Das Lotos-Sutra ist wegen seiner weiten Verehrung und seines tiefen, umfassenden Gehaltes die ‚Bibel Ostasiens' genannt worden" (H. Dumoulin) (S. 17).
„Nach T'ien-t'ai Chih-i (6. Jh. n. Chr., China) sind die ersten 14 Kapitel ‚zeitliche Lehre' genannt, da der ‚Buddha unermeßlicher Lebensdauer' noch nicht geoffenbart ist [Lehre von der irdischen Erscheinung Buddhas]. Die folgenden 14 Kapitel bis Schluß sind ‚fundamentale Lehre' genannt, da der ‚Buddha unermeßlicher Lebensdauer' im Kapitel XVI geoffenbart ist" (S. 269).

Im Lotos-Sutra haben wir also eine der angesehensten und verbreitetsten Schriften des Buddhismus. Im Rahmen unserer Untersuchung wollen wir aus dem ersten Teil das IV. Kap.: „Erkenntnis durch den Glauben", und aus dem zweiten Teil das XVI. Kap.: „Des Tathagata Lebensdauer", herausgreifen. An ihnen lassen sich deutlich die Beziehungen zum Christentum zeigen.

Das Gleichnis vom verlorenen Sohn

Im IV. Kap. wird uns das Gleichnis vom verlorenen Sohn erzählt. Die Ähnlichkeit mit dem neutestamentlichen Gleichnis (Lk. 15,11-32) ist, abgesehen von der typisch orientalischen Langatmigkeit und

Freude am Ausschmücken, oberflächlich gelesen unübersehbar. Und doch geht es im Lotos-Sutra um ganz andere Schwerpunkte, was bislang m. W. zu wenig beachtet wurde.
Im Lotos-Sutra wird nämlich dieses Gleichnis ausdrücklich (S. 124/125) deshalb erzählt, um das Verhältnis von Hinayana und Mahayana zu verdeutlichen: Der **Vater** „mit dem Reichtum ist der Tathagata [der historische Buddha], und wir gleichen alle Buddhas **Söhnen**. ... Inmitten von Geburt und Tod haben wir verschiedene Bedrängnis erfahren, irrend und unwissend hafteten wir am Kleinen Gesetz [Hinayana]. ... Als wir dem Buddha folgten, erlangten wir nur das Nirvana vom Lohn eines einzigen Tages. Nach dem Großen Fahrzeug zu suchen, entschlossen wir uns nicht" (S. 129). „Obwohl der Buddha schon in vergangenen Zeiten vor den Bodhisattvas die Shravakas [Schüler, die nur durch Hören der Lehre nach individueller Erleuchtung streben] kritisiert hatte, die sich am Kleinen Fahrzeug freuten, so lehrt und verwandelt der Buddha sie doch in Wahrheit mit dem Großen Fahrzeug" (S. 130).
Der in der Fremde umherirrende, verarmte Sohn wird mit den Gläubigen des Hinayana gleichgesetzt: „Während wir auf unseren Sitzen saßen, wurden wir mit unseren Körpern müde und unbeteiligt; wir meditierten nur über die Leere, die Gestaltlosigkeit und das Nichthandeln, aber unser Herz hatte keine Freude daran" (S. 124). Das Mahayana wird verglichen mit der Heimkehr zum **Vater**: „Als wir doch jetzt in Gegenwart Buddhas hörten, daß er auch den Shravakas die Prophezeiung der höchsten, vollkommenen Erleuchtung [samyak-sambodhi] gibt, **erlangten wir, im Herzen höchst erfreut, etwas, was noch nicht dagewesen** [Mahayana]" (S. 124).
Um dieses völlig neu Eingetretene darzustellen und damit ausdrücklich den Unterschied von Hinayana und Mahayana bildlich zu entfalten, wird dieses Gleichnis vom verlorenen Sohn im Lotos-Sutra erzählt. Was ist dieses Neue? **Einerseits die Vaterschaft Buddhas und die Sohnschaft seiner Gläubigen, andrerseits die geschickte Weise (Upaya), wie der so unnahbar heilige „Vater" seinen entfremdeten „Söhnen", die aus Furcht vor seiner Größe weglaufen**

wollen (126), durch „Selbstentäußerung" Vertrauen zu sich einflößt:

„Der Vater sieht durchs Fenster von ferne die Gestalt seines Sohnes, hager, dünn, bekümmert, voll Schmutz und unsauber durch die Haufen von Schmutz und Staub. Daraufhin nimmt er seine Perlenketten ab, sein weiches Obergewand, alle Schmuckgegenstände und zieht sich ein grobes, zerrissenes und schmutziges Gewand an, beschmiert sich mit Staub, nimmt in die rechte Hand eine Kehrrichtschaufel und zeigt sich etwas furchtsam. ... Auf diese ‚geschickte Weise' [‚upaya': viel gebrauchter Ausdruck im Lotos-Sutra, um schwerverständliche, spirituelle Wahrheiten den ‚nur Hörern' nahezubringen] kommt er nahe an seinen Sohn heran" (S. 127).

Es geht hier wiederholt ausdrücklich um die Selbstentäußerung des „Vaters", damit seine Kinder nicht durch seine Herrlichkeit verschreckt werden: „Dieser Mann [Buddha] bildet ein großes Geheimnis. Er steht in einer erschreckenden, fast übermenschlichen Freiheit"[120]. Denn die Größe des historischen Buddha war für seine Nachfolger so überragend, daß es nach Ansicht der ursprünglichen Buddhisten unzählige Reinkarnationen braucht, um dieses Ziel zu erreichen. Deshalb „handelt der Buddha-Vater mit Klugheit und Güte, ja er erniedrigt sich zu knechtlichem Dienst, eine im Buddhismus ungewöhnliche Note"[121]. Diese für die Buddhisten durch das Lotos-Sutra **ausdrücklich neuoffenbarte** (!) Wahrheit empfanden sie als ein unverdientes Geschenk: „Auf Grund dessen sagten wir, daß, obwohl wir im Herzen keinerlei Erwartung hegten, jetzt das große Juwel des Gesetzes-Königs von selbst zu uns gekommen ist" (S. 130).

Bisher hatten die Shravakas durch **eigenes Bemühen** (Jiriki) das Nirvana der Leere erlangt. Und nun wird ihnen unerwartet durch die Verdienste der Bodhisattvas (Tariki) **ohne eigenes Bemühen** (Gnade) die ganze Fülle und der Reichtum des Mahayana zugewendet. Dieser Reichtum ist, daß sich der Buddha Shakyamuni als **„Va-**

ter der Welt" neu offenbart (S. 289) hat. „Aber wir wußten nicht, daß wir die **Söhne** Buddhas sind. Jetzt gerade haben wir es erfahren. Der von aller Welt Verehrte ist ... **großzügig.**" (S. 130). – **Also genau das, was durch Jesus Christus neu offenbart wurde, die „Großzügigkeit" des „Vaters" und seine „Selbstentäußerung" bis in den Schmutz und die „Sohnschaft" der Gläubigen, wird durch das innerbuddhistische Zeugnis als ein großes, völlig unerwartetes Geschenk, welches neu und von selbst zu ihnen gekommen ist, gewertet! Und nach diesem buddhistischen (!) Selbstzeugnis ist das der Beginn des Mahayana!**

Daß Gott, der „Vater", (in der Gestalt des gekreuzigten Jesus Christus) sich selbst entäußert (Kenosis, Phil. 2,7) und „sich ein grobes, zerrissenes, schmutziges Gewand anzieht und sich mit Staub beschmiert" (S. 127), um so dem durch die Sünde entfremdeten Menschen („sein Sohn voll Schmutz") bis dahin entgegenzukommen, wo jeder einzelne von uns gerade in seiner hoffnungslosen Misere ist, war die zentrale und im 1. Jh. „neue" Offenbarung des jungen Christentums, die die damaligen Menschen – gerade auch ausdrücklich die Buddhisten – als ein neues, unerwartetes Geschenk aufnahmen, „was noch nie da war" (124) und welches „von selbst zu uns gekommen ist" (S. 130).
Wie diese neue, unerwartete Offenbarung von Palästina nach Indien gekommen ist, haben wir uns in diesem Kapitel bereits klargemacht. Dieses IV. Kap. des Lotos-Sutra ist also ein großes Dokument und Nachweis für den bislang letzten Abschnitt der geschichtlichen Entwicklung der Religionen: Zuerst suchen und finden die Menschen in den matriarchaischen Ursprungsreligionen scheinbar *durch eigenes Bemühen* nach dem Urheber von Allem in der Schöpfung (kosmotheistisch). Dann offenbart sich dieser selbe Schöpfer patriarchaisch im Alten oder Ersten Bund den Menschen (monotheistisch). Nach These und Antithese kommt es in Jesus Christus zur Synthese, indem er „Heiden und Juden in seinem Leibe und in seiner Person eint" (Eph. 2). Im Mahayana-Buddhismus, speziell im Lotos-Sutra

und im Amitabha-Kult, zeigt sich nun nach der Zeitenwende, wie die Ursprungsreligionen diese „neue Offenbarung“ integriert haben.

Damit bestätigt sich unsere These, daß sich die Religionen nicht unabhängig voneinander entwickelt haben, sondern ausnahmslos alle mußten über sich selbst hinauswachsen durch Integration des Neuen in das Bisherige. Es gibt eben eine Evolution der Religion, weil auch die Menschheit nichts Fertiges ist, sondern sich in ständiger Evolution befindet.

„Des Tathagata Lebensdauer“ (XVI. Kap.)

„Das Kapitel ist das wichtigste des zweiten Teils des Lotos-Sutra (Kap. XV-XXVIII) und wird als das wichtigste des ganzen Sutra angesehen“(413). Dieses Kapitel wird eingeleitet durch das vorhergehende, in welchem unzählige Bodhisattvas folgenden Zweifel vor Buddha äußern: „In der Welt Verehrter, als du ein Königssohn warst, verließest du den Palast der Shakya und saßest auf der Terrasse der Erleuchtung, die nicht weit entfernt von der Stadt Gaya, und du erreichtest es, die höchste vollkommene Erleuchtung zu erlangen. Seitdem sind nun von Anfang an etwa 40 Jahre vergangen. Wie kann der in der Welt Verehrte während einer so geringen Zeitspanne so unermeßliche Asamkhyeyas Bodhisattvas, wie alle diese, lehren und verwandeln?“ (S. 278). Das sei so, wie wenn ein Sohn zu seinem Vater sagt, das ist mein Sohn, und der Vater zu seinem Sohn, das ist mein Vater. – Eben diese Frage wird auch im 8. Kap. des Johannes-Evangelium gestellt: „Da sprachen die Juden zu Jesus: Du bist noch keine fünfzig Jahre und willst Abraham gesehen haben! Sprach Jesus zu ihnen: Amen, amen, ich sage euch: Ehe Abraham ward, Bin Ich“ (Joh. 8,57 f.). – Wieder haben wir eine *auffallende Parallele*: nämlich, daß ein in der Zeit lebender Mensch den Anspruch erhebt, *überzeitlich* zu sein.

Die Lösung dieses Problems wird nun im 16. Kapitel des Lotos-Sutra entfaltet: „Der Tathagata sieht alle Lebewesen, die sich am Kleinen Gesetz (Hinayana) freuen, die schwach sind an Tugend und deren Befleckung stark. Für diese Menschen predige ich: Erst vor kurzem bin ich in den hauslosen Mönchsstand eingetreten und habe die höchste vollkommene Erleuchtung erlangt. Aber seitdem ich in Wahrheit Buddha *geworden* bin, das ist unvorstellbar lange her" (S. 283). Es wird dann langatmig ausgeführt, daß er für die verschiedenen Lebewesen verschiedene ‚geschickte Mittel' (upaya) lehrt: „... oder er zeigt seinen eigenen Leib oder er zeigt einen anderen Leib ..." (S. 284). „Es ist so, daß, seitdem ich Buddha geworden bin, dies äußerst lange her und weit entfernt ist. Das Leben, unermeßlich: beständig bleibt es, nicht erlischt es" (S. 284). „Um der Lebewesen willen sage ich mit der Kraft des geschickten Mittels (upaya), daß ich ins Nirvana eingehen muß. Nicht kann man sagen, daß ich, als ich das Gesetz predigte, falsch und lügnerisch war" (S. 287).

Dieses ganze Kapitel ist, wie der letzte Satz, eine Art Apologie gegenüber dem Hinayana. Diese Altbuddhisten werden wohl, wie man zwischen den Zeilen lesen kann, den Anhängern der Neuen Lehre vorgeworfen haben, den Weg des historischen Buddhas verlassen zu haben. Denn dieser sei ja nach seiner eigenen Lehre ins Nirvana eingegangen, und er habe ausdrücklich angeordnet, nichts Neues zu lehren. Um diesen Vorwurf zu entkräften, wird lang und breit erklärt, daß die Lehre des historischen Buddha vom Eingehen in das Nirvana nur ein geschicktes Mittel (upaya) gewesen sei für die verdrehten Weltleute: „So sage auch ich, **der Vater der Welt**, der alle aus Leid und Not rettet, um der verdrehten Weltleute willen, daß ich erloschen bin, obwohl ich in Wahrheit lebe" (S. 289).

Wenn man ganz nüchtern die Aussagen dieses Sutra mit den Aussagen des Urbuddhismus (s. 6. Kap.) vergleicht, so drängt sich folgender Sachverhalt auf: Im Urbuddhismus lehnt der historische Buddha jede metaphysische, d.h. die raumzeitliche Welt überschreitende Aussage kategorisch ab. Im Lotos-Sutra tritt er als „Vater der Welt" auf, dessen Leben nie mehr endet. Diesen Widerspruch löst unser Sutra dahingehend auf, daß die historische Aussage nur ein für die damaligen „verdrehten Weltmenschen" geeignetes Mittel (upaya) gewesen sei.
Wenn wir nun die Aussagen dieses Sutra mit den Aussagen des NT in dieser Hinsicht vergleichen, fällt auf, daß dem Buddha keine Ewigkeitsaussage in den Mund gelegt wird, sondern immer wieder betont wird, daß er diesen überzeitlichen Zustand durch langes Üben erlangt habe (SS. 284,289), er also vor unermeßlichen Zeiten zu einem Buddha *geworden* ist. Und diese Aussagen sind, wie wir gleich noch sehen werden, frühestens Ende des 1. Jh. n. Chr. gemacht worden, ca. 600 Jahre nach seinem Parinirvana (Sterben).
Wie wir im 8. Kap. sahen, werden dem historischen Jesus im Unterschied zu Buddha eindeutige Ewigkeits-Aussagen, nämlich Jahwe-Aussagen in den Mund gelegt: „Ich Bin!", „Ehe Abraham ward, Bin Ich!". Und daß er derartige Aussagen gemacht haben muß, ist historisch denkbar sicher, weil sie der Grund seiner historischen Verurteilung zum Tode waren.

Das in beiden Überlieferungen auftretende Gleichnis vom „Verlorenen Sohn" legt nun die Gretchen-Frage nahe, wer wohl von wem inspiriert worden sei. Die Lösung dieses fundamentalen Problems gibt uns das Sutra mit der Darstellung des Vaters, der auf seine überlegene Würde verzichtet „und sich ein grobes, zerrissenes und schmutziges Gewand anzieht und sich mit Staub beschmiert". „Auf diese ge-

schickte Weise (upaya) kommt er nahe an seinen Sohn heran". (S. 127).
Das aber ist die für das Christentum zentrale Botschaft vom Kreuz: Der historische Buddha war wie Jesus ein so vollkommener Mensch, daß er für die gewöhnlichen Menschen ein schier unerreichbares Vorbild war. Damit wir schmutzigen und zerrissenen Menschen trotzdem mit Jesus – und durch ihn mit Gott – ein Leib (!) und ein Geist werden können und nicht vor der Herrlichkeit Gottes und seines so vollkommenen Gesandten entmutigt werden, „kam er uns nahe" (!), indem er sich selbst bis in den Staub, bis zum Tod am Kreuz erniedrigte (Phil. 2,8).
Und diese Botschaft ist nun nicht nur ein beglückendes *Gleichnis* (S. 125), wie es ausdrücklich im Sutra heißt, sondern ein eindeutig *historisches* Geschehen, welches sich etwa im Jahre 33 ereignete.
Das Motiv ist das gleiche: Das Nahekommen des vollkommen gottebenbildlichen Menschen zu den entstellten Menschen, damit diese angesichts des fast übermenschlichen Vorbildes nicht den Mut verlieren. Das eine aber ist eindeutig eine historische Tatsache, das andere aber ausdrücklich ein Gleichnis. Wenn nicht beide unabhängig voneinander entstanden sein sollten, was bei den zahlreichen weiteren Parallelen zwischen beiden Texten höchst unwahrscheinlich ist, dann kann die Erzählung im Sutra nur vom historischen Ereignis *inspiriert* worden sein: vom historischen Kreuzestod Jesu, „um uns nahe zu kommen". Es ist absurd zu meinen, daß dieses blumige Gleichnis den blutigen Kreuzestod Jesu inspiriert habe.
Diese Tatsache ist wichtig, um die Entstehung des Mahayana historisch einordnen zu können.

Belege für die Entstehung des Mahayana nach Christus

Das Mahayana hat im Unterschied vom geschichtlich früheren Hinayana, welches ganz auf dem Urbuddhismus beruht, vielerlei mit dem Christentum gemein. ‚Wer hat wen inspiriert', oder ‚sind die

Gemeinsamkeiten unabhängig voneinander entstanden?': – Diese Frage erhitzt die Gemüter derjenigen, die darauf bestehen, daß ihre Religion völlig unabhängig von allen anderen sei. Aus dem, was wir bisher entwickelt haben, dürfte es wohl deutlich geworden sein, daß diese Ansicht von der Unabhängigkeit der Religionen sowohl den historischen Tatsachen als auch den Lehren des Buddhismus und des Christentums widerspricht.

Beide Religionen sind also von ihrem Wesen her offen dafür, auch von anderen Kulturen zu lernen.

Dennoch bleibt dem fragenden Verstand die Frage offen, ob das Mahayana das Christentum inspiriert habe oder umgekehrt.

„Klatt hat die Regeln zur Untersuchung historischer Abhängigkeiten erneut verbessert, wobei er neben der historisch-kritischen Methode dem literargeschichtlichen Vergleich besonderes Gewicht zumißt. Zur Terminologie schlägt er vor, von ‚Parallelen' dann zu reden, wenn keine Entlehnung nachzuweisen ist, bei definitiven Entlehnungen jedoch von ‚Varianten' zu sprechen. Des weiteren unterscheidet er zwischen ‚Motiv' und ‚Struktur' (Komposition) einer Erzählung. Nach dem von ihm aufgestellten Regelwerk liegen Varianten (also als gesichert anzusehende Entlehnungen) nur vor, wenn

Motiv und Struktur übereinstimmen und sich nicht auf einen älteren Text der gleichen Kultur zurückführen lassen, aber eindeutig auf den einer anderen;

nur das Motiv übereinstimmt, das sich ebenfalls nicht auf einen älteren Text der gleichen Kultur, aber eindeutig auf einen der fremden zurückführen läßt;

nur das Motiv übereinstimmt, dieses zwar auf einen älteren Text derselben Kultur zurückführbar ist, aber die Struktur eine Intention des Verfassers zeigt, die nicht auf die eigene Kultur, wohl aber eindeutig auf eine andere zurückführbar ist."[122]

Ehe Klatts Regeln Anwendung finden, vergegenwärtigen wir uns noch die wichtigsten und im Mahayana für den Buddhismus neu auftretenden Gemeinsamkeiten mit dem Christentum:

1. die „überzeitliche" Lebensdauer des Tathagata,
2. daß dieser „Vater der Welt" genannt wird und sich selbst so nennt,
3. daß er sich selbst dieser seiner Herrlichkeit „entäußert, um den mangelhaften Menschen nahe zu kommen",
4. daß Erlösung im Bodhisattva-Ideal primär überindividuell gesehen wird,
5. daß die „Erlösung durch stellvertretendes Leiden" den „Blinden und den Lahmen" zugewendet werden kann (u. a. Buddha Amithaba),
6. daß diesen mangelhaften Menschen „durch inständiges, vertrauensvolles Anrufen die Sünden vergeben werden",
7. daß sie „in der Todesstunde unmittelbar in das *westliche* Paradies aufgenommen werden",
8. daß sie dann „nicht mehr wiedergeboren werden" müssen.

Hier gilt mutatis mutandis das gleiche, was wir im vorhergehenden Abschnitt schon bezüglich des Lotos-Sutra untersucht haben: Das Neue Testament will ausdrücklich ein Bericht von historischen Ereignissen sein; hier wird ganz nüchtern (!) Geschichte erzählt, die sich in dem uns bekannten Palästina vor 2000 Jahren abspielte. Die Sutren des Mahayana sind Erzählungen, die die transzendenten Wahrheiten, um die es auch in der Bibel geht, mythisierten oder mythischen Gestalten, – sei es Buddha (ca. 500 Jahre nach seinem Tode), seien es unzählige andere Mächte und Gestalten –, in den Mund legen. Man sollte beide Texte, das Lotos-Sutra und das Neue Testament, in dieser Hinsicht vergleichend lesen, um den unübersehbaren Unterschied zu begreifen.

Geschichtliche Ereignisse sind einmalig. Ihre mythische Deutung offenbart ihre allzeit gültige Wahrheit. So ist der Kreuzestod Christi „ein für allemal" (Hebr. 10,10) geschehen. Und die mythische Deutung der historischen Ereignisse um Jesus Christus übernahm die

junge Christenheit, wie wir im 8. Kap. darlegten, fast ganz aus den in der altägyptischen Religion gründenden, hellenistischen Mysterienkulten[123]. Allerdings bekamen diese uralten Mythen durch die Person und Botschaft Christi ein neues Gesicht.
Und diese neue Deutung uralter, archätypischer Wahrheiten tritt nun in der buddhistischen Kultur **neu** auf in der Gestalt des Mahayana, wie es das Lotos-Sutra immer wieder ausdrücklich betont. Der Buddhismus war ja auch bis dahin erklärtermaßen a-mythisch. Jede metaphysische, mythische Deutung lehnte der historische Buddha ausdrücklich ab (vgl. 6. Kap.).
‚Wer hat also wen inspiriert?': Das junge Christentum hat mit Hilfe der Mysterienkulte, die hier vor allem auf die altägyptische Kultur zurückgehen, die historischen Ereignisse um Christus gedeutet. Auf Grund der historischen Ereignisse um Christus wurde dieser Mythos modifiziert. Gerade diese modifizierten Gehalte – vor allem die Selbstentäußerung des Vaters und die Annahme als Söhne – übernahm wiederum der Mahayana-Buddhismus und, indem er sie in Gestalt des Gleichnisses vom verlorenen Sohn weitgehend ihrer geschichtlichen und damit typisch jüdisch-christlichen Elemente entkleidete, wandte er sie auf den historischen Buddha an, der nun zum überzeitlichen „Vater der Welt" wurde, der sich in den Staub erniedrigte um der Blinden und Lahmen willen.

Wenn wir nun die Regeln Klatts zur Untersuchung von historischen Abhängigkeiten anwenden, können wir feststellen, daß

1. **nach dem Selbstzeugnis des Lotos-Sutras** alle aufgezählten gemeinsamen Motive im Buddhismus „unerwartet neu" sind, – die Struktur in Form des Gleichnisses vom verlorenen Sohn zwar gemeinsam ist,
2. da aber das Motiv der Selbstentäußerung als historische Tatsache einwandfrei aus dem Christentum stammt und im Buddhismus ausdrücklich **neu** als Gleichnis erzählt wird, kann also dieses *Motiv* nur in das Gleichnis eingearbeitet worden sein, was nur *nachträglich* möglich ist.

Folglich kann das buddhistische Gleichnis einschließlich sämtlicher Motive nur eine vom Christentum entlehnte Variante sein.

Das Gleiche gilt mutatis mutandis auch für die Gestalt des Buddha Amitabha. Das gesamte Motiv (vertrauensvolle Anrufung, Vergebung der Sünden, Aufnahme in das Paradies, Erlösung von der Reinkarnation, für die Lahmen und die Blinden) mit allen Details finden wir in beiden Kulturen. Als sicher historisches Ereignis finden wir es im Christentum ca. 33 n. Chr. Nicht als historisches Ereignis, sondern als transzendente Einsicht tritt das gleiche Motiv **ausdrücklich neu** auf im Amithaba-Kult.

Das ist es, was beide an gleichen transzendenten Botschaften auf je eigene Weise übermitteln wollen. Beiden sollte man also nicht den Wahrheitsgehalt absprechen. – Aber soweit überhaupt eines vom anderen inspiriert sein sollte, – und das ist bei der Fülle der Parallelen so gut wie sicher – , kann in diesem Fall das zeitliche Nacheinander nur vom historisch christlichen zum mythisch buddhistischen sein und nicht umgekehrt.
Denn es ist absurd zu meinen, daß der geschichtliche Bericht über Jesus und den Verbrecher neben ihm am Kreuz: „Heute noch wirst du mit mir im Paradies sein“ (Lk. 23,43), nach dem Mythos von Buddha Amitabha und nach dem Gleichnis vom verlorenen Sohn im Lotos-Sutra (Selbstentäußerung) verfaßt sein soll.

Hierbei muß unbedingt berücksichtigt werden, daß der Amitabha-Kult und das Gleichnis vom verlorenen Sohn innerlich untrennbar zusammengehören. Denn die Selbstentäußerung des Vaters im Gleichnis ist ja die Ursache für die Vergebung der Sünden und die Aufnahme in das westliche Paradies. Beide, Lotos-Sutra und Amitabha-Kult, mit ihrem ganzen Umfeld sind grundlegend für das gesamte Mahayana. **Damit muß neben mancherlei anderen Gründen (z.B. die Gandharakunst z.Zt. Kanishkas im 2. Jh. n.Chr.) die Entstehung des Mahayana frühestens Ende des**

1. Jh., wahrscheinlich aber im 2. Jh. n. Chr. angenommen werden.

„Das Lotos-Sutra ist in Indien niedergeschrieben. Den Verfasser kennen wir nicht. Als Zeit der Abfassung werden die Jahrhunderte 200 vor bis 200 nach Christus angenommen. Der japanische Gelehrte Hajime Nakamura meint, daß der Prototyp des Sutra im 1. Jh. n. Chr. abgefaßt wurde und daß das Werk am Ende des 2. Jh. n. Chr. in der uns heute bekannten Form vorlag" (S. 17). Auf Grund der eben durchgeführten Untersuchungen können wir nur die These Nakimuras bestätigen. Alle früheren Datierungen sind nicht zu halten.

Zusammenfassung

Etwa im 2. Jh. n. Chr. entsteht in Nordwest-Indien, vorbereitet durch die vorhergehenden politischen und kulturellen Entwicklungen, eine neue Form des Buddhismus, die zum großen Teil schon in der Lehre Buddhas potentiell angelegt war, aber erst durch den Kontakt mit dem jungen Christentum sich schlagartig entfaltete. Wesentlich neu ist das apollinische Buddhabild, in welchem der bislang im Hinayana als historischer Reformator verehrte Buddha Shakyamuni deifiziert und im Lotos-Sutra „Vater der Welt" genannt wird, der seinen entfremdeten „Söhnen" durch „Selbstentäußerung" nahekommt. Seitdem wird im Mahayana die Buddhanatur als die Wesensnatur aller Geschöpfe erkannt, welche identisch ist mit dem kosmischen, praeexistenten Christus der Bibel (u. a. Jo. 1,9 f., Kol. 1), wie es schon Buddha Shakyamuni 500 Jahre vor Christi Geburt in seiner Erleuchtung erfahren hat.
In der nun in neuer Weise verehrten Buddhagestalt convergieren:

PRIESTER- oder GOTT-KÖNIG
(bzw. erleucht. hist. Mensch)
z. B. China: Himmelssohn,
Nomadenherrscher
Melchisedek
David
Buddha Shakyamuni
Arhat
griech. röm. Kaiserporträt

OFFENBARUNGSRELIGION
AT: Jahwe „Ich Bin da“
NT: Jesus „Ich Bin es“

GÖTTER
mythisch — episch
z. B. Indra — z. B. Krishna
Apollo, Donar
Osiris

TRANSPERSONAL
(bildlos)
z. B. Purusha,
Ahura Mazda, Tao

ADIBUDDHA
(Buddhanatur, Dharmakaya, Vairocana)

Der Identitätspunkt aller im Schema dargestellten Gotteserfahrungen ist das unerschaffene, unsichtbare, der Schöpfung immanente, sie aber transzendierende **Licht** (Licht ist nur eine von mehreren in der Schöpfung angelegten Metaphern für den Unbegreiflichen), welches eben auf verschiedene Weise **im Menschen** in Erscheinung tritt bzw. von den Menschen erfahren und benannt wird. Auch in unserem Schema überschneiden sich die verschiedenen Erscheinungsformen.

Der Prozeß der in diesem Kapitel dargestellten gegenseitigen Integration der Religionen beginnt etwa im 2. Jh. n. Chr. und entwickelt sich auf den asiatischen Seidenstraßen weiter im Laufe des ersten Jahrtausends. Diese Entwicklung wollen wir uns in den folgenden Kapiteln anschauen.

X. Die unterschiedliche Entwicklung des jungen Christentums
Die Ablösung der Antike durch Christentum, Buddhismus und Manichäer

Jede Religion bekommt ihr besonderes Gesicht durch die Menschen, auf die sie trifft. Das gilt sowohl für die unterschiedlichen Individuen als auch für die verschiedenen Völker und Kulturen. So hat sich das junge Christentum im lateinischen Westen anders entfaltet als in der syrisch-persischen Kirche des Ostens; in der Mitte zwischen beiden entstehen die sogenannten orthodoxen Kirchen. Zu den ganz alten Kirchen zählen die Nabatäer, die Kopten in Ägypten und die judenchristliche Kirche Äthiopiens.

A. Die Orthodoxen

Wie schon ihr Name besagt, betrachten sich die Orthodoxen als die Bewahrer der Rechtgläubigkeit. Ostrom – so ihr Selbstverständnis – war das Reich, in dem die Heiligen Stätten der Christenheit lagen und unter dessen Schutz sie standen. Es ist das Land der ersten Bistümer, der frühen Wüstenväter, der großen Synoden und ältesten Liturgien, die in griechischer Sprache gefeiert wurden. Griechisch ist weitgehend die Sprache des Neuen Testamentes, welches – ohne die Problematik jeglicher Übersetzung – unmittelbar in den Gottesdiensten vom Volk verstanden wurde.
So verstand sich eben auch das christlich-byzantinische Reich als Erbe und Fortführung der griechisch-ägyptisch-hellenistischen

Antike, in dem es bis 1453! keine Trennung von Kirche und Kaiser gab. Das orthodoxe Christentum bedeutete also – im Unterschied zum Westen – keinen Bruch mit einer heidnischen Vergangenheit, sondern wuchs organisch aus ihr hervor. Wir können das aus der Architektur und in der bildenden Kunst ablesen.

Architektur als Ausdruck der Religion

Bezeichnend für die Mentalität sind Architektur und Ausmalung der orthodoxen Kirchen, für welche die Hagia Sophia in Konstantinopel das Vorbild ist. Im Unterschied zu der meist linear-basilikalen Form der westlichen Kirchen finden wir im Osten die Kreuzkuppel-Kirchen. Beherrschend ist die das ganze Kirchenvolk wie ein Himmel überspannende Mittelkuppel, von deren Zenith aus der *auferstandene*, kosmische Christus, der Pantokrator, das ganze versammelte Kirchenvolk in sich begreift. **Er**, in dem alles erschaffen ist und in dem alles seinen Bestand hat, **ist das Bild des unsichtbaren Gottes** (Kol. 1,15). Deshalb darf es zusätzlich nicht noch ein blasphemisches Bild des Vaters (als altem Opa) geben! – Die Himmelskuppel, getragen von vier im Quadrat angeordneten Säulen, überspannt die nach den vier Himmelsrichtungen angeordnete Erde, den irdischen Raum, in dem sich die versammelte Gemeinde befindet. – Hier sind noch alle kontemplativen Elemente der archaischen Religionen da.

Durch Einbeziehung der östlichen Nebenkuppel und Linienführung mit den Säulen entsteht zusätzlich zum quadratisch-kreis-förmigen Hauptbau ein in diesen eingefügter *linearer* Effekt, der auf das *historische* Christuskind hinführt, welches in der Apsis auf dem Schoß Mariens thront. Unter dieser Nebenkuppel, die vom Hauptschiff durch die Ikonostase getrennt ist, findet die sakramentale Kulthandlung statt.
Diese architektonische Anordnung ist ein Ineinandersetzen von

kontemplativ-mystisch (Djet) und linear-zeitlich, Ursprungs- und historischer Offenbarungsreligion, geschehend durch den alles in sich begreifenden praeexistenten, kosmischen Christus, offenbart in seiner historischen Gestalt als der Mensch Jesus.

Taufbild

Die Erneute Geburt des Christen aus dem Wasser und dem Geist wird in den Tauf- und Weihbrunnen vor den Bischofs- und Abteikirchen analog zu der Geburt Christi aus dem Beckenraum Mariens folgendermaßen dargestellt: Maria sitzt so in dem Taufbecken, daß das Taufbecken den Beckenraum Mariens umfängt. Und aus diesem doppelten Beckenraum geht der Neue Mensch, Christus, der Christ, hervor. Die Taufe wird also wie in den hellenistischen Isismysterien als Erneute Geburt zum kosmischen Menschen aus der Unterleibshöhle (Koilia, Kratèr) verstanden (vgl. 7. Kap.).

Aus dem Taufbecken bzw. dem Beckenraum Mariens entquellen zwei oder drei Wasserströme, die die am Fuße des Taufbeckens stehenden Lahmen und Blinden heilen: „Ströme lebendigen Wassers werden aus seiner Koilia ausbrechen. Das aber sagte er bezüglich des Geistes, den die empfangen sollten, die an ihn glaubten" (Joh. 7,38 f.). In den östlichen Kirchen war es, wie auch in allen archaischen Kulturen, offensichtlich eine Selbstverständlichkeit, daß der Heilige Geist aus der Unterleibshöhle des Menschen ausbricht, – eine religiöse Grunderfahrung, die wir im Abendland nur noch bei den Heiligen, z. B. Theresa von Avila, Hildegard von Bingen, Seuse dokumentiert finden.
Dieser Bildtypus ‚Maria im Taufbecken' ist die im Osten überall zu findende Ikone der ‚Zoodochos Pägä'.
Auch im Weihbrunnen in der Megista Lawra, dem ältesten und größten Kloster auf dem Athos, steigt das Wasser in einer Röhre, die von einem Adler gekrönt ist, nach oben: das klassische Symbol für

Abb. 20: Taufbild: Die „Lebenspendende Quelle". Marienkirche in Potomies, Kreta (Bildnachw.: Muthmann, Mutter u. Quelle)

die durch den Geist in der Wirbelsäule aufsteigende Schlangenkraft (s. 2./3. Kap.).

Maria Platytera

Hierher gehört auch die Ikone der „Platytera". Die orthodoxe Kirche stellt traditionsbewußt dieselben Themen immer wieder in der gleichen Weise dar. So wird der vorgeburtliche Jesus im Schoße Mariens immer wieder mit goldenem Gewand in einer Sonnenaura dargestellt. „Die (Maria) ‚Platytera' (d. i. der weibliche Komparativ zu platys = weit) ist die Frau, deren ‚Mutterschoß Gott weiter gemacht hat als die Himmel, denn dieser hat seinen eigenen Schöpfer aufgenommen'. In vielen Fassungen begegnet uns diese Vorstellung durch die liturgische Hymnologie von Byzanz. Und Kirchenväter des Orients, Syrer und Ägypter, gebrauchen noch früher für Maria das altägyptische Gleichbild vom ‚Himmel, der die Sonne trug' oder auch ‚gebar' als überaus geläufigen Topos."[124]

Im „Himmel, der jungfräulich die Sonne gebar" finden wir nun den Archätyp wieder, den wir (A. Weis folgend) zuerst in Ägypten fanden (die Himmelsgöttin Nut) und den wir durch die Geschichte (u. a. die Große Neith von Sais, die biblische Weisheit [Spr. 8,22] und die hellenistischen Isismysterien) bis hierher verfolgen konnten.

Dieses starke, ungebrochene Traditionsbewußtsein sowohl durch das nahtlose Hervorwachsen aus der Antike wie auch den neuen christlichen Wurzeln ist einerseits die Stärke der Orthodoxie. Andrerseits macht sich die fehlende Aus- und Ineinandersetzung mit den hochentwickelten Ursprungsreligionen des Ostens und der Weiterentwicklung des Verstandes zur Weltbeherrschung durch Wissenschaft und Technik im Westen durch eine gewisse Steifheit und Unbeweglichkeit in Liturgie, Kunst und Theologie bemerkbar. Anders verlief die Entwicklung im Osten.

B. Die Kirche des Ostens

Das junge Christentum war schon im 1. Jh. auf den Spuren der jüdischen Handelskolonien, die schon seit der babylonischen Gefangenschaft im Iran existierten, und durch Sich-In- und Auseinandersetzen mit den Mysterienreligionen in Persien eingedrungen.

260 n. Chr. besiegte der persische Großkönig Schapur I. den römischen Kaiser Valerian bei Edessa und drang weiter vor bis Antiochien, wo er den Syrischen Patriarchen, Geistliche, Techniker, Künstler und Ärzte in Gefangenschaft fortführte. Mit ihrer Hilfe errichtete er in der Nähe des persischen Golfes, unweit des heutigen Schiras, die neue Hauptstadt Gundischapur als ein Zentrum westlich-östlicher Bildung.

Dieser Kulturaustausch zwischen Ost und West betraf hier besonders das Krankenhaus, welches zur Frühform einer medizinischen Fakultät wird, an welcher bewußt östliche und westliche Medizin und Pharmakologie praktiziert und gelehrt wurden. Die sprachgewandten syrischen Christen taten sich dabei hervor als Ärzte und als Übersetzer antiker griechisch-römischer Heilkunde. Das gleiche gilt für eine theologische Fakultät in Nisibis bzw. Edessa, nicht weit von Cäsarea, wo die berühmten Kappadokier Basileus d. Gr., Gregor von Nyssa und Gregor v. Nazianz lebten und lehrten. Eine weitere mathematisch-astronomisch-philosophische Fakultät entstand im Norden bei Merw.

Die Geschichte der syrisch-persischen Kirche finden wir u. a. in der Chronik von Arbela (6. Jh.) aufgezeichnet. Nach ihr gab es um 224 bereits 20 Bischöfe im Iran. Wegen des politischen Gegensatzes zwischen dem persischen und dem (ost-)römischen Reich entwickelte sich die persische Kirche weitgehend selbständig und hat gebietsmäßig nie zum Patriarchat von Antiocheia gehört, obwohl eine gewisse Oberhoheit der westlichen Väter bis zur Synode von Seleukeia-Ktesiphon 410, auf der der Glaube von Nizäa ausdrücklich anerkannt wurde, bestand.

Nach einigen blutigen Verfolgungen, z. B. schon unter dem Nachfolger Schapur I., teils auf Grund der Mißgunst einheimischer zoroastrischer Priester, teils wegen des Verdachtes der Römerfreundlichkeit, kam es auf der Synode von Markabta (424) zu der grundsätzlichen Erklärung, daß der Katholikos oder Patriarch des Ostens von niemandem gerichtet werden könne. Diese Unabhängigkeitserklärung geschah also vor der Annahme des Nestorianismus (486), welche vor allem politisch bedingt war. Seit 410 besteht im ganzen Sassanidenreich eine feste christliche Hierarchie, und wir finden in allen größeren Orten christliche Gemeinden.

Die Ablösung der Antike durch Buddhismus, Christentum und Manichäer in der Zeit des Sassanidenreiches

Die Periode des Sassanidenreiches ist gekennzeichnet durch den Untergang der antiken Götterverehrung, die durch das Christentum, den Buddhismus und den Manichäismus abgelöst wurde, welche sich in dieser Zeit nicht zuletzt durch gegenseitige Befruchtung zu übernationalen Weltreligionen weiter entwickelten. Eine weniger bedeutende Rolle spielte dabei die noch im Perserreich fortlebende zoroastrische Religion.
Diese Entwicklungen im Sassanidenreich sind für unser Thema deshalb wichtig, weil bis ca. 700 n. Chr. die kulturellen Strömungen auf den Seidenstraßen in Zentralasien, vom Iran und Indien ausgehend, einseitig nach Osten in Richtung China flossen und erst ab 650 eine Gegenbewegung einsetzt.

Wir wollen uns die Ablösung der antiken Götter durch das Christentum am Beispiel Hera – Maria anschauen. Bezeichnend für diese Ablösung ist das sogn. „Religionsgespräch am Hof der Sassaniden“, „eine christlich-apologetische Schrift des 5. Jh. n. Chr., in der sich heidnische, gnostische und christliche Elemente ineinander mischen. Diese Erzählung schildert das Wunder, das sich in der Gegenwart des Perserkönigs Kyros im Heratempel der persischen Hauptstadt Babylon (!) zutrug, als antike Götter die Geburt Christi verkündeten, und unter dessen Eindruck der König die vom Stern geleiteten Magier nach Bethlehem entsandte“[125]. Im Mittelpunkt dieser Erzählung steht – als Zusammenfassung der drei großen vorderasiatischen Muttergottheiten Kybele, Anahita und Atargatis – Hera, die Schwester und Gattin des Zeus, deren Titel „Quelle und Himmelskönigin“ war. „Über ihr tat sich die Decke auf, und herab stieg ein leuchtender Stern und blieb stehen über der Bildsäule der Quelle [Maria], und eine Stimme ließ sich folgendermaßen vernehmen: ‚Herrin Quelle, der große Helios hat mich abgesandt zu dir als Verkünder zugleich und Diener unbefleckter Zeugung, die er an dir vollzieht; Mutter wirst du des ersten unter allen Rangordnungen, Braut bist du der dreinamigen Gottheit; es heißt aber das ungezeugte Kindlein Anfang und Ende: Anfang des Heils, Ende der Verdammnis‘. Und da diese Stimme erklungen war, fielen alle Bildsäulen aufs Antlitz, während allein die Quelle stehen blieb; über ihr aber stand der Stern“[126].

„Jungfrau (vgl. Athena Parthenos), Gottesmutter, Himmelskönigin: mit der Einführung dieser Titel beginnt die eigentliche Ausbildung des Marienkultes sowohl in der östlichen wie in der abendländischen Kirche“[127]. Er fand nach langen und heftigen, trinitarischen und christologischen Auseinandersetzungen 431 seine offizielle Bestätigung im Konzil von Ephesus.

Daß dieses reichlich phantastische „Religionsgespräch“ die geistesgeschichtlichen Prozesse der damaligen Zeit trifft, beweisen sowohl viele Texte als auch unzählige archäologische Funde von Marienheiligtümern, angefangen von kleinen Bildsäulen bis zu großen Marienwallfahrtskirchen über ehemaligen Kultstätten antiker Göttinnen an Quellen. Wir finden diesen Ablösungsprozeß nicht nur in Vorderasien, sondern, wenn auch zu sehr unterschiedlichen Zeiten, in ganz Europa.

Die volkstümliche Marienverehrung mit vielen Wunderheilungen hat gerade auch in den großen Wallfahrtskirchen, wie z. B. Chartres, ihren Platz in der dunklen Krypta, wo auch seit alters die Wasser aus den dunklen Höhlen hervorquellen. Sie sind ein Sinnbild für die Geburtshöhle (Kratèr, Retorte, Gral, Kessel, unteres Elixierfeld: Vgl. 7. Kapitel, Isismysterien; und 13. Kapitel, Goldelixierlehre): sowohl für die historische Geburtshöhle, den *Tier*stall, als auch für den Schoß Mariens wie auch für die Unterleibshöhle eines jeden Menschen. Dieser wird dadurch, daß er mit seinem individualistischen Bewußtsein in seinen Unterleib untertaucht und das abgesonderte Bewußtsein sich so auflöst, erneut als kosmisches Kind Gottes vom Himmel empfangen und geboren.

Diese Erneute Geburt (jungfräulich: weil nicht *von* der, aber ganz *in* der Welt gezeugt) aus dem Wasser und dem göttlichen Geist ist als Archätyp im Menschen angelegt und fand ihren bildhaften Ausdruck in den mythischen Muttergöttinnen der Antike (z. B. Nut, Hathor, Neith, Isis, Hera, Anahita, Artemis, Athena), in den Mysterienkulten des Hellenismus wie auch in der historischen Gestalt Mariens.
Nur, weil es um eine urmenschliche Struktur, einen Archätyp, geht, der entsprechend der jeweiligen zeitbedingten Mentalität seinen unterschiedlichen Ausdruck fand, konnte die historische Gestalt Mariens, die den historischen Gottmenschen gebar, die antiken, mythischen Göttinnen im Sassanidenreich ablösen und damit eine neue Ära in der Geistesgeschichte der Menschheit einleiten. Die Evolution der Religion ist gerade an diesem Beispiel unübersehbar.

Wir haben uns diesen geistesgeschichtlichen Wandel an dem Beispiel der jungfräulich gebärenden Gottesmutter und Himmelskönigin angeschaut, weil es als zentrales Anliegen des religiösen Menschen besonders leicht und deutlich herauszuarbeiten ist. Ähnliches gilt analog für mancherlei andere Göttergestalten der Antike. Aber auch innerhalb des Christentums hat sich die Thematik der Gottesmutterschaft unterschiedlich entwickelt.

Die Entwicklung der syrisch-persischen Kirche des Ostens wurde wesentlich bestimmt durch das jahrhundertlange Zusammenleben mit dem Buddhismus und Manichäismus, – zuerst im Sassanidenreich und von dort ausstrahlend auf den Seidenstraßen. Wir wollen uns das durch ein paar Textproben veranschaulichen:

Inkarnieren

Behisho (Persien 8. Jh.): „Das erste Stadium, das der nach Vollkommenheit strebende Mönch oder eigentlich jeder Christ zu erreichen hat, ist das der reinen Körperlichkeit [des Ganz-leiblich-Werdens]; er muß die Schwere und die Dumpfheit seines Körpers durch die die Gelassenheit erstrebende Übung beseitigen, so daß die Einsicht allmählich verfeinert und erleuchtet wird und sich dem ursprünglichen Zustand wieder nähern kann“[128].

Für diese östlichen Christen besteht die grundlegende Phase des Christwerdens darin, mit seiner Einsicht (Selbstbewußtsein, seinem Intellekt, Logos) in der Nachfolge Christi von den Himmeln seiner Weltanschauungen und Sehnsüchte in seine ständig aus der Hand Gottes hervorgehende Leiblichkeit herunterzusteigen, d. h. Fleisch anzunehmen, zu inkarnieren, ein Leibbewußtsein zu entwickeln: also nicht nur einen Leib zu *haben*, sondern selbst ganz leiblich zu *werden*.

Bezeichnend dafür sind die im Osten üblichen Metanien (von Metanoia = Umsinnen), bei denen der Christ sich während der Gebetszeiten wiederholt im Atemrhythmus niederwirft, wie wir es vom heutigen, damals noch nicht existierenden Islam kennen, und wodurch das WORT im Menschen Fleisch wird (inkarniert) und der Leib vergeistigt und ganz LICHT wird (Lk. 11,34 ff.). Diese Niederwerfungen sind in fast allen Religionen auf der ganzen Welt üblich und nur im späten, westlichen Abendland wegen der einseitigen Überbewertung des Kopfes verlorengegangen. Durch ständiges Üben werden ausnahmslos alle Sinne verwandelt, und der Mensch bekommt „Augen zu sehen und Ohren zu verstehen" (Mk. 4,12).

Erneute Geburt aus Wasser und Geist

Das zweite Stadium, in innerer Konsequenz aus dem ersten, dem Ganz-leiblich-Werden erwachsend, ist die „Erneute Geburt aus dem Wasser und dem Geist": das Taufgeheimnis. Durch Untertauchen des abge-*sonde*-rten (Sünde) Selbstbewußtseins in den eigenen Bekkenraum, für den das Taufbecken [s. Bild 20] nur ein Symbol ist, wird die Absonderung aufgelöst und der Neue, der erleuchtete Mensch aus dem Wasser, dem mütterlichen Schoß, und dem Geist, dessen Bild die Taube ist, erneut von oben geboren (Jo. 3). Die Taufe ist der Initiationsritus zur Erleuchtung (Photismos), welche durch ständiges Üben des Ineinandersetzens von Bewußtsein und Libido (Triebkräfte) erreicht werden kann. *Erleuchtung* ist, wie wir im 2. und 3. Kapitel sahen, ein Kernstück der Ursprungsreligionen. Wir begegneten dieser Thematik in der altägyptischen Religion unter der Symbolik der sich aufbäumenden Schlange für Wasser und der Geiergöttin für Atem-Geist als Diadem des Pharao, bzw. dem erleuchteten Udja-Auge (s. Bild 4). In China war es der Drache, der eine geflügelte Schlange ist. – Während wir sie beim Exodus der Israeliten noch im Bilde der am Stab aufgerichteten ehernen Schlange finden und dann noch im salomonischen Tempel, scheint sie in der nachexilischen, jüdischen *Gesetz*esreligion vordergründig keine Rolle mehr gespielt zu haben. In den hellenistischen Mysterienkulten, die um die Zeitenwende im ganzen vorderasiatischen und Mittelmeerraum verbreitet waren, war die Taufe: Tod und Auferstehung, das Kernstück der Einweihung. Und auch die Schriftsteller des Neuen Testamentes wußten im Unterschied zu der spätabendländischen Ignoranz um die eigentlichen Geheimnisse der Taufe als *leibhaft* zu vollziehende Erleuchtung (z. B. Lk. 11,33-36).

Gerade durch den Kontakt der syrisch-persischen Christen mit den östlichen Religionen wird bei ihnen diese Thematik voll entfaltet.
Im Rahmen dieses Buches müssen ein paar Zitate reichen:
Ephraim d. Syrer († 373): „Euer Geist mag sich weiten [Bewußtseinserweiterung in die elementaren Triebschichten; nicht aber: mehr wissen], damit ihr die in der Luft verborgene [Wirbel-]Säule seht [Weltachse: Himmel-Erde-Unterwelt. Djet]. Ihre Wurzel ist in die Wasser [Libido] eingesenkt, und sie reicht bis zur Himmelspforte wie die Leiter, die Jakob sah. An ihr steigt das himmlische Licht zur Taufe herab und der Geist in den Himmel hinauf, damit wir in einer Liebe mit Gott vereint werden" (Hymn. 9,11). „Es sahen dich die Wasser und wurden erschüttert, es schäumt vor Erregung der Fluß" (Hymn. 14,31). Und aus einer syrischen Theophanienpredigt nach 321: „Siehe das Lamm Gottes. Oh wunderbare Sache, meine Lieben! Ein Funke ist im Wasser! Ein Feuer ist im Fluß! Eine Flamme wogt in der Welle auf und ab! Gott wird im Jordan gewaschen!" Rabban Jausep Hazzaya: „Das Tor, durch welches die eintreten, die nach der Reinheit verlangen, ist die Hitze des Begehrens, ohne das Erleiden eines Kampfes: Wer es fassen kann, der fasse es"[129]. – Wir finden hier ganz eindeutig die Integration von aufsteigender Schlangenkraft (Wasser) mit Geist und Feuer.

Durch die Phase des Ganz-leiblich-Werdens und die daraus resultierende „Erneute Geburt aus dem Wasser und dem Geist" lebt der Mensch zwar ganz *aufmerksam in der Welt*, – erkennt und handelt aber *nicht mehr von der Welt* her motiviert, sondern aus der Mitte aller Polaritäten, aus der leeren Ursprungsmitte, ganz aus Gott. Gott aber ist für den Menschen unbegreiflich, unfaßbar dunkel; wir können und dürfen uns kein Bild, keinen Begriff von ihm machen. Aber wir können und sollten durch Vollziehen der Taufe – das heißt durch Auflösen des Alten Menschen im Wasser (Beckenraum) und Neugeboren-Werden aus der Ursprungsmitte – mehr und mehr selbst ein Bild, ein Kind Gottes werden.

Dionysios Areopagita

Dieses: ‚sich kein Bild von Gott machen, aber selbst ein Bild Gottes werden' ist die Thematik der Schriften eines syrischen Mönches (um 500), der unter dem Decknamen Dionysios Areopagita bekannt ist. Es geht bei ihm darum, den Absoluten durch das Eintreten in das Dunkel des göttlichen Nichtwissens zu erfahren. Gerade dies, das wu-nien, ist die Hauptthematik des Buddhismus, vor allem in seiner strengsten Form, des Zen, welches etwa zu dieser Zeit zu entstehen beginnt. Die historisch-geographischen Bedingungen für eine Wechselbeziehung zwischen den syrischen Christen und den Buddhisten war auf den Seidenstraßen, besonders im östlichen Iran, wie wir weiter unten ausführen werden, voll gegeben.

Die Wirkung seiner Schriften auf den Westen war ungeheuer. Seine negative Theologie beeinflußte entscheidend die Victoriner, Albertus Magnus, Thomas v. Aquin, Meister Eckhart, Johannes Tauler, Johannes Ruysbroeck, Johannes v. Kreuz und in deren Gefolge praktisch die ganze abendländische Mystik.

So machte die syrisch-persische Kirche des Ostens durch die Aus- und Ineinandersetzung mit dem Buddhismus und Manichäismus eine außerordentlich lebendige Entwicklung durch. Von der lateinischen Kirche des Westens und der griechischen Kirche Ostroms unterschied sie sich vor allem durch die bewußte Einbeziehung der Leiblichkeit mit Hilfe meditativer Übungen und das tiefere Verstehen und Praktizieren der Erneuten Geburt aus dem Wasser und dem Geist, dem tantrischen Element, als Weg zur Erleuchtung.

C. Die Kirche des Westens

Im Unterschied zu den östlichen Kirchen entwickelte sich die lateinische Kirche vor allem durch Aus- und nicht durch Ineinandersetzen mit den archaischen Religionen.

Aufgrund der grausamen Christenverfolgungen setzte die junge Christenheit in der Nachfolge des gekreuzigten Christus ihre ganze Hoffnung auf die Auferstehung der Toten und das ewige Leben. Hier finden wir den ersten Anlaß für die Gespaltenheit des westlichen Menschen zwischen Diesseits und Jenseits, zwischen Natur und Gnade. Kaum hatten die Christen durch das Toleranzedikt von Mailand (313) kaiserlichen Schutz von Konstantin erlangt, verlegte dieser die Hauptstadt 326 von Rom nach Byzanz (Konstantinopel). Westrom zerfiel nun durch die Hunnen- und Germanenzüge. Rom glich nach dreimaliger Plünderung einer entlegenen, halbleeren, bettelarmen Ruinenstadt; sterbende Latinität; Weltuntergangsstimmung angesichts der chaotischen politischen Zustände während der europäischen Völkerwanderungszeit.
Als ruhende Pole blieben politisch die Bischofssitze, vor allem der Bischof von Rom, und kulturell die Klosterschulen, welche wiederum eschatologisch und zölibatär ausgerichtet waren. Der Riß zwischen Kaiser und Papst, Natur und Gnade, Geist und Materie, Glaube und Wissenschaft, Diesseits und Jenseits ist hier im Unterschied zum Osten von Anfang an vorprogrammiert.

Die Fällung der Donareiche bei Geismar durch Bonifatius und die blutige Niedermetzelung der Sachsen durch Karl mit dem nachfolgenden Sachsen-Gesetz, welches Heidentum und Aberglaube verbot und mit der Todesstrafe belegte, sind nur die bekanntesten Sym-

ptome, daß der christliche Glaube im Westen gebietsweise (gerade auch bei den Deutschen) den Menschen „von oben" aufgezwungen wurde und nicht aus den ursprünglichen, matriarchaischen Religionen als deren Vollendung hervorwuchs.
Dies wirkt sich bis hin zu der „Bekehrung" der „Heiden" in der Kolonialzeit mit ihren katastrophalen Folgen bis heute aus. Bekehrung „von oben" ist nur Symptom für den abendländischen Menschen überhaupt, der selbst durch zunehmende Verkopfung, in *einseitiger* Weiterentwicklung des griechisch-römischen Erbes, im Laufe der Geschichte seine Verwurzelung in der materiellen Schöpfung verlor. Infolge dessen ging dann vor allem im 2. Jahrtausend nach Christus die Fähigkeit verloren, das WORT Gottes in der *Schöpfung* (= natürliche *Offenbarung*) zu vernehmen.

Wir finden hier eine verhängnisvolle Wechselbeziehung zwischen der Entwicklung des westlichen Menschen und der des westlichen Christentums:
Die christliche Botschaft fand infolge der Kopflastigkeit des Abendländers im Westen nicht überall den von ihr vorausgesetzten Nährboden in der ursprünglichen, leibhaften Natur des Menschen (Mk. 4,1-20; Jo 6,48-59) und seiner Beziehung zu den Mitgeschöpfen (Umwelt), sondern richtete sich einseitig eschatologisch aufs Jenseits aus oder wurde politisch und missionarisch als Weltanschauung bei zunehmender Überbetonung von Moral und Theologie von außen aufgezwungen. Und umgekehrt führte dieses aufgesetzte Christentum den westlichen Menschen in eine Leib-, Selbst- und Naturentfremdung hinein, die den Abendländer noch kopflastiger machte, als er ohnehin schon war. Es gibt Richtungen in der evangelischen Kirche, die lehren, daß die Natur des Menschen unheilbar verdorben sei und die Erlösung nur in einer zugesagten (forensisch), nicht aber die Natur heilenden Vergebung der Sünden bestünde und die Heilige Schrift (*sola* scriptura) die alleinige Offenbarungsquelle sei. Dies ist die letzte Konsequenz des typisch westlichen Dualismus von Geist und Leib, von Natur und Gnade.

Taufe

Symptomatisch für den rationalistischen Dualismus ist die Spendung der Taufe: In zunehmendem Maße wird sie besonders seit Beginn des 14. Jh. durch ein paar Tropfen *Wasser auf den Kopf* vollzogen. Der Abendländer wird also ein Christ vom Kopfe her durch Dogma (Lehre) und Ethik, – und so werden die Triebe nicht mehr von innen her kultiviert, sondern von oben her durch Moral.
In der gesamten westlichen Kirche findet sich nicht ein einziges Taufbild entsprechend der „Zoodochos Pägä", durch das die Taufe als eine Erneute Geburt (Joh. 3,1-15) aus dem eigenen Beckenraum verstanden werden könnte. Weil der Taufritus nicht mehr rite, d.h. richtig, durch Eintauchen ins Wasser bis zum Nabel und Besprengen von oben her gespendet wird, hat die westliche Kirche das richtige Verständnis für das Vollziehen der Taufe durch den Täufling als eine Erneute Geburt aus dem Beckenraum verloren – von ‚Erleuchtung' als Konsequenz der Taufe ganz zu schweigen.

Das Weib, von der Sonne durchwirkt

Und doch läßt sich der Archätyp der Himmelsfrau, die jungfräulich die Sonne gebiert (vgl. 2. Kap.), nicht verdrängen. Er fand über das 12. Kapitel der Offenbarung des Johannes seinen Weg in das Abendland und faßte Fuß vor allem in den verschiedensten Darstellungen der Volksfrömmigkeit.

„Und ein großes Zeichen erschien am Himmel: eine Frau, durchwirkt von der Sonne und der Mond unter ihren Füßen und auf ihrem Haupt ein Kranz von 12 Sternen (s.Umschlagbild). Und sie ist im Schoße tragend, sie schreit in Wehen und Qualen des Gebärens" (Offb. 12).
Die Theologen tun sich schwer, wenn sie dieses vielschichtige Bild rational eindeutig auszulegen versuchen. Ist die Frau Maria, die Kir-

che, das Volk Israel, die Gemeinde? Sowie man sich auf *eine* Deutung festlegt, gerät man in Konflikt mit der Vieldeutigkeit des Textes. Das eine universale, weil geistige Urbild kann nämlich auf unterschiedliche Weisen auf Erden in Erscheinung treten:
Die sonnenschwangere Frau ist sowohl Maria, die wie die Himmelsgöttin Nut jungfräulich das unerschaffene LICHT im Bild der Sonne trägt und gebiert. Sie ist auch das Volk Israel und die Kirche, die unter Schmerzen immer und immer wieder den Messias zur Welt bringen. Und dies geschieht auch immer wieder durch die einzelnen Menschen (auch Heiden!), die dieses Werk durch Leer-Werden von sich selbst jungfräulich vollbringen.
Es ist ein endzeitliches Bild. Und welcher Mensch auch immer nicht mehr von der Welt her, sondern im LICHTE lebt, der ist diese Frau. Dabei ist es gleichgültig, ob er 3000 v. Chr. in Ägypten lebte oder 2000 n. Chr. sonst irgendwo. – Endzeit heißt nicht, am Ende der Weltgeschichte angelangt zu sein, sondern das alle Zeitmessungen überschreitende Teilhaben am Ewigen im Hier und Jetzt (vgl. die ‚Djet' im 2. Kapitel).

Die Manichäer

Neben den alten Religionen – den Zoroastriern, den Buddhisten und der jüdisch-christlichen Offenbarungsreligion – entsteht im Sassanidenreich eine neue Religionsgemeinschaft: die Manichäer. Ihnen kommt für die Wechselwirkung der Religionen in diesen und den folgenden Jahrhunderten eine bedeutende Rolle zu als eine ideologische Brücke zwischen Buddhisten, Zoroastriern und Christen, obwohl sie von diesen teils wegen ihres Synkretismus, teils wegen ihres Dualismus abgelehnt und häufig verfolgt wurden.

Diese Rolle ist im Leben ihres Stifters Mani begründet. Mani (216-276) wuchs in der judenchristlichen Täufersekte der Elchaisiten im Zweistromland auf. Von daher ist wohl das vorwiegend christliche

Element seiner Lehre zu verstehen. Aber „schon in früher Jugend erlebt der kleine Mani bei den Täufern Merkwürdiges: Bäume und Pflanzen sprechen zu ihm. Als ein Täufer in seiner Anwesenheit im Garten Gemüse schneidet, schmolz es dahin, ganz in der Art von Menschen und so wie Kinder. Wehe, Wehe! Blut strömte herab von der Stelle, die von der Sichel in seinen Händen getroffen war, und sie schrieen mit menschlicher Stimme unter den Schlägen'. In dieser Geschichte kündigt sich ein Grundsatz von Manis späterer Lehre an: In allen organischen Stoffen seien Elemente des Lichtreiches, die lebendige Seele, eingeschlossen.... Mit zwölf Jahren erhält Mani eine erste große Offenbarung durch eine Lichtgestalt, die er fortan seinen Zwilling nennt. Es ist Manis bei seiner Geburt im Lichtreich zurückgebliebenes Ebenbild".[130]

„Zusammengefaßt wird die Lehre in der Formel von den ‚zwei Prinzipien und den drei Zeiten'. Sie besagt, daß sich im Uranfang zwei Prinzipien gegenüberstanden, das Licht und die Finsternis, die sich in zwei scharf voneinander abgegrenzten ‚Reichen' verkörpern. Im ‚Reich des Lichtes' herrscht der Lichtvater, umgeben von Gottheiten, die aus ihm ‚hervorgerufen' wurden und gleichsam seine Repräsentation darstellen. Demgegenüber herrscht im Reich der Finsternis der Teufel Ahriman, der an der Spitze bestialischer Dämonen steht. Sie leben in ständigem Unfrieden, da sie von Gier und anderen Leidenschaften angetrieben sind. Während Ruhe, Harmonie, Frieden, Schönheit und Wohlgeruch Kennzeichen des Lichtreiches sind, herrschen im Reich des Ahriman Unruhe und Streit, Lärm und Gestank".[131]

Jeder Mensch hat sich immer wieder für dieses oder jenes Reich zu entscheiden, sich selbst und alle Lebewesen als in die Materie verbannte Lichtpartikel zu erkennen: Gnosis. Also Gnosis zu praktizieren, bringt die Erlösung von der Verbannung in die Materie und damit vom Leid.

Mani verstand sich als Apostel Jesu Christi und als der in den Evangelien verheißene Paraklet (der Beistand: der Hl. Geist) und damit als die Vollendung und Überhöhung der buddhistischen, zoroastrischen und christlichen Religion. Den Buddhismus hatte er in Indien und Nordostpersien kennengelernt.

Es ist nicht schwer zu erkennen, wie in dieser Lehre Zoroastrismus, Buddhismus und Christentum synkretistisch zusammengefügt sind:
Kernstück ist die christliche Offenbarung, die wir vor allem im Johannesevangelium belegt finden, daß der Ursprung der Schöpfung das LICHT ist, welches vom Vater der Lichter kommt und durch welches alles geworden ist (Jo. 1,3). „Das LICHT scheint in der Finsternis, und die Finsternis nimmt es nicht auf. ... Doch die ihn annehmen, ihnen gibt er, wesenhaft Kinder Gottes zu werden" (Jo. 1,5.12). Mani interpretiert das in dem Sinne, daß alle Lebewesen ursprünglich Lichtnatur haben und sie nur wegen ihrer Sünden in den finsteren Kerker der Materie verbannt sind, wodurch das LICHT in ihnen leidet.

Diesen scharfen Dualismus von Licht und Finsternis, Geist und Materie übernimmt Mani von der altpersischen Religion, womit er sich deutlich vom Christentum und dem Buddhismus unterscheidet. Dieser Dualismus zeigt sich auch in der Zweiteilung der Gemeinde: Die „Electi", die Auserwählten, sind die, welche allen fleischlichen Genüssen entsagt haben und kein Lebewesen verletzen dürfen. Um sich nicht an der lebendigen Lichtseele zu vergehen, ließen sie sich ihr Essen von den sogenannten „Hörern der Lehre" bereiten, die zwar dadurch schuldig am Leid der anderen Geschöpfe wurden, aber dennoch Nachlaß erfuhren, weil sie das Leben der Auserwählten ermöglichten. So konnten die Hörer hoffen, in einer späteren Wiedergeburt zu Auserwählten zu werden. Das erinnert an das Kastenwesen im Hinduismus.

Vom Buddhismus übernimmt Mani nicht nur die Lehre von der Reinkarnation, sondern vor allem die radikale Forderung, durch Gnosis zur Erlösung vom Leid zu kommen. „Erkennen" sollte hier aber, genauso wie in der Bibel, wesentlich als Tat, die den ganzen Menschen fordert und sich nicht nur abendländisch auf den Verstand oder das ‚Glauben an' beschränkt, verstanden werden.

Die Entwicklung des Buddhismus im Sassanidenreich brauchen wir hier nicht gesondert zu betrachten, da sie weitgehend identisch ist und in Wechselwirkung steht mit der Entwicklung, wie wir sie vorausschauend anläßlich des Kushanreiches entfaltet haben und im 13. Kapitel weiter entfalten werden.

XI. Der Islam und sein Verhältnis zum Christentum bis zum 8. Jh.

Bevor wir uns der Verflechtung der Religionen auf den Seidenstrassen in der zweiten Hälfte des ersten Jahrtausends zuwenden, müssen wir uns noch kurz mit dem Islam befassen, soweit das nötig und mir möglich ist. Unsere Betrachtung reicht ja nur bis in das 8. Jh. n. Chr., und bis dahin scheint er mir keinen wesentlichen Einfluß auf die spirituelle Entwicklung der anderen Religionen gehabt zu haben.

Indirekt dagegen ist sein Einfluß auf die Entwicklung der Religionen auf den Seidenstraßen insofern von großer Bedeutung, als er durch die Eroberung des Sassanidenreiches und weiteres Vordringen nach Osten und Westen die bis dahin fast einseitige kulturelle Ausbreitung der anderen Religionen von Westen nach Osten unterbrach. So konnte sich nun die chinesische Kultur durch das Tarimbecken nach Westen ausbreiten.

Der Islam versteht sich selbst als die reinste Form einer Uroffenbarung Gottes an Adam, Noah, Abraham, Moses, Christus und seinen letzten, endgültigen Propheten Mohammed. Diese Uroffenbarung sei in den anderen Religionen nur entstellt zu finden. So hat er mit der jüdisch-christlichen Religion den Monotheismus gemeinsam; jedoch lehnt er die christliche Lehre von der Dreieinigkeit ab, weil er (anfangs?) darunter drei Götter: Gottvater + Christus + Mariagöttin verstand.

Durch dieses Mißverständnis verfehlt er die für die Menschheit entscheidend wichtige Mittlerrolle der christlichen Offenbarung zwischen dem rein patriarchaischen Theismus, wie wir ihn im Judentum und eben am einseitigsten und stärksten im Islam finden, und dem matriarchaischen Pan-en-Theismus oder Kosmotheismus der archaischen Ursprungsreligionen, den wir ja wiederholt dargestellt haben.

Im reinen Theismus wird Gott als der ganz andere verehrt, der gewissermaßen der Schöpfung personal gegenüber steht; hierdurch neigen diese Religionen dazu, Gott als eine Art Überperson zu verehren, wodurch es zu einem Dualismus zwischen Gott und Welt und, wie im Islam, zu einem Fatalismus kommen kann. Während dagegen in den kosmotheistischen Religionen die Neigung besteht, Gott nur durch sein Wirken in der Schöpfung zu verehren und sein souveränes, transpersonales Wirken in Schöpfung und Geschichte noch nicht genügend wahrzunehmen.

Auch das Christentum wird besonders im Westen auf weiten Strekken als eine theistische Religion betrachtet, in welcher der Mensch als eine Person mit der anderen Person, die Gott ist, spricht. Im Neuen Testament wird aber offenbar, daß der Heilige Geist, die dritte göttliche Person, den Menschen in alle Wahrheit einführt und in ihm spricht (Gal. 4,6). Und, was er spricht, nimmt er vom kosmischen Christus, der zweiten göttlichen Person (Joh. 16,13 f.), in den alles hinein erschaffen ist und in dem alles seinen Bestand hat (Kol. 1).

Diese drei ‚Personen' sind aber nur **ein** Gott, der eben nicht eine Person wie ein Mensch, sondern transpersonal ist: so ähnlich, wie ein Magnet aus 2 Polen und dem Feld besteht, aber nur *ein* Magnet ist. Der Mensch wird also durch den Heiligen Geist in das innergöttliche Gespräch (analog) hineingenommen und kann so mit Gott sprechen, obwohl es der Heilige Geist selbst ist, der im Menschen spricht, und so Gott alles in allem bleibt. – Gerade durch die unbewußte Übernahme dieser dreieinigen Gottesauffassung konnte es nach der Zeitenwende im Buddhismus zur Entwicklung vom Hinayana zum Mahayana kommen, in welchem der Mensch z. B. durch

Anrufung vom Buddha Amithaba oder Maitreya (Nembutsu!) zur Erlösung durch diese (Tariki = Fremderlösung) kommt.
Die Durchschlagskraft des Islam beruht wohl mit auf seiner starken Vereinfachung (gerade auch in der Betonung des radikalen Theismus) der bisherigen Religionen, auf der Betonung der Brüderlichkeit ohne Ansehen von Herkunft und Hautfarbe, (die zwar die anderen Religionen auch lehren, aber leider oft nicht wie der Islam ausüben), wie auch auf den von den östlichen Religionen geübten Niederwerfungen, durch die die Lehre und das Gebet in Fleisch und Blut übergehen (inkarnieren) und die in den kopflastigen, westlichen Formen des Christentums bedauerlicherweise fast ganz verlorengegangen sind.

Die Anfänge

Mit der Hidschra von Mekka nach Medina 622 beginnt sich der Islam auszubreiten: 635 Palästina, 640 Ägypten, 643 Persien, 8. Jh. NW-Afrika, Spanien, Punjab usw. und unter den Abbasiden Verlegung des Kalifats und damit des Zentrums des Islam nach Bagdad.
Mit der Erlangung der Macht über die anderen Religionen setzt eine relative Duldung derselben ein. So finden wir, ähnlich wie zur Zeit der Sassaniden in Gundischapur und in Fortführung dieser Tradition, am Hofe der Kalifen in Bagdad den syrisch-christlichen Patriarchen. Wie weit die Begegnung der Religionen, Völker und Rassen ging, zeigt uns, daß einer dieser *christlichen* Patriarchen am Hofe der *islamischen* Kalifen ein uigurischer, also *türkischer* Fürst aus Zentralasien war.
Berühmte Großwesire, die fast alle Macht in den Händen hatten, waren eine zeitlang die Barmakiden. „Barmakide“ ist kein Geschlechtsname, sondern eine Verballhornung des Sanskritwortes „Paramaka“, d. h. Oberaufseher. Die Barmakiden, die sich nur opportunistisch proforma zum Islam bekannten, waren die Oberaufseher der riesigen buddhistischen Ländereien und Heiligtümer im

Nord-Osten des Iran. So fand auch in dieser Zeit ein friedliches Miteinander von Christen und Buddhisten unter Vorherrschaft des Islam in Bagdad statt.

„Die Zeit Timotheus I. (syr. Patriarch 8. Jh.) zeigt nach vorwärts darin einen epochalen Charakter, daß seit ihr das christliche Syrertum, zunächst und im stärksten Maße nestorianischen Bekenntnisses, seine im Gesamtrahmen menschlicher Geistesgeschichte wohl wichtigste Aufgabe zu erfüllen beginnt: der neuen mohammedanischen Kulturwelt das profanwissenschaftliche Geisteserbe der griechischen Antike zu vermitteln, das von jener aus, vielfach durch jüdische Vermittlung, wieder das christliche Abendland befruchten sollte“[132].

„Von den 300 Gelehrten, die Louis Cheikho in dem Sammelwerk ‚Die arabisch-*christlichen* Gelehrten unter dem Islam, 622-1300‘ verzeichnete, waren nicht weniger als 63 auch als Übersetzer tätig, viele als amtliche Übersetzer der Kalifen. Interessant ist dabei die berufliche Spezialisierung. Unter den 300 Gelehrten finden sich 215 Ärzte, 40 Philosophen und Logiker, 10 Mathematiker ... Die Christen taten sich demnach vor allem auf dem Gebiet der Heilkunde hervor. Tatsächlich gab es keinen einzigen Kalifen, der nicht christliche Ärzte beschäftigte. Sie waren nicht nur Praktiker, sondern auch Wissenschaftler, welche ihre Kenntnisse der griechisch-römischen Heilkunde mit den Erfahrungen der eigenen landesüblichen Medizin verbanden. Ihnen ist auch die Einführung des Experiments in die Heilkunde zu verdanken ... Auch die arabische Philosophie wurde von den Christen entscheidend mitgeprägt. Ohne ihr Wirken hätten die Araber im 12./13. Jh. wohl kaum den Aristotelismus nach Westeuropa vermitteln und solcherart die Grundlage für die moderne technische Entwicklung Westeuropas in der Neuzeit liefern können. Es gehört zu den Seltsamkeiten der Geschichte, daß die Araber dank der Arbeit syrischer Christen zu Kulturträgern für die westliche Christenheit wurden. Man kann nur darüber rätseln, ob sich das Verhältnis zwischen Arabern und Christen ohne die Kreuzzüge nicht völlig anders entwickelt hätte. Denn die Christen genossen während Jahrhunderten das Vertrauen ihrer muslimischen Herren."[133] – Der Einfluß der syrischen Christen als Übersetzer, Ärzte und sonstige Gelehrte war nichts anderes als eine Fortsetzung ihres Wirkens im persischen Sassanidenreich, wie wir es im vorigen Kapitel darstellten.

So kommt (632) die erste offizielle (inoffiziell: Reisende und Handeltreibende schon lange vorher) christliche Gesandtschaft im Auftrag des Patriarchen Timotheus I. unter Führung des Mönches Alopen gemeinsam mit islamischen Glaubensträgern nach Sianfu, der chinesichen Hauptstadt, wo sie vom Kaiser empfangen wurden, der sich ihre Botschaft interessiert anhörte und die Erlaubnis zur Mission gab. Wir lesen darüber auf der berühmten Stele von Sianfu: „Der große Herrscher Kao-Tsung folgte voller Würde und Achtung seinen Vorgängern nach. Und indem er die ‚Wahre Religion' (d. h. die Lichtreligion) mit dem gebührenden Glanz versiegelte, veranlaßte er, daß Klöster der Lichtreligion in jeder Provinz gegründet wurden. Dementsprechend ehrte er Alopen dadurch, daß er ihm das Amt des ‚Großen Patronen' und ‚Geistlichen Herren des Reiches' übertrug. Die Lehre breitete sich über die 10 Provinzen (Chinas) aus, und das Reich genoß großen Frieden und Eintracht. Klosteranlagen wurden in vielen Städten errichtet usw." [134]
Und daß dies keine Übertreibung ist, beweist die Tatsache, daß, als die Inschrift in Stein gehauen wurde, den „Titel des Direktors der Reichsverwaltung der Zeremonien, der Musik, Festspiele, der Opferungen und Anbetung ein nestorianischer Priester und Erzdiakon, das Haupt der Kirche von Kumdan und Saragh, innehatte, dessen Name Gabriel war".[135] Der ‚Direktor der Reichsverwaltung der Zeremonien usw.' ist das höchste Amt, das es in China überhaupt gibt.

Die Wechselbeziehungen der Religionen im 1. Jahrtausend nach der Zeitenwende in Asien kann man nur richtig einschätzen, wenn man die Bedingungen, unter denen die Menschen dort lebten, berücksichtigt. Das bringt nun das folgende Kapitel.

XII. Die Seidenstraßen

Die Seidenstraßen haben wir schon kurz im Vorwort skizziert. Diese Handelswege sind in Mittel- und Zentralasien durch die gewaltigen Bergmassive, die Flußtäler und die unwirtlichen Wüsten von der Natur vorgegeben und daher uralt. Das Pamirmassiv (bis zu 7548 m hoch) kann man mit der Achse einer Drehscheibe vergleichen, von der wie Speichen die Gebirgsketten und -Täler ausgehen und um die herum sich die kulturellen Ereignisse abspielen.

Zentralasien

Das Gebiet östlich des Pamir wird Zentralasien genannt. Hier erstreckt sich von West nach Ost, etwa 1700 km lang, das Tarimbekken, ein Wüstengebiet, welches zurecht seinen Namen „Taklamakan" trägt: d. h. „Wer hineingeht, kommt nicht mehr heraus". Im Süden wird das Tarimbecken von dem Kunlun-Gebirge (bis 8611 m hoch) und dem Astin Tagh begrenzt, im Norden durch den Tien Shan, das Himmelsgebirge, (bis 7439 m hoch). Nördlich des Himmelsgebirges erstrecken sich die südsibirischen Steppen mit weiteren Gebirgsketten, südlich des Kunlun das tibetische Hochland. An seiner tiefsten Stelle, der Turfansenke, liegt das Tarimbecken 154 m unterhalb des Meeresspiegels.
Das Tarimbecken ist eine glühende Wüste mit unterschiedlichsten Steppen- und Gebirgsformationen und wandernden Sanddünen gewaltigen Ausmaßes, die mitunter unwiderstehlich ganze Oasen verschlingen. Wie ein Dunstschleier hängt der Staub über der Wüste. Die Luft ist aber so trocken, daß Leichen mit ihren Kleidern und an-

deren vergänglichen Grabbeigaben mitunter tausend Jahre unverwest überdauern.
Durch die enormen Temperaturdifferenzen zwischen den eisigen Gletschermassiven in sechs- bis achttausend Meter Höhe und den glühenden Stein- und Sandformationen auf Meereshöhe entstehen infolge kalter, fallender und heißer, aufsteigender Luftmassen ohne vorherige Anzeichen am Himmel urplötzlich so rasende Wirbelstürme, daß durch die mitgerissenen Sand- und Gesteinsmassen der Tag zur Nacht wird und grauenerweckendes, kreischendes Geheule den Eindruck erweckt, als seien alle blutgierigen Dämonen der Hölle losgelassen. Karawanen, die in solche Stürme gerieten, waren mit Mensch und Tier hoffnungslos verloren.
Der chinesische Pilger Fa-xian beschreibt die Taklamakan auf seiner Reise nach Indien (399-414) so: „In der Wüste gibt es viele Dämonen und heiße Winde. Reisende, die ihnen begegnen, kommen alle bis auf den letzten Mann um. Kein Vogel ist in der Luft oben sichtbar und kein Tier auf der Erde unten. Auch wenn man sich angestrengt nach allen Richtungen umschaut, um zu sehen, wo man hingelangen kann, weiß man nicht, welche Richtung man wählen soll. Die einzigen Zeichen und Hinweise für den Weg sind die trocknen Knochen der Toten."[136]

Selbst heute, wenn man mit Bussen auf zum Teil abenteuerlichen Pisten die Wüste durchquert, dünkt einem oft die eintönige Reise endlos. Damals benutzte man Pferde, Esel, Maultiere, Ochsenkarren und als Tragtiere vor allem Kamele. Im Fußgängertempo wanderten die Karawanen von Oase zu Oase. Die Entfernungen von einer zur anderen betrugen drei bis acht Tage. Nur dort konnte man seine mitgeführten Wasser- und Lebensmittelvorräte ergänzen und den erschöpften und von den spitzen, scharfen Steinen verwundeten Tieren Erholung gewähren.

Wo von den Randgebirgen die Schmelzwasserflüsse in die Wüste münden, entstanden seit alters her durch kunstvolle unterirdische

Bewässerungsanlagen diese Oasen, die die Reisewege am Nord- und Südrand des Beckens bestimmen. In den Annalen der Han-Dynastie um die Zeitenwende finden wir ca. vierzig solcher Oasen aufgeführt. Dort werden von fleißigen Kleinbauern die köstlichsten Früchte, Gemüse, Gewürze, Getreide, Baumwolle u. a. m. angebaut, die auch auf den Handelswegen bis an die Höfe der fernen Herrscher verkauft wurden.

Handwerker erzeugen und reparieren Kleider, Mützen, Schuhe, Waffen, Musikinstrumente; Ärzte, Apotheker, Gaukler, Garköche, Märchenerzähler, Nudelmacher, Musiker usw. bieten ihre Dienste an. Und alles, ja auch das Familienleben spielt sich auf offener Straße ab! Jeder spricht mit Jedem! Kommt ein fremder Reisender, der schon an seiner Kleidung, an seinem Gesichtsschnitt, an seiner Sprache zu erkennen ist, so bildet sich um ihn herum eine Traube von Menschen, die das Neueste aus fernen Ländern von ihm erfahren wollen.

Und diese Neuigkeiten verbreiten sich im Nu durch die ganze Oase – und bis hinauf auf die mehrere tausend Meter hohen Gebirge und Hochplateaus! Denn die Oasen sind zugleich der Umschlagplatz, wo die Nomaden ihre Produkte: Felle, Wolle, Gewebe, Edelsteine, Fleisch, Tiere usw. feilbieten und – oft im Tauschhandel – einkaufen und, was für sie von großer Wichtigkeit ist, die neuesten Nachrichten vom ‚Weltgeschehen' mit heimnehmen.

Die Reisenden und ganz besonders die Handeltreibenden, – angefangen vom kleinen Mann, der zwei, drei Melonen aus seinem Garten anbietet, bis hin zu den reichen Kaufleuten – sind die Nachrichtenbörse, über die man Kunde aus aller Welt erhält. Und „alle Welt" war dort unterwegs: Skythen, Griechen, Parther, Saken, Yüe-tschi, Hephthaliten, Sogdier, Tocharer, Hunnen, Rouran, Toba, Türken, Tibeter, Tanguten, Kirgisen, Mongolen, Inder, Chinesen, Tadschiken, Syrer, Juden, Perser usw.

Die preußischen Turfanexpeditionen haben von dort Schriften in 17 verschiedenen Sprachen und 24 verschiedenen Alphabeten nach

Berlin gebracht. „Um 1900 entdeckte ein taoistischer Abt in Dunhuang eine Höhle, in der über 50.000 Dokumente und Kulturzeugnisse aus der Zeit vom 4. bis zum Ende des 10. Jh. verborgen waren. ... Sir Aurel Stein transportierte 150 Brokatstücke, 500 Malereien und 6500 Dokumente ab. Allein die heute in London bewahrten chinesischen Schriftrollen, die einem Zeitraum von 600 Jahren entstammen, haben eine Länge von 30 bis 50 km. Hinzu kommen Bücher in westlicher oder indischer Form und zahlreiche Blockdrucke, darunter das älteste bisher bekannte Druckwerk der Welt, eine Kopie des berühmten ‚Diamantsutras', das auf den 11. 5. 868 datiert ist".[137] Diese Aufzählung soll uns nur eine Ahnung von dem geben, was für ein reger kultureller Austausch sich dort im 1. Jt. n. Chr. abspielte. Die kulturellen Schätze, die noch ungehoben in den Tausenden von zum Teil großartig ausgemalten Höhlen liegen bzw. nach Paris, London, Berlin, St. Petersburg, Peking, Japan und den USA geschafft wurden, sind dabei noch gar nicht berücksichtigt: Denn uns geht es ja nicht um eine Kulturgeschichte der Seidenstraßen im kunstgeschichtlichen Sinne.

Uns geht es um die Wechselbeziehungen der Religionen in diesem historisch-geographischen Raum. Um diese zu verstehen, bedarf es nicht nur der Entzifferung und Auswertung jener Dokumente, für die die Wissenschaftler noch etwa 20 Jahre brauchen werden, (wie mir Prof. Klimkeit sagte). Diese Dokumente geben zwar ein beredtes Zeugnis für die Vielfalt und die hohe Kulturstufe der damaligen Zeit: „Die Kulturstufe, welche die Trachten in Verbindung mit den kunstvoll gemalten Gemälden und den kalligraphisch geschriebenen Handschriften uns vor Augen führen, muß erheblich größer gewesen sein als die damals in den germanischen Staaten Europas vorhandene".[138] Aber der Sitz im Leben, wo der eigentliche Kontakt zwischen den Religionen stattfand, sind die Märkte, die Straßen der Oasen, die Karawansereien, wo Einheimische und Fremde von nah und fern einander trafen und miteinander lebten.
Denn Durchreisende mußten oft Wochen oder Monate, mitunter

Jahre bleiben, bis sie weiterreisen konnten, damit ihre Reit- und Lasttiere sich regenerieren oder ausgetauscht werden konnten, bzw. ihre nach orientalischer Manier langwierigen Geschäfte abgewickelt waren oder die Vorräte ergänzt werden konnten. Auch brauchte man viel Geduld, bis einem die klimatischen Bedingungen eine Weiterreise erlaubten, vor allem, wenn es um die Durchquerung reißender, wasserführender Wadis in der Schmelzperiode der Gletscher oder die Überquerung hoher, monatelang verschneiter Gebirgspässe ging.

Wichtig für den Aufenthalt und die Erlaubnis zur Weiterreise war auch die Gunst der politischen Herrscher einer Oase, ob das nun ein König, ein Statthalter, ein Garnisonsgeneral, ein kleiner Ortsvorsteher oder dergleichen war. Wenn auch unterschiedlich, waren doch diese Oasen auf Grund ihrer Abgelegenheit meist recht selbständige politische Gebilde, die mehr in Form von Tributpflichtigkeit mächtigeren Herrschern unterstanden. Die Reisenden brauchten von den Ortsoberen eine Aufenthaltserlaubnis, bzw. die Genehmigung, Handel zu treiben und, sehr wichtig für die Weiterreise: Empfehlungsschreiben an andere Herrscher. Diese Empfehlungsschreiben spielen in allen Reisebeschreibungen bis in unsere Tage hinein eine große Rolle. Um all diese Privilegien zu erlangen, bedurfte es wiederholter stundenlanger Einladungen und Gegeneinladungen mit Gastmählern und künstlerischen Vorführungen sowie endloser Gespräche, die sich selbstverständlich auch um die Herkunft des Fremden, sein Heimatland, seine Religion drehten. Die Ortsoberen hatten in diesen abgeschiedenen Gebieten unendlich viel Zeit für solche angenehmen Abwechslungen. Gerade die westlichen Reisenden der ersten Hälfte unseres Jahrhunderts klagen über diese langwierigen Gespräche, bei denen man nach orientalischer Sitte ja nicht auf das sie eigentlich interessierende Thema kommen durfte.
Das die dortigen Menschen mit Abstand am meisten bewegende Thema war nämlich immer die Religion! Hierüber gab es endlose Dispute sowohl auf den Straßen und Märkten wie auch in den Kara-

wansereien. Und war der Reisende ein religiös gebildeter Mensch, dann konnte es leicht dazu kommen, daß man ihm selbst mit Gewalt nicht erlaubte, weiterzureisen (wie es auch unser eben erwähnter Pilger Fa-xian beschreibt), weil diese lebensentscheidenden Fragen so elementar die Menschen interessierten.

Auf den Seidenstraßen, gerade im Gebiet der Taklamakan, dreht sich alles um Religion. Das ist, abgesehen von den westlichen Menschen der Neuzeit, ganz natürlich: Nur vom Transzendenten, vom LICHT her kann man den Schein richtig verstehen, sachgemäß mit ihm, mit seinen Mitmenschen richtig umgehen. Nur ein religiös einwandfreier Mensch ist ein ehrlicher Händler. Nur ein Mensch mit echter Frömmigkeit ist ein zuverlässiger Reisebegleiter bzw. ein Mensch, den man in der Oase dulden kann.

Alles wird vom Kult, vom Gebet her bestimmt. Auch auf der Straße wird gebetet. Wenn sich Karawanen vor dem Aufbruch in die Wüste sammelten – was sich über viele Wochen hin erstreckte – tat man sich nur mit solchen Weggefährten zusammen, denen man religiös trauen konnte, gleichgültig, welcher Religion sie angehörten.

Denn die Reise war überaus gefährlich: es ging ja nicht nur um die Waren und die Währung, die man mit sich führen mußte, sondern auch um Leben und Tod! Immer wieder lesen wir in den Reisebeschreibungen etwas über dieses schreckliche Katz- und Mausspiel zwischen den Reisenden und den orstkundigen Führern: Der Führer bekommt seinen Lohn, wenn er die Reisenden sicher an sein Ziel bringt. Wer aber garantiert den Reisenden, die den Lohn bei sich tragen müssen, daß sie der Führer nicht heimlich bei Nacht verläßt und in der weglosen Wildnis umkommen läßt, um sie dann auszurauben? Oder ist er nicht sogar der Mittelsmann einer Räuberbande, der die Reisenden in die Falle zu führen hat? – Oft ist der Führer der einzige sprachkundige Unterhändler, wenn es gilt, mit räuberischen Nomaden zu verhandeln, die es dort immer wieder gibt. Ist er ein ehrlicher, d. h. ein religiös echter Vermittler?

In solch lebensgefährlichen Gebieten ist das Vertrauen auf Gott und seine Schutzpatrone der einzige tragfähige Grund. Und nur religiös echten Menschen kann man trauen. AUF DEN SEIDENSTRASSEN DREHT SICH ALLES UM GOTT. Dabei ist es dem Orientalen oft nicht wichtig, welche Form der Religion der andere ausübt!

Das ist der Sitz im Leben, wenn wir uns mit den Wechselwirkungen der Religionen auf den Seidenstraßen befassen. Die literarischen und künstlerischen Dokumente sind der objektive Beweis für die Richtigkeit des Dargelegten. Denn das archäologische, kunstgeschichtliche und literarische Material bezeugt im überwältigenden Ausmaß, wie sehr sich alles um religiöse Themen drehte.

Nördlich, westlich und südlich des Tarimbeckens

Wir haben uns bisher ausführlicher mit Zentralasien befaßt, weil es gerade in Hinsicht auf die Wechselbeziehungen der Religionen nach der Zeitenwende durch seine geographische Lage und Besonderheiten eine herausragende Rolle spielte. Dabei muß aber ausdrücklich bemerkt werden, daß die Nomadenreiche östlich, nördlich und westlich des Tarimbeckens bis hin zum Kaspischen und Schwarzen Meer vor allem auch vor der Zeitenwende wichtig waren für die wirtschaftlichen und kulturellen Beziehungen von Ost und West. Durch ihre politische und wirtschaftliche Macht wirkten sie mitunter nachhaltig auf das Geschehen im Tarimbecken ein.
Weitere Einflüsse gingen zeitweise vom tibetischen Hochland aus mit seiner tiefen Religiosität, seinen mitunter recht kriegerischen Herrschern und seiner, wenn auch geographisch recht unwirtlichen, Mittlerstellung zwischen Indien und China.

Die unmittelbare Hauptverbindung von Indien in das südliche Tarimbecken führte von Taxila im Punjab durch das Industal und weiter durch das heutige Hunzatal entsprechend dem heutigen Karakorum Highway nach Norden. Diese Route durch die wilden, tief

eingeschnittenen Täler des Karakorum mit seinen bis über 8000 m hohen Bergriesen war überaus gefährlich. Auf schmalen, schwindelerregenden Saumpfaden ging es entlang den Felswänden und über unzählige, ständig in Bewegung befindliche Geröllhalden. Felsstürze gewaltigen Ausmaßes verschütteten (auch heute noch!) immer und immer wieder diese Wege, die oft 100 m und mehr oberhalb der reißenden Gebirgsströme entlangführten. Ein Fehltritt des Tieres, und alles war aus. Fast bei jeder Windung des Stromes mußten die Reisenden auf Serpentinen mühselig zum Fluß hinuntersteigen, um über gefährliche, zigmeter lange, gebrechliche Hängebrücken die reißenden Ströme zu überqueren und auf der anderen Seite wieder hinaufzusteigen. Jedes Seitental mit seinem reißenden Gletscherfluß war ein neues, schwer zu überwindendes Hindernis.
Bevor man schlußendlich über das Pamirplateau in das Tarimbecken hinabsteigen konnte, mußten die mehr als 5000 m hohen Pässe des Karakorum oder des Pamir mit ihrer die Höhenkrankheit auslösenden dünnen Luft überwunden werden.
Und doch war diese Straße der „tausend Hängebrücken“ ein viel begangener Weg für Händler, Pilger und sonstige Reisende, wie wir aus den Reisebeschreibungen wissen und wie es unzählige Felsritzungen, stets religiöser, d. h. buddhistischer, hinduistischer, christlicher und auch anderer Art bezeugen. Wenn auch die Menschen der damaligen Zeit wohl alle zutiefst religiös waren, – angesichts des unmittelbar drohenden Todes gibt es nur eine Zuflucht: zum Herrn über die Naturgewalten, zum Herrn über Leben und Tod.

Mittelasien

Mittelasien, westlich und nördlich des Pamir, ist das wichtige Vorfeld für die kulturellen Bewegungen in Zentralasien. Während das schwer zugängliche und extrem unwirtliche und gefährliche Tarimbecken nach der Zeitenwende mehr und mehr zum Schmelztiegel der Kulturen wurde, spielten sich die für uns wichtigen großen poli-

tischen Umwälzungen und Völkerwanderungen im mittelasiatischen Raum ab: Angefangen mit dem Alexanderreich und seinen Nachfolgestaaten, dem Seleukiden- und dem Graecobaktrischen Reich; dann die Auswirkungen der innerasiatischen Völkerwanderungen der Nomaden zur Zeit der Parther und Sassaniden, dem Reich der Saken, der Yüeh-dschi bzw. Kushan, der Hephtaliten (weißen Hunnen) und der Turkvölker, um nur die wichtigsten zu nennen. Auch die Chinesen versuchten immer wieder, ihren Einfluß bis nach Mittelasien auszudehnen. Mittelasien ist die Heimat der Sogder und später der Tocharer, welche eine bedeutende Rolle auf den Seidenstraßen in Zentralasien spielen.
Die Nomaden mit ihren Herden und auch die großen kriegerischen Horden waren auf die Weideflächen der Steppen und fruchtbaren Bergtäler angewiesen und mußten so auf ihrem Zug nach Westen die Taklamakan nördlich des Tienshan umgehen, um so nach Mittelasien einzufallen. Hier gab es dann häufig einen politischen Machtwechsel, während dem aber die kleinen Stadtstaaten meist eine gewisse Eigenständigkeit weiterhin behaupten konnten. So zeigte in diesem Gebiet der einheimische Feuerkult, wohl iranischer Herkunft, bei allen Überlagerungen durch den Buddhismus und die anderen, meist nomadischen Kulturen eine beachtliche Beständigkeit bis heute.

Mittelasien war mit seinen häufig wechselnden politischen Mächten ein Puffergebiet zwischen den oft in Bewegung befindlichen Nomadenreichen und dem mehr bodenständigen Parther- bzw. Sassanidenreich. Letzteres war dann die weitere Handels- und Kulturbrücke nach Syrien und zum Mittelmeerraum. Nach Süden führten die Seidenstraßen durch das heutige Afghanistan und Pakistan an das arabische Meer und von dort über die arabische Halbinsel (vgl. 7. Kap.) oder über Nordostafrika und den Nil hinunter ins Mittelmeer. Weitere wichtige Routen führten im Norden um das Kaspische Meer herum zum Schwarzen Meer nach Byzanz (Konstantinopel) und Griechenland oder nach Nordwesten in das heutige Europa.

In diesem Kapitel haben wir versucht, uns mit den Bedingungen vertraut zu machen, unter denen die verschiedenartigen Religionen in der Mitte des asiatischen Kontinents einander begegneten. Vor allem Zentralasien, aber auch Mittelasien waren als Durchreiseländer schon vor der Zeitenwende, besonders aber im 1. Jt. n. Chr. bis zur Ermöglichung des Seeweges eine gewaltige Handels- und Kulturbrücke zwischen West und Ost und Süd und Nord. Und die extrem gefährlichen geographischen und politischen Bedingungen und das selbstverständliche Miteinander aller Menschen, Einheimischer wie Reisender, in den Oasen waren der Nährboden für den intensiven, gegenseitigen, religiösen Austausch der Kulturen.

XIII. Die Entwicklung des Mahayana im 1. Jahrtausend n. Chr.

Wir haben uns die historischen und geographischen Bedingungen in den Jahrhunderten vor und nach der Zeitenwende und die Ausbreitung der Kulturen in Innerasien, soweit sie für uns von Bedeutung sind, angeschaut. Nun wollen wir uns die Auswirkungen dieser kulturellen Bewegungen hinsichtlich des Austausches und der gegenseitigen Befruchtungen zusammenfassend betrachten.

Solche Wechselbeziehungen sind oft nicht eindeutig historisch zu fassen, da sie die Folge eines sich über Jahrhunderte erstreckenden Neben- und Miteinanderlebens von konkreten Menschen sind, denen selbst dieser langsam wachsende Austausch mitunter gar nicht bewußt wird. Denn er findet sowohl durch die objektiv faßbaren Gegebenheiten wie Gespräche, Austausch von Texten, Erleben von andersartigen Riten usw. als auch im Unbewußten, dem „Verborgenen Bereich“, statt. Hierher gehört sicher das Miteinander der Buddhisten, Taoisten, Christen, Manichäer und anderer Religionen im 1. Jt. n. Chr. auf den Seidenstraßen.

Entscheidend dafür, daß überhaupt eine bewußte oder unbewußte Aneignung fremder Formen sich ereignen kann, ist, daß alle Beteiligten in gleicher Weise Menschen sind und daher in ein und derselben transzendent-immanenten Wahrheit leben, obwohl diese ihnen meist nur in ihrer beschränkten Perspektive bewußt ist. Eine Übernahme von Gebräuchen und Lehren aus anderen Religionen ist darum dann kein Synkretismus, wenn dadurch eine erweiterte Got-

tesbeziehung entsteht. Auch erhalten die übernommenen Formen im neuen Umfeld ein neues Gesicht.
So sind alle Religionen grundsätzlich und wesenhaft offen, durch die Sicht der anderen in die immer größere Weite der Transzendenz hineinzuwachsen, auch wenn die Menschen gerade im religiösen Bereich oft sehr konservativ und eng sind. Letzteres ist dann m. E. auch der Grund dafür, daß die durch die Begegnung mit anderen gewonnenen Erkenntnisse als Entwicklung ihrer eigenen religiösen Erfahrung gewertet und in ein der eigenen Tradition entsprechendes Gewand gekleidet werden. Hierfür finden wir im Bereich unserer Untersuchungen eine Fülle von Beispielen.

Die Schwierigkeit der Darstellung besteht nun darin, daß solche inclusiven Entwicklungen zur je eigenen religiösen Exclusivität sich über Jahrhunderte erstrecken und deshalb räumlich-zeitlich nicht exakt zu fassen sind. Jedoch sind sie als Frucht raum-zeitlicher Begegnung dem unvoreingenommenen Beobachter unübersehbar.

Die Entwicklung des Mahayana-Buddhismus

Die Entstehung des Mahayana-Buddhismus haben wir im 9. Kapitel betrachtet. In den folgenden Jahrhunderten hat sich der Buddhismus sowohl durch den Kontakt mit anderen Kulturen als auch durch Selbstreflexion weiterentwickelt. Ersteres auszuschließen und die Weiterentwicklung als rein innerbuddhistisch einzustufen, scheint eine Tendenz unserer Zeit zu sein, mit der Absicht, die Gefühle der anderen Kultur nicht zu verletzen. Sie widerspricht sowohl den selbstverständlichen Gegebenheiten der kulturellen Entwicklungen, die alle auf gegenseitiger Beeinflussung beruhen, als auch dem Grundkonzept des Buddhismus, daß alles in gegenseitiger Abhängigkeit steht. Wir sollten die Dinge nüchtern betrachten.

Michael v. Brück schreibt: „Mahayana ist also keine einheitliche Tradition. Am Anfang mag eine einzigartige Inspiration gestanden haben, aber vieles kam zusammen, um dieser Bewegung ihre reife Gestalt zu geben. Um die historischen Veränderungen der buddhistischen Tradition begreifbar zu machen, sprachen die späteren Buddhisten von dem dreimaligen ‚Drehen des Rades': abidharma, madhyamika und Yogacara. Oder in einer anderen Lesart: das Fortschreiten vom Hinayana zum Mahayana und schließlich zum Tantrayana."[139]
Daß das Mahayana keine einheitliche Tradition ist, darüber dürften sich wohl alle Kenner einig sein. Es will ja bewußt und ausdrücklich umfassend Altes und Neues in sich vereinigen. Auch bin ich auf Grund der im 9. Kapitel dargelegten innerbuddhistischen Zeugnisse (Lotos-Sutra) sicher, daß am Anfang eine ‚einzigartige Inspiration' gestanden hat: „Auf Grund dessen sagten wir, daß, obwohl wir im Herzen keinerlei Erwartung hegten, jetzt das große Juwel des Gesetzes-Königs *von selbst* zu uns gekommen ist."[140] Der Sitz im Leben für diese einzigartige Inspiration ist aber in der Begegnung des Buddhismus mit dem Christentum zu finden, und zwar auf den Seidenstraßen in Gestalt des Buddhas des *Westens*.

Jesus, der, wie wir aus dem Grund seiner gerichtlichen Verurteilung erfahren, in göttlicher Autorität handelte, wurde von seinen **Zeitgenossen (!)** nach seinem Sterben, angefangen von Maria Magdalena bis hin zu Paulus, als der Auferstandene **erfahren**. Und er wurde vor allem in den Paulusbriefen und im Johannesevangelium, die heute zu den frühesten zeitgenössischen Zeugnissen zählen, als der **kosmische Christus**, als das **Licht**, durch das alles wird und das jeden Menschen erleuchtet, verkündet.
Der historische Siddhartha Gautama wurde etwa 500 Jahre lang von allen seinen Anhängern als der **Erleuchtete** verehrt, als der er sich selbst bezeichnete. Und erst etwa im 2. Jh. n. Chr. beginnend (!) wird in ihm diese praekosmische, universale Lichtnatur geschaut, die er (nach dem Lotos-Sutra) vor unendlichen Reinkarnationen erlangt

hatte (also nicht ursprünglich war). Er wird nun im Laufe der Jahrhunderte mehr und mehr zum Buddha des unendlichen Lichtes: Buddha Amitabha, gipfelnd im kosmischen Sonnenbuddha Vairocana, der in der Hua-yen-Schule alles in allem ist.

Wenn wir im Folgenden die Entwicklung des Mahayana auf den Seidenstraßen betrachten, sollten wir diesen historisch unleugbaren Unterschied von Buddhismus und Christentum, den wir ausführlich im 9. Kapitel dargelegt haben, klar vor Augen haben: In beiden geht es um die Lichtnatur. Im Christentum wurde sie schon von Zeitgenossen als das *Wesen* des Stifters erkannt, im Buddhismus erst, beginnend ca. 500 Jahre nach dem Parinirvana des Stifters, als *erworben* benannt.
Das junge Christentum interpretierte seine Erfahrungen mit Hilfe der altägyptischen, von der Schöpfung genommenen Bilder: jungfräuliche Geburt der Sonne (Urbild des LICHTES), ihr Abstieg in die Unterwelt, Auferstehung, Himmelfahrt, ewiges Leben. Warum sollten da nicht auch die Buddhisten ihre Erfahrungen von der Buddha-, der Erleuchtungsnatur aller Dinge, – motiviert durch die Botschaft der Christen –, auf ihren historischen Stifter übertragen und ihn so nachträglich zu einer kosmisch-transkosmischen Gestalt deifiziert haben? Schließlich übernimmt heute auf weiten Strecken die westliche Christenheit zur besseren Selbstfindung unter anderem von den Hindus den Yoga bzw. von den Buddhisten das Zen und von den Taoisten die Chi-Übungen. Alle Religionen können voneinander lernen!

Wir wollen uns erst eine kurze Übersicht über die Entwicklung des Mahayana-Buddhismus auf den Seidenstraßen verschaffen, bevor wir dann das Material im Hinblick auf die Fragestellung unseres Buches auswerten. Hierzu reicht eine kurze, skizzenhafte Übersicht. Ausführlich ist diese Entwicklung dargestellt in: P. Schmidt-Leukel: „Den Löwen brüllen hören“ und M. v. Brück: „Buddhismus und Christentum“. Reihenfolge und Datierungen der einzelnen Schulen sind oft fragwürdig, da ihnen meist längere Entwicklungen vorausgehen, verschiedene Quellen in den Texten zusammengestellt wurden und obendrein das Material noch nicht vollständig wissenschaftlich ausgewertet werden konnte.

Prajna- paramita

M. v. Brück[141] vermutet die eigentliche Quelle des Mahayana in den Waldmönchen, die nach einer höheren Vollkommenheit (paramita) strebten als die etablierten Dorfmönche oder die gelehrten Stadtmönche. In ihnen soll die Prajna-paramita-Tradition (die Weisheit der Leere), die einen wesentlichen und umfangreichen Teil des kommenden Mahayana ausmacht, ihren Ursprung haben. Wie wir aber unter anderem im 6. Kapitel ausführlich dargelegt haben, ist diese „Weisheit der Leere" weltweit uraltes Menschheitsgut. – Daß in dieser buddhistischen Urerfahrung der „Weisheit der Leere", die ohne Unterbruch auf den historischen Buddha Shakyamuni zurückgeht, die existentielle Quelle des Mahayana zu suchen sei, scheint auch mir sehr wahrscheinlich.

Es gibt etwa 40 Prajna-paramita-Sutren, von denen die beiden bekanntesten das Diamantsutra und das Herzsutra sind. Im Herzsutra finden wir den für den Mahayana-Buddhismus so typischen Satz: „Form ist nichts anderes als Leere, Leere nichts anderes als Form. Form ist wirklich Leere, Leere ist Form." Er ist nur eine andere Formulierung für die uralte chinesisch-taoistische Yin-Yang-Tao-Lehre, wie wir sie im 3. Kapitel ausgeführt haben. In ihm wird wieder deutlich, daß die ganze Schöpfung polar strukturiert ist und daß darum tiefe Wahrheiten nur dialektisch ausgesagt werden können. Das gilt sowohl für jedes Geschöpf, wie auch für den Schöpfer. Jedes Geschöpf ist restlos leer, d. h. offen auf ständige Veränderung durch andere Formen, und es ist immer eine wirkliche, eine auf andere Dinge wirkende Gestalt. Form und Leere sind aber nur die zwei sich gegenseitig durchdringenden Pole des einen Geschöpfes. Weder gibt es Leere ohne Form, noch gibt es Form ohne Leere. „Form ist Leere; Leere ist Form." Und so ist ihre Struktur ein Bild des Dreieinigen Schöpfers, der (wir sprechen in Bildern!) sowohl als Materie der alles Ermöglichende, wie auch als Wirkender der alles Erschaffende ist (s. 6. Kap.).

Ausdrücklich als eigene Schule tritt das Prajna-paramita wohl erst im Mahayana auf und zwar im Lotos-Sutra als Unterschied zum Hinayana. Diese **urbuddhistische Erfahrung** der ‚Höheren Vollkommenheit' findet nun ihre eigene und für den Buddhismus **neue Ausdrucksgestalt** in den aus dem Westen kommenden Bildern des jungen Christentums: Der historische Mensch, Buddha Shakyamuni, wird zum Vater der Welt; wir sind alle seine Söhne; der unnahbar Erhabene kommt uns nahe durch Selbstentäußerung bis in den Schmutz; alle Geschöpfe haben die Buddha- d. h. Lichtnatur usw. (s. 9. Kap.).

Das Lotos-Sutra

Zu den frühen Quellen gehört das **Lotos-Sutra**, welches wir im 9. Kapitel ausführlich behandelt haben und hier nocheinmal kurz zusammenfassen. In ihm tritt zuerst die Unterscheidung von Arhat bzw. Pratyeka Buddha und Bodhisattva und damit die Unterscheidung von Hinayana und Mahayana auf. Während die beiden erstgenannten Bezeichnungen für Menschen galten, die individuell ihre Erleuchtung erlangt hatten, (daher ‚Hina-yana', d. h. kleines Fahrzeug), ist der Bodhisattva ein Mensch, der die Erleuchtung bereits erlangt hat, aber darauf verzichtet, in das Nirvana einzugehen, bevor nicht das letzte Lebewesen erlöst ist. Weil es hier um die Erlösung *aller* Geschöpfe geht, nennt sich diese Richtung ‚Maha-yana', d. h. Großes Fahrzeug. In Wirklichkeit aber gibt es nach dem Lotos-Sutra nur ein Fahrzeug (ekayana): eben die Buddhanatur. Nur habe

Buddha in Anpassung (upaya) an die unterschiedlichen Fähigkeiten der Menschen die drei Fahrzeuge (Triyana) gelehrt.
Damit wird auch als ein geschicktes Mittel (Upaya) das neue Auftreten des Mahayana mehr als 500 Jahre nach dem Hinscheiden des Buddha ausdrücklich apologetisch begründet. Denn jetzt erst wird offenbar, daß der historische Buddha Shakyamuni nur eine irdische Erscheinungsweise (Nirmana-kaya) war. In Wahrheit ist er schon vor unermeßlichen Zeiten zur Erleuchtung gelangt und bezeichnet sich so als ‚Vater der Welt', und alle Buddhisten sind seine Söhne.
Das Lotos-Sutra gilt in seiner bahnbrechenden Gestalt innerbuddhistisch gegenüber dem bisherigen Hinayana allgemein als eines der bedeutendsten Sutren und wird von allen Schulen des Mahayana anerkannt.

Madhyamika

Nagarjuna (2./3. Jh. n. Chr.) gilt als einer der bedeutendsten Philosophen des Buddhismus und ist der wichtigste Begründer der Madhyamika-Schule. „Der Name der Schule bezieht sich auf den ‚Mittleren Weg', den diese in Hinsicht auf Sein und Nichtsein der Dinge vertritt. Mit Hilfe von 8 Verneinungen (Nagarjuna) wird jede Aussage über das Wesen der Dinge als nicht zutreffend abgelehnt."[142] Die materiellen Dinge haben weder ein substantielles, feststellbares Sein noch sind sie nicht wirklich, also nur Schein. Wie wir schon im 2. Kapitel mit der Yin-Yang-Philosophie dargelegt haben, stehen alle Dinge restlos, d.h. auch substanzlos, in totaler Abhängigkeit zueinander. Sie sind wirklich, indem sie ständig aufeinander einwirken und so einander ständig verändern, also nicht fest-stellbar sind. Madhyamika ist also der ‚Mittlere Weg', weil er weder die Substanzialität der Dinge vertritt noch sie nur als pure Illusion bezeichnet. Sie sind ein In-Erscheinung-Treten des Absoluten, welches nur durch sie erfahren wird. Hier ist der Einfluß der chinesisch-taoistischen Yin-Yang-Philosophie durchaus möglich.

Das gilt auch für das Verstehen der Dinge, für die Wahrheit. Um zur höchsten Wahrheit (Paramartha-Satya) zu gelangen, muß man durch die relative Wahrheit (Samvriti-Satya) hindurchgehen. Nur durch das Verstehen der Dinge in ihrer relativen, aufeinanderbezogenen, vielschichtigen, ständig sich ändernden Wirklichkeit gelangt man zur Erfahrung der allen Dingen zugrundeliegenden einfachen, und darum unbegreiflichen Wahrheit.
Madhyamika unterscheidet also zwischen der relativen und der absoluten Wahrheit als zwei Weisen des Seins und der Erkenntnis und löst diese Spannung nicht zu Gunsten der einen, der gegenständlichen, oder der anderen, der idealistischen (alles ist nur Geist) Seite auf.
Die idealistische Seite vertritt die Yogachara-Schule.

Yogachara

Die Yogachara-Schule wurde im 3. Jh. n. Chr. in Indien von den Brüdern Asanga und Vasubandhu gegründet. Ihre Hauptthese ist: „Alles Wahrnehmbare ist nur Geist. Die Dinge bestehen nur als Erkenntnisvorgänge, nicht als Objekte. Außerhalb der Erkenntnis haben sie keinerlei Realität.“[143] Das betrifft nicht nur die Objekte, sondern auch die Subjekte der Erkenntnis. „Die Wahrnehmung ist ein Vorgang schöpferischer Imagination, der die Bilder der vermeintlich äußeren Objekte schafft.“[144]

Das klingt zwar sehr unrealistisch, ist es aber in Wahrheit nicht. Denn nur für den objektiv, d. h. von außen sehenden Menschen, scheinen die Geschöpfe Gegen-Stände zu sein. Aber kontemplativ, d. h. aus der Leere, dem Ursprung von allem betrachtet, erfährt der Mensch, daß die Dinge durch immerwährende Schöpfung ständig aus der Leere entstehen und durch Schwingungen, d. h. Energie, in Wechselbeziehung stehen, – wie das auch die zeitgenössische Physik bestätigt. Die Geschöpfe sind also ständig im Austausch stehende und darum sich wandelnde Energiebündel. Als Gegen-Stände erscheinen sie nur in der Weise unserer menschlichen Anschauung.[145] Diese menschliche Anschaung ist nicht falsch, solange man den Schein als eine Er-*Schein*-ungsweise des Lichtes versteht. Hält man aber den Schein für die Sache selbst, wie es die positivistische Wissenschaft und viele Menschen tun, dann irrt man sich über das Wesen der Dinge.

Hierauf beruht die für den Mahayana-Buddhismus wichtige Trikaya-Lehre, die, in älteren Erfahrungen wurzelnd, entscheidend von dem eben genannten Asanga ausgestaltet wurde. ‚kaya' heißt ‚Körper'; Trikaya ist die Lehre von den drei Körpern. Es sind der Dharmakaya, der Samboghakaya und der Nirmanakaya.
Dies sind nicht drei verschiedene Körper, wie dies aus mangelnder Eigenerfahrung von manchen Esoterikern interpretiert wird. Sondern die drei sind verschiedene Weisen, wie der Svabhavikakaya, der eigentliche oder Wesenskörper, erlebt wird:

- Jeder Buddha, jeder erleuchtete Mensch, kann von den anderen Menschen gesehen und angefaßt werden, das ist die Erfahrung des Nirmanakaya.
- Wenn ein Bodhisattva anderer Menschen oder Dinge inne-wird, d. h. *ein Leib und ein Geist mit ihnen wird*, ist das der Samboghakaya, der Leib höchsten Entzückens (hierzu sollten z. B. auch die Christen in der Eucharistiefeier verwandelt werden).
- Der Dharmakaya ist das kosmische Bewußtsein, daß alle Wesen im Gottmenschen (Purusha, Buddhanatur, kosmischer oder praeexistenter Christus) leibhaft eins sind (mystischer Leib Christi); er ist die eigentliche Ursache der Schöpfungsordnung (Ma'at, Rta) und des Naturrechts.

„Die T'ien-t'ai-Schule wird im allgemeinen als eine umfassende Richtung des Buddhismus angesehen, da sie alle Extreme und Einseitigkeiten anderer Schulen synthetisiert."[146] Im Madhyamika, bzw. bei Nagarjuna fanden wir die zwei Ebenen des Seins und der Erkenntnis: Samvriti-Satya, das aufeinander bezogene, also relative Geschaffene (Chin. yu-wei), und Paramartha-Satya, das einfache, also absolute Ungeschaffene (wu-wei). T'ien-t'ai betont nun die Einheit beider in der alles umfassenden Mitte (chung). Samsara und Nirvana sind Eins, bzw. eine Dreieinigkeit. Form (yu-wei) ist Leere (wu-wei) und Leere ist Form. Und die Mitte (chung), in der jedes Ding der weiten Welt enthalten ist[147], ist jenseits aller Worte.[148]
Hier finden wir die konsequente Umformung des indischen Denkens von Samsara und Nirvana durch das taoistische, chinesische Denken, daß Yin (das Formbare) und Yang (das Formende) im Großen oder Himmlischen Einen (dem Kreis) eins sind. Das will das heute weitbekannte, uralte, chinesische Yin-Yang-Symbol ausdrükken.

Die Hua-yen-Schule entsteht um 600 n.Chr. in China. Sie vertritt die Lehre der ‚Totalität', d.h. alle Phänomene durchdringen einander, ohne einander zu behindern. Die Vielheit ist in dem Einen vereint, und das Eine erscheint in der Vielheit. Das betrifft sowohl die Gesamtheit der Dinge als auch jedes einzelne Ding.
Ein kleines Beispiel mag das verdeutlichen: Jedes Glied oder jedes Organ desselben Menschen ist eine Erscheinungsweise dieses Menschen. Das Ganze erscheint in jedem Teil, und jeder der vielen Teile ist eine Erscheinungsweise des Ganzen.
So bedingt alles einander, und keines kann ohne das andere bestehen. Hier begegnet uns wieder, wenn auch nicht in gleicher philosophischer Durchdringung, was wir ca. 3000 Jahre früher in Gestalt der Ma'at als eine wesentliche Grundlage der altägyptischen Mentalität fanden.

„Die Hua-yen-Schule unterscheidet sich in einem wichtigen Punkt von den anderen mahayanistischen Richtungen: sie konzentriert sich auf die Beziehungen zwischen Phänomen und Phänomen und nicht auf die zwischen Phänomen und Absolutem. Alle Dinge befinden sich in vollkommener Harmonie miteinander, da sie alle Manifestationen des einen Prinzips sind. … Von diesem Standpunkt aus ist alles in der Welt, egal, ob belebt oder unbelebt, Ausdruck des höchsten Prinzips und ist daher eins mit dem Buddha-Geist."[149]

„T'ien-t'ai ehrt noch das Andenken an den (doketisch[150] erschienenen) historischen Sakyamuni, Hua-yen hingegen geht direkt zur Quelle aller Buddhas zurück, nämlich zum kosmischen Sonnenbuddha Vairocana: In der zeitlosen Welt des blendenden Sonnenlichts, im Bereich des Unendlichen selbst, ist alles eins, und eins ist alles, weil der kleinste Teil der Unendlichkeit immer noch unendlich und somit das Ganze ist."[151]

„Im Mahayana kennt man ‚Reine Länder' (auch Buddha-Länder oder -Paradiese genannt), über die jeweils ein Buddha herrscht. ... Diese Reinen Länder sind transzendenter Natur. Sie sind die Hoffnung der Gläubigen, die dort wiedergeboren werden wollen. Dabei spielt nicht ihr gutes Karma die entscheidende Rolle, sondern die Hilfe des entsprechenden Buddha. ... Das Wichtigste ist Sukhavati, das Reine Land des Westens oder westliche Paradies, über das der Buddha Amitabha herrscht."[152] Diesen haben wir bereits im 9. Kapitel bei der Entstehung des Mahayana kennengelernt. Er ist es, der, wenn man ihn voll tiefen Vertrauens auf seine Kraft und Hilfe ständig anruft (Nembutsu), einem die Sünden vergibt und in der Todesstunde in sein westliches Paradies aufnimmt, aus welchem man nicht mehr wiedergeboren wird.

Im Volksglauben wird dieses Paradies als ein im Westen lokalisierbarer Ort der Glückseligkeit angesehen (wie bei den Christen der Himmel). Diese Visualisation des Buddha Amitabha, seiner Heiligen und des Paradieses gilt aber im Kult der Reines-Land-Schule nur als Vorstufe. „Die höchste Stufe der Praxis stellt die Kontemplation des Buddha Amitabha als nicht verschieden von unserem eigenen Wesen dar".[153] (vgl. Gal. 2,20: „Ich lebe, aber nicht ich, sondern Christus lebt in mir").

Das ist geradezu klassisch formuliert in dem „Tibetanischen Totenbuch", – ‚klassisch', weil es dialektisch die Erfahrung ausdrückt, die allen Kontemplativen aller Zeiten gemeinsam ist und die jeder Mensch spätestens im Augenblick seines Sterbens macht[154]:
„O Edelgeborener NN., höre zu. Jetzt erfährst du die Strahlung des Klaren Lichtes Reiner Wirklichkeit. Erkenne sie. O Edelgeborener, dein jetziger Geist, seiner wirklichen Natur nach leer, nicht zu irgend etwas wie Merkmalen oder Farbe geformt, natürlicherweise leer, ist die wahre Wirklichkeit, die allgute Mutter.

Dein eigener Geist, der jetzt leer ist, jedoch nicht als die Leere des Nichts zu betrachten ist, sondern als reiner Geist, unbehindert, leuchtend, erregend und glückselig, ist das wahre Bewußtsein, der allgute Buddha.
Dein eigenes Bewußtsein, das zu nichts geformt und in Wirklichkeit leer ist, und der erkennende Geist, leuchtend und glückselig – diese beiden sind unzertrennlich. Die Vereinigung von beiden ist der Dharmakaya-Zustand Vollkommener Erleuchtung.
Dein eigenes Bewußtsein, leuchtend, leer und untrennbar von dem großen Strahlungskörper, hat weder Geburt noch Tod und ist das unveränderliche Licht – Buddha Amitabha«[155].

In diesem relativ späten buddhistischen Text wird „Das Licht, das jeden Menschen erleuchtet – kommend in die Welt“, (Joh. 1,9) ‚Buddha Amitabha‘ genannt: wieder eine Frucht interreligiöser Begegnung. Dieser Erleuchtete des Westens (s. 9. Kap.) hatte ja gesagt: „Daß alle eins seien, wie du, Vater, eins mit mir und ich eins mit dir, daß auch sie eins seien mit uns“ (Jo. 17,21) Und: „Wer mein Fleisch ißt und mein Blut trinkt, der bleibt in mir und ich in ihm“ (Jo. 6,56). Diesem mystischen ‚Leib‘ des kosmischen Christus entspricht dann in der Trikaya-Lehre, der Lehre von den drei Leib-Weisen des Buddha, der Dharma-kaya, der mystische Alleinheits-Leib im Mahayana. Diesem ‚Dharma-kaya‘ liegt die gleiche Erfahrung zugrunde, und er ist identisch mit dem ‚pneumatischen Leib‘ bei Paulus: „Gesät wird ein animalischer Leib, auferweckt ein geistiger.“ (1. Kor. 15,44.46).

Diese Reine-Land-Schule, auch Lotos-Schule genannt, wurde 402 von dem chinesischen Mönch Hui-yüan gegründet und von Ennin (793-864) nach Japan gebracht. „Wesentlich zur Entwicklung der Reine-Land-Schule hat T'an-luan (476-542) beigetragen. Er vertrat die Auffassung, daß in einer Zeit des Verfalls der buddhistischen Lehre die eigene Kraft (Jiriki) nicht ausreiche, um Erlösung zu erlangen. Er lehnte den ‚Schweren Weg‘ der anderen Schulen ab und

befürwortete den ‚Leichten', bei dem man sich der äußeren Hilfe (Tariki) durch den Buddha Amitabha anvertraut. ... Die Schule des Reinen Landes ist diejenige buddistische Richtung in China und Japan, die heute die meisten Anhänger zählt."[156]
‚Jiriki' und ‚tariki' behandeln wir im nächsten Kapitel.

Zen

„Besondere Überlieferung außerhalb der Lehre. Unabhängigkeit von Schriften. Unmittelbares Deuten auf des Menschen Herz. Wesensschau (kensho), Buddha-Werdung (Satori)":
Im Zen wird in äußerster Konsequenz der harte Kern der Weisung des historischen Buddha Shakyamuni wieder aufgenommen: Zen will, gleichgültig in welcher Form, einzig dem einzelnen Menschen den Weg weisen, **selbst** zu der ‚Großen Befreiung' zu kommen, die sich in keine Lehre oder Technik eingrenzen läßt. Alle Worte und Übungen sind nur vergängliche Mittel zu diesem einzigen Zweck. Zen betrachtet sich selbst aber als eine Form des Mahayana und setzt dessen gesamte Entwicklung auf den Seidenstraßen voraus.
Das wichtigste Mittel ist das Za-Zen, die Sitz-Meditation. Diese Praxis zusammen mit der Koan-Übung wird von den Fachleuten als überwiegend chinesisch-taoistisch eingestuft.

Die Goldelixierlehre – Ne-ging-tu, die Tafel der inneren Gewebe bzw. die innere Alchemie

Eine der reifsten Früchte gegenseitiger Befruchtung der Religionen auf den Seidenstraßen ist die Goldelixierlehre. Schriftlich niedergelegt finden wir sie in dem Buch „Die Erfahrung der Goldenen Blüte"[157], welches wohl aus der Tang-Ära (8. Jh.) stammt[158]. Es ist eine Kompilation von älteren und neueren Bestandteilen, wie das bei derartigen Texten üblich ist.

Sie faßt das allen Ursprungsreligionen und dem Christentum Gemeinsame zusammen; Unterschiede werden nicht erwähnt! Das Grundprinzip dieses Weges ist in dem kurzen Satz zusammengefaßt: „Das Geheimnis des Elixiers (d.h. wie es zu erlangen ist) besteht darin, durch das Tun (yu-wei) zum Nicht-Tun (wu-wei) zu gelangen."[159] Um diesen wichtigen Satz richtig zu verstehen, lesen wir in der Anmerkung 26 die zeitgenössische Erklärung Cheng-kuans (738-837): „,Was erschaffen ist, heißt ›Schöpfung‹ (yu-wei). Das Erschaffene ist vergänglich. – Was nicht erschaffen ist, heißt ›Unerschaffen‹ (wu-wei). Das Unerschaffene ist ewig.' Im Sanskrit heißt ,wu-wei' ,asamskrita', ,Nicht-Erschaffen', und wird synonym gebraucht mit nirvana."[160]
Der Heilsweg ist also – wie wir schon in in allen echten Ursprungsreligionen gefunden haben – : Durch das Tun des Erschaffenen (und das ist, wie wir gleich noch sehen werden, erst einmal der einzelne Mensch selbst und dann seine Einordnung in die Mitwelt) zum Mittun mit dem Unerschaffenen (Schöpfer) zu kommen.

Das Buch will ausdrücklich die Gemeinsamkeiten von Taoismus, Buddhismus und Konfuzianismus bringen. Es bezeichnet sich selbst als das Zen der Nördlichen Schule. Unübersehbar sind aber einmütig für alle Kenner die starken christlichen Einflüsse, so daß Th. Richard und P. Y. Saeki die Anhänger dieser religiösen Gesellschaft für Reste der nestorianischen Christen hielten.
Richard Wilhelm schreibt hierzu: „Merkwürdig berührt es vielleicht manchen europäischen Leser, daß Wendungen im Text vorkommen, die ihm aus der christlichen Lehre bekannt sind, während andrerseits gerade diese bekannten Dinge, die in Europa vielfach fast nur noch als kultische Phrasen aufgefaßt werden, eine ganz andere Perspektive gewinnen durch die psychologischen Zusammenhänge, in die sie hineingestellt sind. Wir finden Anschauungen und Begriffe wie folgende (um nur einige beliebige herauszugreifen, die besonders auffallend sind): Das Licht ist das Leben der Menschen. Das Auge ist des Leibes Licht. Die geistige Wiedergeburt des Menschen

aus Wasser und Feuer, zu der die Gedankenerde als Mutterschoß oder Ackerfeld hinzukommen muß. Man vergleiche dazu die johanneischen Anschauungen: ‚Ich taufe euch mit Wasser; nach mir wird einer kommen, der wird euch mit Heiligem Geist und Feuer taufen' oder: ‚Es sei denn, daß jemand von Neuem geboren werde aus dem Wasser und Geist, so kann er nicht ins Himmelreich kommen'. Wie plastisch wird namentlich der Gedanke des Wassers als Samensubstanz in unserem Text und wie deutlich der Unterschied der nach außen strömenden Tätigkeit, die sich im Zeugen erschöpft (Was vom Fleisch geboren wird, ist Fleisch), und der rückläufigen Bewegung (Metanoia). Auch das Bad spielt bei dieser Wiedergeburt eine Rolle, ebenso wie bei der christlichen Taufe. Aber selbst die mystische Hochzeit, die in der christlichen Parabolik eine so große Rolle spielt, kommt verschiedene Male vor; auch das Kind, der Knabe (puer aeternus, der Christus, der in uns geboren werden muß und der andrerseits der Bräutigam der Seele ist) im eigenen Innern, ebenso wie die Braut, werden genannt. Und was vielleicht am auffallendsten ist: Selbst ein scheinbar so nebensächlicher Zug, daß man Öl in den Lampen haben muß, damit sie hell brennen, gewinnt eine neue und fast massive psychologische Bedeutung durch unseren Text.«[161]

Wie konkret diese biblischen Bilder in unserem taoistisch-buddhistischen Buche verstanden werden, wird uns durch die „Tafel der Inneren Gewebe" (Ne Ging Tu) vor Augen geführt. Dieser Steinabklatsch ist eine späte Illustration zu dem Buch. Hier wird keine Anatomie der menschlichen Organe im Körper abgebildet, sondern wir sehen in einem Längsschnitt durch den Menschen die *Prozesse* abgebildet, die während der Zenmeditation stattfinden. Bei der nun folgenden Besprechung dieses Bildes werden wir auf Schritt und Tritt den christlichen Gleichnissen aus dem Neuen Testament begegnen:

Wir sehen oben im Kopf den „blauäugigen Barbarenmönch", der mit erhobenen Armen zu Laotse aufschaut. Wie uns die Anhänger

Abb. 21: Ne-Ging-Tu: Die Tafel der inneren Gewebe (Eigenbesitz)

der Goldelixierlehre ausdrücklich sagen, ist die sitzende Gestalt für einen Taoisten Laotse, für einen Buddhisten Buddha und für einen Christen Christus.

Die Schöpfungsmitte

Diese großen Heiligen lehren uns, als erstes seine **Geschöpflichkeit** und Schicksalsmitte anzunehmen, wie sie dargestellt ist durch die Spinnerin P'o in der Mitte des Bildes.
Im Unterschied zum *Schöpferischen* im Menschen, dem Denken und Vorstellen (Hun, auf dem Bild der Knabe, der die Sterne an den Himmel wirft), stellt die Spinnerin das *Geschöpfliche* dar: die mineralischen, die vegetativen und die animalischen Schichten, die wir mit den anorganischen Wesen, den Pflanzen und den Tieren gemeinsam haben.
Seine Schicksalsmitte anzunehmen heißt auch, seine einmalige, gegenwärtige Position im gesamten, unermeßlichen Schöpfungsablauf zu erkennen und anzunehmen. Dazu gehört selbstverständlich auch, anzunehmen, daß man in dem oder jenem Land, von den oder jenen Eltern geboren und (v)erzogen worden ist, die oder jene Gaben und Schwächen hat usw. Dieses Annehmen des Vorgefundenen ist die Voraussetzung für jede Veränderung zum Besseren.

Das Erden des Menschen

„Wenn man zu üben beginnt, muß man wissen, daß man zur Tiefe nur aus dem Seichten her Zugang gewinnt."[162] Um sich in seiner Geschöpflichkeit anzunehmen, muß der Mensch sich in seine Leibgestalt einlassen, sich erden, **inkarnieren**. Denn die jeweilige Leibgestalt ist der konkreteste Ausdruck seiner Geschöpflichkeit.
Dazu müssen wir als erstes den Acker mit dem eisernen Rind pflügen (Mk. 4,1-20 parr.), damit das Samenkorn (das Wort Gottes, wie

auch das schöpferische Bewußtsein) in die aufbereitete Erde fallen (Jo. 12,24) und hundertfältig Frucht bringen kann. Ansonsten hat der Mensch keine Wurzel in sich (Mk. 4,17). – Die syrischen Christen, die ja auf den Seidenstraßen in ständigem Kontakt mit den östlichen Religionen waren, nennen diese grundlegende Phase des geistlichen Weges das Stadium des **Ganz-leiblich-Werdens** (vgl. 10. Kap.). Der Mensch sollte nicht nur einen **Leib haben**, sondern sich als leibliches Wesen mit seinem Bewußtsein von innen her durchdringen, so daß Leib, Wort und Geist in ihm wieder eins werden, „denn du bist Erde und sollst zu Erde werden" (Gen. 3,19). – Dieses ‚Erden' des Menschen ist bei allen *echten* spirituellen Wegen, angefangen vom alten Ägypten bis zu den heutigen Meditationsformen, die grundlegende Übung. Wer diese zu allen Zeiten grundlegende Übung überspringt, setzt sich großen Gefahren aus.

In der Mitte, bei der Spinnerin, sehen wir die Erde, hebräisch die *Adama* bzw. lateinisch der *Humus*, von denen der *Adam* bzw. der *Homo* gebildet ist (Gen. 2,7). Sie ist überstreut mit Goldstücken, welche den Schatz im Acker (Mt. 13,44) darstellen. Und auch die großen Bäume können wir erblicken, die aus dem kleinsten aller Samenkörner, dem Senfkorn, bzw. hier dem Hirsekorn, erwachsen (Mt. 31,31 parr.).

Die erneute Geburt aus Wasser und Geist

Wenn sich der Meditierende mehr und mehr erdet, d. h. mit seinem Bewußtsein seine Leibgestalt von innen her ganz und gar bis in die Fußsohlen durchwaltet, verlagert sich sein Bewußtseinsspiegel von dem verkopften, individualistischen, rollenhaften Persona-Ich, für das sich der Mensch irrtümlich hält, hin zu der Ursprungsmitte, aus der er schon bei seiner Erzeugung hervorgegangen ist und aus der er ständig aus der Hand des Schöpfers urspringt. Denn Gott ist allgegenwärtig am Schaffen und nicht nur am zeitlichen Anfang der

Schöpfung, wie sich das die westlichen, nur historisch denkenden Theisten allzu anthropomorph vorstellen.
Aus dieser Ursprungsmitte da zu sein und sich und die ganze Schöpfung im Sinne ihres Schöpfers zu durchwalten, ist Wesen und Ziel aller Religionen. Sie ist, wie wir schon in den ersten Kapiteln sahen, die eine Mitte aller mikro- und makrokosmischen Polaritäten. Sie ist leer! Null, – aber nicht Nichts! Darum ist sie einerseits nicht gegenständlich berechenbar (Lk. 17,20 f.), andrerseits ist sie aber unter anderem auch die berechenbare Mitte zwischen Scheitel und Sohle in der Unterleibshöhle.
Die Luft, der Wind, der Atem sind das gottgegebene Bild des unsichtbaren Geistes. Je nachdem, wo der Bewußtseinsspiegel des Menschen sich befindet, dorthin verlagert sich auch sein Atem. Wenn der Mensch bis in seine Fußsohlen hinein geerdet ist, d. h. ganz in seiner Leibgestalt aufgeht, kommt der Atem ganz von selbst aus der Ursprungsmitte. Jetzt sind Atem, Bewußtseinsmitte, das Ich der Leere und der Schöpfergeist eins. Das durch Identifikation mit den willkürlichen Funktionen, Denken und Vorstellen, abge-*sond*-erte (*Sünd*e), gegenständliche Ich ist aufgelöst.

Denn die Unterleibshöhle ist die vegetative Schicht im Menschen, die er mit den Pflanzen gemeinsam hat, und in der der Wasserhaushalt geregelt wird. Dieser Beckenraum ist das Wasser-Tauf-Becken, in welchem das individualistische Ich des Alten Menschen, der sich mit seinem Bewußtsein von der Ursprungsmitte abge-*sond*-ert (*Sünd*-e) hatte, aufgelöst wird und der Neue Mensch aus dem Wasser und dem Geisthauch erneut geboren wird (Joh. 3,1-21): „Amen, Amen, ich sage dir: Keiner kann in das Wirken Gottes eingehen, der nicht aus Wasser und Geist geboren wird“. Die östlichen Kirchen, die häufig in der Aus- und Ineinandersetzung mit den Ursprungsreligionen standen, haben die Taufe, wie wir das auf der Ikone der ‚Zoodochos pägä‘ sehen, immer schon so verstanden (s. 10. Kap.).

Die Taufe, so vollzogen, bewirkt Sinnesänderung (Metanoia): wir lernen, durch die Verlagerung unseres Bewußtseins unsere Sinne von anderen Zentren unseres Menschseins her zu gebrauchen. Und das gilt nicht nur für die höheren Sinne wie Auge und Ohr, – daß wir Augen zum Sehen und Ohren zum Verstehen bekommen (Mk. 4,12), – sondern ganz besonders auch für die elementarsten Triebe wie Ernährung und Fortpflanzung. Aus der Ursprungsmitte her hat der Mensch ein untrügliches Gespür dafür, was ihm zu essen gut tut und was ihm schadet. Und er erfährt, wie der durch – Verlagerung des Bewußtseins-Zentrum erfolgenden Sinnesänderung der Sexualität eine wesentliche Komponente zukommt zur Erzeugung des Neuen Menschen: – des Menschen, der voller Spannkraft und Feuer ist (Mt. 3,11; Lk. 12,49). Der Mensch wird an Leib, Seele und Geist heiler. Das ist der Sinn der Taufe!

Zur Erzeugung des Neuen Menschen sind alle Bestandteile des Alten erforderlich, weil nicht neue Sinne, Glieder und Organe geschaffen werden, sondern die durch eine ex-zentrische Bewußtseinslage in Un-Ordnung gebrachten Funktionen durch *Kon*-Zentrierung (nicht: auf den, sondern:) *mit* dem Ur-Sprung erneut zusammen-geordnet werden.
Was wir schon in den ersten Kapiteln darlegten, finden wir nun auf unserem Bilde wieder. Es ist das Zusammenwirken der scheinbar entgegengesetzten, in Wirklichkeit aber komplementären Elemente von Geisthauch (Yang, Himmelslicht, Auge) und Materie (Yin, dunkle Erde, Leib), von Feuer und Wasser (Schlangenkraft, Drache). Das durch die leicht geöffneten Augen herabsteigende Licht und die rückwärts aufsteigende Schlangenkraft ist als die „rückläufige Methode“ („Metanoia“ Mk. 1,4) das zentrale Thema in der Goldelixierlehre:
Durch stilles Sitzen in der Senkrechten, der Weltachse, – durch Zirkulieren-Lassen des Lichtes (das ist das Durchwandern des ganzen

Leibes mit der Aufmerksamkeit, dem Bewußtseinslicht) durch den ganzen Menschen, – durch entsprechendes Mitführen des Atems, – entzündet sich an den Keimdrüsen das Feuer (Leidenschaften).
Die beiden Keimdrüsen sind auf unserem Bilde dargestellt durch die beiden Wasserradtreter, Mädchen und Junge, links und rechts, Yin und Yang, die den „süßen Himmelsfluß" (Libido) von unten nach oben durch das Steißbeintor an der Weltachse (Wirbelsäule) aufsteigen lassen.
Unmittelbar oberhalb des Steißbeintores sehen wir den „himmlischen Dreifuß": Bei der „Inneren Alchemie", um die es hier geht, symbolisiert er die Dreipunktauflage von Gesäß und den beiden Knieen im Meditationssitz. Bei der „Äußeren Alchemie" ist es der eiserne Dreifuß, auf dem die Retorte ruht, wie wir es heute noch in der Chemie haben. Das Feuer ist hier der Bunsenbrenner unterhalb der Retorte, in welchem sich Luft und Feuer mischen.
Die auf dem Dreifuß ruhende Retorte ist in der „Inneren Alchemie" die Unterleibshöhle (das ‚Untere Elixierfeld'), in welcher das Elixier, d. h. die Mischung der Elemente Erde, Wasser, Feuer und Luft, zusammengebraut wird. Diese Retorte ist identisch mit dem Kratèr, dem Gral, dem Mischgefäß, wie er uns in den hellenistischen (Isis-) Mysterien, in der Alchemie begegnete (vgl. 7. Kap.).
Daß die Alchemie ein urmenschliches Phänomenen ist, zeigt Mircea Eliade in „Schmiede und Alchemisten"[163]. Indizien dafür, daß die chinesische Alchemie die ägyptische gekannt hat, sind in der „Erfahrung der Goldenen Blüte" die Erwähnung des Skarabäus[164] und das „Blei in Wassergegend"[165]. Bei dem letzteren handelt es sich um den in den Nil geworfenen, mit Blei versiegelten Mumiensarg des Osiris. Ein archäologischer Hinweis auf Kontakte zwischen diesen soweit voneinander entfernten Ländern ist, daß wir in dieser Zeit auch chinesische Keramik in Aegypten finden.[166]

Unser Bild zeigt nun, wie durch die Meditation in der richtigen Haltung das Elixier aus der Unterleibshöhle in Gestalt von Wärme an der Wirbelsäule aufzusteigen beginnt. Das ist die an der Weltachse rückwärts aufsteigende Schlangenkraft, wie wir sie in wohl allen ursprünglichen Religionen finden. Es ist im Unterschied zu der verderblichen horizontalen Schlangenkraft, die sich an die Erde verschwendet, das Heilmittel schlechthin für den Menschen. Es ist die aufgerichtete, feuerspeiende Kobra am Diadem des Pharao; es ist der Drache, die geflügelte Schlange der Chinesen; es ist die aufsteigende Kundalini der Inder; es ist die am Stab erhöhte eherne Schlange des Moses, die auch Jesus im Zusammenhang mit der „Erneuten Geburt aus dem Wasser und dem Geist" erwähnt (Joh. 3,14); es ist der caduceus der Alchemisten und der Stab der Götterboten (Orpheus, Aesculap u. a.).

Wesentlich ist, daß es hier nicht um sexuelle Praktiken geht, die außerordentlich gefährlich sein können, sondern um das Zusammenspiel aller Elemente zur Erzeugung des Neuen Menschen. Es ist – wie uns auch die syrischen Christen sagen (vgl. 9. Kap.) – ein Hochzeitsmysterium zwischen Himmel und Erde, Feuer und Wasser, Gott und Mensch, oben und unten, das zur Geburt des Neuen Menschen, zur Erleuchtung (Photismos) führt. Wenn in der westlichen Kirche in der Osternacht die Osterkerze dreimal immer tiefer in das Taufwasser**becken** hineingesenkt wird, um es für die Geburt des Neuen Menschen zu befruchten, so will dieser Ritus auf die Erneute Geburt des Christen aus seinem eigenen **Becken**raum hinweisen. Nur wird diese Symbolik im Westen fast nirgendwo mehr verstanden.

Das Auge

„Die Lebenskraft des Menschen strömt empor zu *seinen Augen, in denen Schlüssel und Riegel seines Leibes geborgen sind.* Meine Freunde, bedenkt dies wohl!"[167] Dazu eine neutestamentliche Parallele: „Die Leuchte des Leibes ist dein Auge. Solange dein Auge ***einfach*** (griechisch: haplous!) ist, hell-licht ist auch dein ganzer

Leib. Wenn es aber bös ist, finster ist auch dein Leib. Achte also darauf, ob das Licht in dir nicht Finsternis ist. Wenn nun dein ganzer Leib hell-licht ist – kein finster Teil an ihm –, dann wird er ganz hell-licht sein, wie wenn die Leuchte mit dem Strahl dich erhellt" (Lk. 11,34-36).
Wenn der Mensch durch das stille Sitzen in der Meditation sein abgesondertes Ich losläßt und mit seinem Bewußtsein ganz im Leibe aufgeht und mit dem Auge nicht mehr nur nach außen schaut, sondern das Licht einfallen läßt bis in die tiefsten Schichten seines Menschseins und mit dem Licht alles Gesehene, dann schaut er alles aus der *einen* Ursprungsmitte, aus dem Brennpunkt zwischen dem unerschaffenen und erschaffenen Licht, – dann ist sein Auge ***einfach*** geworden. Das ist das Dritte Auge: das Stirnauge. In unserem Buch heißt es dazu: „Was sind die beiden Augen? Was die sechs Sinnesorgane? Als Ganzes betrachtet, ist alles nur Eines, und die sieben Öffnungen sind bloß ***eine*** Öffnung."[168]

Auf unserem Bild ist das Auge unter Laotse makrokosmisch als die alles erleuchtende Sonne zu sehen. Komplementär dazu sehen wir im Hinterkopf, im Sehzentrum, den Mond, der sein Licht von der Sonne empfängt. Der Mond wiederum zieht bei seinem Umlauf um die Erde das Wasser an (Ebbe und Flut) und beeinflußt so die vegetativen Wasserschichten auch im Unterleib des Menschen. Bei einer besonderen Konstellation von Mond, Erde und Wind gibt es eine Springflut in Gestalt der aufsteigenden Schlangenkraft.
Nun strömt die göttliche Lebenskraft empor zu seinen Augen und läßt sie erstrahlen. Das Dritte Auge hat sich durch Ineinandersetzen aller Polaritäten entzündet. Es ist nicht mehr das geschöpfliche, sondern das schöpferische Auge, durch das das unerschaffene LICHT, welches alles erschafft (Joh. 1,3), strahlt. Dieses Dritte Auge ist auch das Horus-Auge des Pharao, das Udja, welches in der altägyptischen Kunst überall abgebildet wird zusammen mit der aufgerichteten, feuerspeienden Kobra Uto und der Geiergöttin Nechbeth als Symbol für die Ineinandersetzung von Libido und Geist (vgl. 2. Kap.).

Das ist ERLEUCHTUNG!: Der Blick des erleuchteten Menschen schaut nun sich und all die vielen Dinge in dem Purusha, in der Buddha-Natur, im kosmischen Christus, dem LICHT: „Und die Stadt braucht nicht die Sonne und nicht den Mond, daß sie ihr scheinen. Denn die Herrlichkeit des Herrn hat sie erleuchtet. Und ihre Leuchte ist das Lamm" (Offb. 21,23).

DIE PERLE

Diese Perle sehen wir auf unserem Bild als einen kleinen weißen Punkt oberhalb des Hauptes schweben. Dazu wieder die neutestamentliche Parallele: „Mit der Herrschaft Gottes ist es gleichwie mit einem Händler, der schöne Perlen suchte. Als er eine gar kostbare Perle gefunden hatte, ging er von dannen und verkaufte all seine Habe und kaufte sie" (Mt. 13,45 f.).
Die Perle war mit ihrer vollendeten Rundung und ihrem perlmutternen Glanz in der Antike ein Symbol für die himmlische Vollkommenheit. Könige trugen sie inmitten ihrer Diademe über der Stirn (Zeichen für das Dritte Auge: Mitte zwischen rechts und links) als Zeichen ihres erleuchteten Gottkönigtums.

Um die Bedeutung der Perle in der Antike einschätzen zu können, muß man den Mythos ihrer Entstehung kennen. Um Perlen zu bekommen, muß man unter Einsatz seines Lebens bis auf den Meeresgrund (Beckenboden) hinuntertauchen, wo sie in Muscheln zu finden sind. Die Muschel galt als ein Symbol für die weiblichen Geschlechtsorgane. Perlen werden aber nicht von einer männlichen Muschel erzeugt, sondern in einer Vollmondnacht wird die Muschel von einer Meeresströmung nach oben getragen – wie wir es gerade mikrokosmisch im Menschen anschauten – . Sie öffnet sich dem irisierenden Mondlicht (Perlmutter) und sinkt, von diesem befruchtet, wieder auf den Meeresboden zurück, wo sich nun im Schoß des Menschen die Perle bildet.

„Das Licht ist der Ursprung: Es zirkulieren (= heimkehren) zu lassen, bedeutet Rückkehr zum Ursprung. Wird dies getreu geübt, so wird das Samenwasser steigen, das Geistfeuer wird sich entzünden, die Gedankenerde wird sich festigen und kristallisieren und der Heilige Embryo kann geboren werden."[169] Der Heilige Embryo ist der Beginn der Erleuchtungsnatur des Neuen Menschen im alten:

Die Erleuchtungsnatur

In der Nierengegend sehen wir die vier Yin-Yang-Symbole, die pakuans, die u. a. makrokosmisch die vier Himmelsrichtungen bezeichnen, welche im Kreuzpunkt mit der Weltachse die Ursprungsmitte andeuten. Das ist die alle Polaritäten transzendierende Mitte, wo der Neue Mensch geboren wird.

Der Neue Mensch, der kosmische Mensch, ist eben diese Perle, die auf unserem Bilde über dem Haupt schwebt als Zeichen für den „überindividuellen Genius". Der Mensch, der so mit seinem Selbstbewußtsein von der einen UrsprungsMITTE her da ist und der deshalb leer von sich selbst ist, da die Mitte aller Polaritäten leer (Null) ist, schaut nun sich und alles Gegenwärtige in dieser einen Erleuchtungsnatur. In ihr sehen wir, daß alle Geschöpfe ein Leib und ein Geist sind, ohne ihre Individualität zu verlieren. Es ist die Grunderfahrung der Mystiker in allen Religionen. Ein paar Kostproben:

In der altägyptischen Kultur ist es die Djet, in der alle Menschen ein Osiris sind. (3. Jt. v. Chr.)

> „Nur Purusha (Mensch) ist diese ganze Welt,
> Und was da war, und was zukünftig währt,
> Herr ist er über die Unsterblichkeit,
> Diejenige, die sich durch Speise nährt" (Rg Veda X,90
> [ca. 14. Jh. v. Chr.]).

Laudse (6. Jh. v. Chr.) nennt sie die gestaltlose Gestalt, das bildlose Bild, dessen Tiefe oberflächenhell und dessen Oberfläche abgründig dunkel ist. Wir erleben diese Erleuchtungsnatur immer nur in irgendwelchen irdenen Gestalten, deshalb „Gestalt". Aber sie selbst, fähig zu allen Gestalten, hat selbst keine feste Gestalt, deshalb „gestaltlos".

„Denn in ihm (dem kosmischen Christus) ist alles im Himmel und auf Erden erschaffen, sowohl das Sichtbare als auch das Unsichtbare; das alles ist durch ihn und in ihn hinein erschaffen. Er ist vor allem, und alles hat in ihm seinen Bestand" (Kol. 1,16 f.). (1. Jh. n. Chr.)

„Die wahre Lehre und die *Offenbarung der Natur* beweist, daß allen Wesen seit Urbeginn der wahre, reine Geist ursprünglicher Erleuchtung innewohnt und in seinem hellen, ungetrübten Schein alles klar erkennen läßt. Das ist die Buddha-Natur" (Zenmeister Tsung-mi [780-841] im „Yüan Jen Lun").

„Es wurde ihm (dem Hl. Benedikt) nämlich die ganze Welt, gleich wie unter einem Sonnenstrahl vereinigt, vor Augen geführt. ... Denn beim Lichte der Beschauung erweitert sich der Winkel des inneren Auges, und die Seele dehnt sich in Gott so weit aus, daß sie hoch über die Welt erhaben ist. Sogar über sich selbst wird die Seele des Schauenden emporgetragen"[170]. (7. Jh. n. Chr.)

„Überall zeichnete sich ein Sein ab, anziehend wie eine Seele, greifbar wie ein Leib, weit wie der Himmel – ein in die Dinge ebenso vermengtes wie von ihnen unterschiedenes Sein – höher als ihre Substanz, mit der es sich schmückte, und doch nahm es ihnen Gestalt an"[171]. (Teilhard de Chardin, 20. Jh. n. Chr.)

Wir hörten soeben aus der „Goldenen Blüte": „die Gedankenerde wird sich festigen und kristallisieren". Die Gedankenerde ist der inkarnierte Logos (in der altägyptischen Kultur das Wort des Ptah, durch das er in allen Dingen gegenwärtig ist; in den Veden die vac oder viraj des Purusha), der wie in Jesus so in jedem Menschen Fleisch werden will, wenn ihn der Betreffende aufnimmt (Joh. 1,12).

Wenn Bewußtsein und Leibgestalt in der Ursprungsmitte eins sind, „ist der ganze Leib hell-licht und hat keinen dunklen Teil mehr" (Lk. 11,36). Das ist der Kristall-Leib, der im Buddhismus symbolisiert wird durch das Diamantzepter (Vajra). Dem entspricht in der Offenbarung das himmlische Jerusalem: „Und die 12 Tore: 12 Perlen; ein jedes der Tore war je aus einer Perle. Und die Straße der Stadt: lauteres Gold – *wie durchscheinend Glas.* ... Und die Stadt braucht nicht Sonne und nicht Mond, daß sie ihr scheinen. Denn die Herrlichkeit des Herrn hat sie erleuchtet. Und ihre Lampe ist das Lamm. *Und die Völker gehen den Weg in ihrem Licht*" (Offb. 21,21-23).

Die unzähligen erleuchteten Menschen aus allen Kulturen bilden mit ihren transparenten Leibern den einen mystischen Leib Christi, die Buddha-Natur, den Dharma-kaya (Dharma-Leib), das himmlische Jerusalem, welches durchscheinend aus Kristall ist. Deshalb ist im Buddhismus neben dem Rad das Vajra, das Diamant-Zepter, das älteste Symbol. Der Diamant, durch Hitze und Druck aus der schwarzen, undurchsichtigen Kohle („Wenn dein Auge bös ist, finster ist auch dein Leib" Lk. 11,34) entstanden (Alchemie, Meditation), symbolisiert mit seiner unzerstörbaren Härte und makellosen Klarheit die Leere, die Transparenz des ganzen, leiblichen Menschen, die für alles offen ist; vor allem aber für das Transzendente LICHT.

XIV. Überblick über die Wechselbeziehungen von Buddhismus und Christentum seit der Zeitenwende bis zum 8. Jh.

Archaische Einflüsse im Christentum

Wir konnten bei unseren geschichtlichen Untersuchungen wiederholt beobachten, wie schon das Judentum immer wieder auf archaischen Elementen aufbaute. Und im 8. Kap. legten wir dar, wie sich das neu entwickelnde Christentum aus der Integration von Judentum und Heidentum gestaltete. Das Christentum ist also keine rundherum neue Religion, sondern fußt ganz und gar auf den bisherigen, denen sie aber Züge Gottes offenbart, die diesen noch nicht ausdrücklich bewußt waren. Diese Integration der bisherigen lehrt ausdrücklich unter anderen der Epheserbrief im zweiten Kapitel.
Mit Abstand den größten Einfluß bei der Weiterführung archaischer Traditionen hatte die altägyptische Religion, die in den hellenistischen (Isis-)Mysterienkulten um die Zeitenwende den ganzen Vorderen Orient beherrschte (s. 7.Kap.). Daß hierbei auch fernöstliche Elemente hereingekommen sein können, ist für einen Kenner des damaligen Umfeldes vor allem in Alexandrien, wo nachweislich auch Buddhisten und Brahmanen vertreten waren, durchaus möglich.

So ist es unübersehbar, daß in den folgenden Jahrhunderten der Kontakt mit den Ursprungsreligionen, speziell mit dem Buddhismus, sich außerordentlich positiv auf die Entfaltung des Christentums ausgewirkt hat und immer noch tut. Wie wir im 10. Kapitel sahen, wurden die zentralen Geheimnisse der Inkarnation (hinsichtlich des Ganz-leiblich-Werdens des einzelnen Menschen) und der Taufe (hinsichtlich der Erneuten Geburt aus der Unterleibshöhle) nirgendwo so tief verstanden und allgemein gelehrt und geübt wie in der syrisch-persischen Kirche. Die Gründe hierfür lagen in dem ständigen Kontakt mit den östlichen Religionen auf den Seidenstraßen.

Das Christentum ist also seinem ganzen Wesen nach eine allumfassende, alles in sich einende Religion. Es will die Menschen aus der Enge bedingter religiöser Anschauungen in die Weite göttlicher Liebe hineinführen. Bedauerlicherweise hat vor allem die *abendländisch-westliche* Kirche sich von der entgegengesetzten Seite gezeigt, indem sie immer wieder versuchte, entweder mental oder gar brutal die archaischen Religionen auszurotten. Ihre bis heute andauernde Leibfremdheit und neurotische Ängstlichkeit hinsichtlich der Libido ist ein Indiz dafür, daß sie die Geheimnisse von Inkarnation und Taufe anfangs zu wenig und später gar nicht mehr erkannt und geübt hat. Abgesehen von den Mystikern und den Ansätzen in den Ordensregeln wurden im Abendland *für das Kirchenvolk* keinerlei Methoden zur Entfaltung des Leibbewußtseins (Inkarnation) und positiver Kultivierung der Libido (Taufe) entwickelt. Die Gründe hierfür haben wir oben im 9. Kapitel dargelegt.

Jedoch waren die Religionen vor der Zeitenwende erlösungsbedürftig:

- Denn in den Ursprungsreligionen konnte der Mensch sein ewiges Heil nur erlangen durch Sich-Einordnen in die Schöpfungsordnung. Und um dieses Ziel, z. B. das Erlangen des Nirvana, zu erreichen, bedarf es gerade nach Ansicht des Buddhismus (vgl. das Lotos-Sutra im 9. Kapitel) unzählig vieler Wiedergeburten. Hier steht der Mensch unter dem **allzumenschlichen**, grausamen Gesetz einer zur Ideologie erstarrten Karmatheorie.
- Und im mosaischen Bund herrscht das von oben gegebene Ge-

setz, welches ursprünglich eine liebevolle und gütige Weg-Weisung war. Im Laufe der Jahrhunderte aber entwickelte sich der Alte Bund im Wechselspiel mit der polytheistischen ägyptischen Kultur zu einer Art Gegenreligion[172], die sich durch **Auslegungen der Menschen** zu einer endlose Zahl von Gesetzen erweiterte, welche mit der Zeit zu einer schweren Last wurden (s. 5. Kapitel).

Jesus löst die göttlichen Gesetze nicht auf, sondern erwartet von den Menschen, daß sie die Gesetze halten: „Glaubt nicht, daß ich gekommen bin, das Gesetz oder die Propheten aufzuheben. Ich bin nicht gekommen, um aufzulösen, sondern, um zu erfüllen" (Mt. 5,17).

„Die Liebe ist die Erfüllung des Gesetzes"

Aber er bringt den Menschen eine neue, eine frohe Botschaft: „Die Liebe ist die Erfüllung des Gesetzes" (Rö. 13,10).
Denn wer trotz allem aufrichtigen Sich-Bemühen nicht fähig ist, diese Ordnungen zu halten, – wem seine Verfehlungen leid tun und der darum Gott bittet, ihm seine Absonderung (= Sünde) zu verzeihen, – und wer ebenso seinen Mitmenschen ihre Schulden vergibt, – dem vergibt Gott seine Sünden! So findet der Mensch durch *leibhaftes Einssein* (vgl. Joh. 6,48-58) mit dem am Kreuz entstellten Gottmenschen den Frieden, den die Welt ihm mit all ihren natürlichen und offenbarten Gesetzen nicht geben kann.

Jesus offenbart hier den in allen echten Religionen verehrten Geist als einen sowohl transpersonalen als auch personalen Schöpfer, der als immanenter Gott nicht nur in der von ihm geschaffenen, lebendigen (!) Ordnung zu finden ist, sondern der auch als transzendenter Gott souverän über alle Dinge zu deren Heil verfügen kann. Es soll also nichts vom Bisherigen aufgelöst werden (Mt. 5,17-20), sondern es wird durch Jesus offenbar, daß auch der Mensch mit seinen Unvollkommenheiten (Wunden) in der Liebe Gottes aufgehoben ist in Ewigkeit. Er muß also nicht mehr bis zur Erlangung vollkommen irdischer Gerechtigkeit sich abmühen, wie es die Menschen in vielen Ursprungsreligionen aus Unkenntnis der noch nicht geoffenbarten Barmherzigkeit Gottes annahmen, oder alle Gesetze des Alten Bundes halten, sondern er kann im Hier und Jetzt „heute noch" in Jesus eins mit Gott sein.

Wie bedeutsam diese Botschaft des hier und jetzt schon – trotz aller irdischen Unzulänglichkeiten – zu erreichenden Heils für die Menschheit ist, zeigt ihre den Mahayana-Buddhismus prägende Wirkung, deren Entstehung wir im 9. Kapitel ausführlich erörtert haben: „Die Amitabha-Verehrung stellt einen wesentlichen Wendepunkt in der Entwicklung des Buddhismus dar. Mit ihr eröffnet sich ein neuer Heilsweg, der nicht durch eine endlose Zahl von Wiedergeburten führt. Nicht durch eigene Kraft (Jiriki) wie in der ursprünglichen Lehre, sondern dank der Hilfe von außen (Tariki), durch den Erlösungswillen eines Buddha, wird der Zugang zur Erlösung in schneller, leichter Weise möglich".[173]

Es gibt eben nur **eine** Religion, die aber mit der Entwicklung des Menschengeschlechtes immer neue Gesichter zeigt.

Bodhisattva

Ein weiteres Phänomen, das nach der Zeitenwende im Buddhismus auftritt und kennzeichnend für das Mahayana wird, ist das Bodhisattva-Ideal. Während im Hinayana vor der Zeitenwende die Idealgestalt des Arhat vorherrschte, dem es um die Erlangung des eigenen Heiles geht, gelobt der Bodhisattva, nicht eher in das Nirvana einzugehen, bis auch das letzte Geschöpf erlöst ist. Diese Haltung der Nächstenliebe ist zwar schon bei dem historischen Buddha Shakyamuni ausdrücklich grundgelegt, hat aber erst nach der Zeitenwende weite Bereiche des Buddhismus geprägt.

„Ein Bodhisattva ist bereit, das Leid aller Wesen auf sich zu nehmen und karmisches Verdienst auf andere Wesen zu übertragen.“[174] Erworbene Verdienste auf andere zu übertragen, ist ein Element, welches in den archaischen Religionen vor Christus wohl ganz unbekannt ist. Aber gerade das ist der Hauptwesenszug des Buddha Amitabha: Nicht durch eigene Verdienste, sondern durch die Verdienste Amitabhas können die Lahmen und die Blinden in ihrer Sterbestunde, ohne wiedergeboren zu werden, in das Nirvana gelangen.

Der Amitabhakult hatte jedoch zur Folge, daß in den ersten Jahrhunderten nach der Zeitenwende im Buddhismus das Problem auftauchte: Selbsterlösung oder Erlösung durch einen anderen.

Jiriki und Tariki; Erlösung aus eigener oder mit fremder Kraft

So werden nach der Zeitenwende (etwa seit dem 3. Jh.) im Buddhismus zwei Erlösungswege unterschieden:

Jiriki, d. h. Erlösung durch eigene Anstrengung,
Tariki, d. h. Erlösung kraft eines Anderen.

Ohne Zweifel ist Jiriki der für alle Ursprungsreligionen typische Weg. Er ist auch der klassisch-buddhistische Weg, den Gautama Buddha gelehrt hatte, und der bis nach der Zeitenwende allgemein geübt wurde und bis heute im Hinayana und auch im Zen gepflegt wird. Ziel dieses Weges ist, leer von sich selbst zu werden, um so sich und alles in dem einen, transzendenten Licht zu schauen. Wie wir schon lasen, ist hier die Leitfigur der Arhat, der durch eigenes Bemühen ohne fremde Hilfe hier und auf ewig ins Nirvana eingegangen ist.

Ist das Selbsterlösung? Jeder, der diesen Weg geht, erfährt, daß Jiriki (z. B. Zen) das direkte Gegenteil von Selbsterlösung ist. Durch einen

ethisch vollkommenen Lebenswandel und durch Meditation kann man keine Erlösung erzwingen. Echte Meditation besteht geradezu darin, alles standpunkthafte, ichhafte, subjektive Handeln erlöschen zu lassen (das ist die Wortbedeutung von Nirvana), damit so das transzendente, alles wirkende LICHT, welches ursprünglich jeden Menschen erleuchtet, wieder alles in allem wird.
Nicht ich bewirke die Erleuchtung, sondern das immer schon daseiende LICHT! Jiriki, das Handeln aus eigener Kraft, bezieht sich nur auf das Ausgehen-lassen (Nirvana) aller vom abgesonderten, „kleinen, schmutzigen Ich“ verursachten, subjektiven Handlungen, um so als ‚Ich der Leere‘ durchscheinend zu werden für das alles bewirkende, transzendente LICHT.

Bei Tariki geschieht die Erlösung durch eben dieses selbe LICHT, nur, daß eben die Lahmen und die Blinden nicht aus eigener Kraft (Jiriki) fähig sind, alle Hindernisse zu beseitigen. Wenn sie nun in Einsicht ihrer Schwäche voll Vertrauen auf die Verdienste der großen Bodhisattvas diese ständig anrufen, wenden die schon Erlösten ihnen ihre Verdienste zu.

Da aber alle Wesen ursprünglich nur Kraft des **einen** LICHTES leben und wirken, wird, wie auch die Zenmeister lehren, die Unterscheidung zwischen beiden Wegen in einer tieferen Sicht hinfällig, da man sich beim Tariki-Weg auch aus eigener Kraft diesem erlösenden LICHTE öffnen muß und im Jiriki-Weg die eigene Anstrengung sich letzten Endes als nichts anderes als die Kraft dessen, der ich nicht bin, eben des LICHTES, erweist. Nur der Eigenanteil bei den Bemühungen ist unterschiedlich.

Also, nach Ansicht der Buddhisten bewirkt nicht der Mensch seine Erlösung, sondern das immer schon alles wirkende LICHT (vgl. Joh. 1) wird als erlösend erfahren:

- Sei es, daß der Mensch das Hindernis der Ichhaftigkeit aus eigener Kraft durch Meditation und Ethik beseitigt (Joh. 1,13),

- Sei es mit Hilfe der Bodhisattvas durch vertrauensvolle, gläubige Hingabe.

Erlösung im Buddhismus und im Christentum

Nachdem wir uns das Problem der Selbsterlösung im Buddhismus genauer angesehen haben, fällt nun ein Vergleich mit der christlichen Lehre nicht mehr schwer:
Der Tariki-Weg, der sich im Kontakt mit dem Christentum in den ersten Jahrhunderten auf den Seidenstraßen entwickelte, unterscheidet sich nur in Deutungen, der Sache nach aber gar nicht von den christlichen Lehren:
Bei beiden ist es der Erleuchtete (= Buddha) des Westens (= Palästina), des grenzenlosen Lichtes (= Amitabha) bzw. das menschgewordene Licht, Jesus Christus, der den Lahmen und den Blinden, die den Heilsweg aus eigener Kraft nicht schaffen, die Sünden vergibt und sie in der Todesstunde in sein Paradies (= Sukhavati) aufnimmt (Lk. 23,43). Voraussetzung dafür ist die vertrauensvoll gläubige Anrufung seines Namens.

- Während aber die Christen dem historischen Sühneleiden Jesu am Kreuz ihre Erlösung zuschreiben,
- erscheint der gleiche Zug im Lotos-Sutra im Gleichnis vom verlorenen Sohn (vgl. 8. Kap.) als Vater, der sich so selbst bis in den Schmutz entäußert, um seinem verschmutzten Sohn nahezukommen und ihm zu helfen, den Schmutz zu beseitigen. Dieser ‚Vater' ist nach dem Lotos-Sutra ein Bild für den historischen Buddha, – aber in seiner transzendenten Dharmakaya-Gestalt, also das, was die Christen den kosmischen Christus nennen.

Daß auch der Jiriki-Weg hinsichtlich der Arbeit an sich selbst überall in der Bibel gefordert wird, hat nur das Abendland in zunehmendem Maße aus den Augen verloren: „Zu ringen ist, durch die enge Tür hineinzukommen. ... Ihr selbst seid dann hinausgeworfen. Und sie werden kommen von Ost und West und Nord und Süd und werden zu Tische liegen im Reiche Gottes" (Lk. 13,24.29). Die Tür ist Jesus Christus, bzw. die ursprüngliche Erleuchtungs-(Buddha-)Natur (Joh. 1). Die Menschen, die mit allen ihren gottgegebenen Kräften wie im Zen sich bemüht haben, transparent zu werden für das ursprüngliche LICHT, werden dann „mit Abraham, Isaak und Jakob im Reiche Gottes zu Tische liegen" (Lk. 13,28), während „die Seinen, die ihn nicht aufnehmen" (Joh. 1,11), ausgestoßen werden.

Das ganze Alte und Neue Testament ist voll davon, daß wir uns mit all unseren Kräften bemühen müssen, „denn sein Gebilde sind wir, in Christus Jesus geschaffen zu guten Werken, die Gott zuvor bereitet hat, damit wir in ihnen wandeln" (Eph. 2,10). Diese Werke sind sowohl die Schöpfung, d. h. auch unsere ureigenste Natur, als auch die durch Jesus erworbenen Gnaden. „Und dies nicht aus eurer eigenen Kraft, sondern Gottes Geschenk; nicht auf Grund von Werken, damit niemand sich rühme" (Eph. 2,8 f.). – In diesem ganzen Abschnitt des Epheserbriefes bemüht sich Paulus, eben das darzulegen, was wir bei der Untersuchung von Jiriki und Tariki gefunden haben: Der Mensch muß seine Erlösung selbst wirken, sowohl durch Einsatz aller seiner Kräfte als auch durch Glauben an das Wirken des LICHTES, – denn sonst geschieht nichts: „So erstrahle euer Licht vor den Menschen, auf daß sie eure guten Taten sehen und verherrlichen euren Vater – den in den Himmeln" (Mt. 5,16). Wenn der Mensch das in aller Konsequenz tut, dann wird er entdecken, daß alles zwar sein Werk ist, aber nicht eigentlich sein Werk, sondern das des LICHTES in ihm: „Ich lebe, aber nicht mehr ich, sondern Christus [das Unendliche LICHT, Buddha Amitabha] lebt in mir!" (Gal. 2,20).

a. Der „wiederkommende“ Buddha Maitreya

Neben dem Buddha Amitabha werden noch einige weitere Bodhisattvas hochverehrt. Da ist der künftige Buddha Maitreya, der noch als Bodhisattva im Tushita-Himmel weilt. Wie sein Name besagt, ist er der „Erwachte der allumfassenden Güte und Liebe (Maitri)“.
Er ist der ‚kommende‘ Buddha. Der historische Buddha Shakyamuni hat unserem Zeitalter die befreiende Botschaft gebracht. Vor ihm soll es schon andere gegeben haben. Maitreya ist der wiederkommende Buddha, den man erwartet, dem man entgegengeht. „Die Gestalt des zukünftigen Buddha Maitreya, der am Ende der Reihe ‚geschichtlich‘ auftretender Buddhas steht und bis zur Zeit seines Erscheinens auf Erden im Tushita-Himmel weilt, dürfte sich im indisch-iranischen Grenzgebiet nach der Zeitenwende herausgebildet haben“.[175]

In der klassischen, überall auf den Seidenstraßen in Zentralasien zu findenden Ikonographie der vielen frühen buddhistischen Kulthöhlen thront er über dem Ausgang. Der Prozess der kultischen Verehrung in diesen Höhlen hat dann diese Abfolge: Wenn man die Höhle betritt, sieht man sich dem, aus dem die Höhlendecke tragenden Pfeiler (axis mundi) herausgearbeiteten, historischen Buddha Shakyamuni gegenüber, vor dem sich der Gläubige nach seinem Vorbild (axis mundi) zur Meditation hinsetzt. Bei der Umwandlung des Pfeilers nach der Sitzmeditation begegnet man hinter diesem der Darstellung des verstorbenen Buddha, der nun nicht mehr unter uns weilt (Parinirvana). Und beim Verlassen der Kulthöhle begegnet man über dem Ausgang dem Bodhisattva Maitreya, der seine Wiederkunft den Gläubigen verheißen hat, den man erwartet, dem man entgegengeht.
Wie das Leben der Christen sich auf den wiederkommenden Christus hin ausrichtet, so steht bei den meisten Buddhisten der nördli-

chen Schulen seit der Zeitenwende wie der Buddha Amitabha so auch der wiederkommende Buddha Maitreya im Mittelpunkt ihres Kultes. Um seine Bereitschaft, den Suchenden hilfreich entgegenzukommen, darzustellen, wird er nicht im Meditationssitz, sondern mit auf den Boden stehenden Füßen abgebildet. Er wird wie der Buddha Amitabha mit einem Gefäß in der Hand dargestellt, welches die Speise der Todlosigkeit (Sanskrt: Amrta, griech.: Ambrosia, christl.: Brot des ewigen Lebens, Hostie) enthält. Auch hält er oft eine Lotosblume in der Hand wie der Bodhisattva Avalokitesvara.

b. Avalokitesvara

Avalokitesvara heißt auf Deutsch: ‚der (barmherzig) auf die Erde herabblickende Herr'. Wie Amitabha und Maitreya gehört er zu den drei am meisten verehrten buddhistischen Gestalten auf den zentralasiatischen Seidenstraßen, deren Kulte, je nach Ort und Zeit, ineinander übergehen. Auch heute noch dürften sie zahlenmäßig die am meisten verehrten Heiligen des Buddhismus in Japan (Amidismus) und in Tibet (Tscheräsie) sein. Ihre bis zu 30 m hohen, in Fels gehauenen Kultfiguren beherrschen ganze Landschaften. Sie alle tragen die Züge des ‚Erleuchteten des Westens': Der Wiederkommende Herr, der barmherzig auf die Erde herabschaut, der den Menschen die Sünden vergibt und sie in der Todesstunde unmittelbar in sein westliches Paradies aufnimmt: alles Züge, die dem wahrhaft großartigen, historischen Reformator Buddha Shakyamuni bis nach der Zeitenwende nicht zugeschrieben wurden.

‚Beeinflussung': kein Synkretismus, sondern gottgewolltes Wachstum

Für einen nicht historisch-geographisch empfindenden Asiaten der damaligen Zeit (wie auch häufig heute noch) ist diese Vermischung der Züge des Buddha mit denen des Christus kein Problem. Alle Gestalten, gleichgültig, ob historisch oder mythisch archätypisch, sind ihm das wesentliche Vorbild, selbst solch ein Erwachter zu werden. Und das sollte für alle Menschen das einzig Not-wendige sein.

Anstoß an solch einer kulturhistorischen Aufarbeitung dieser Fragen, die christliche und taoistische Züge im Buddhismus aufweisen, wie wir es hier tun, nehmen jedoch oft westliche Menschen, die sich vom Christentum abgewandt und dem Buddhismus zugewandt haben. Für sie sind das alles innerbuddhistische Entwicklungen, ohne Einflüsse von außen. Dabei lehrt doch gerade der Buddhismus, daß alles in totaler gegenseitiger Wechselbeziehung steht und es monolithische Religionen in Wahrheit gar nicht gibt (vgl. 13. Kap.: die T'ien-t'ai-Schule).
Schließlich haben wir ja auch gesehen, daß das Christentum fast alle seine Bilder aus der altägyptischen Religion übernommen hat und daß das östliche Christentum vor allem durch die syrisch-persische Kirche vom Buddhismus mitgeprägt wurde und so zu einem besseren Selbstverständnis fand als das westliche. Leider hat sich diese positive Wechselwirkung bislang noch viel zu wenig auf die Gesamtkirche ausgewirkt. Denn wie bei den Ansichten neuer, *westlicher* Buddhisten herrscht auch in der Christenheit auf weiten Strecken noch ein exklusives Denken.

So, wie Christus in der Gestalt des Buddha Amitabha zu den meist verehrten Heiligen des Buddhismus wurde, wurde Buddha Shakyamuni in der Gestalt des Josaphat seit dem 11. Jh. zu den meist verehrten ‚christlichen' Heiligen des Mittelalters. Die Legende von Joasaph – eine Verballhornung von Bodhisattva – ist nichts anderes als die Geschichte Siddhartas. Sie wurde christlich übertüncht, dadurch, daß der Perlenhändler Barlaam ihn zum Glauben an Christus bekehrte. „Diese erbauliche Geschichte ist einer der meistgelesenen, in die Form eines Heiligenlebens gegossenen Romane des Mittelalters, der in die Literatur beinahe aller Völker des Abend- und Morgenlandes eingegangen ist."[176]

Wie sehr Buddhismus und Christentum in den damaligen Zeiten auf den Seidenstraßen sich gegenseitig integriert hatten, zeigt folgender, weit verbreiteter manichäischer Hymnus:
„Erkennt und prüft die fünf großen Buddhas des Lichts:
Warum sind sie vom Vater gekommen in diese Welt?
Wisset, daß sie die Leiden auf sich genommen haben ohne eigene Sünde
Und daß die guten und geschickten herausgenommen werden aus der Teufels-(Mara)-Höhle.
Und diese (die ‚lichten Perlen' – gefangenen Seelen) sind Jesu Fleisch und Blut."[177]

Die ‚fünf großen Buddhas des Lichtes' sind die fünf Dhyani- oder Meditationsbuddhas des tibetischen, tantrischen Buddhismus. Sie sind archätypische Gestalten, die die Wirkungen der Meditation auf den Menschen symbolisieren. Diese Dhyani-buddhas des tantrischen Buddhismus seien also, wie dieser Hymnus meint, vom ‚Vater' gekommen. Sie hätten, wie Jesus, ohne eigene Sünde stellvertretend das Leiden auf sich genommen, um die sündigen Menschen zu erlösen. Und diese Erlösten seien Jesu Fleisch und Blut.

Hier wird also in letzter Konsequenz die Integration von archaischer Religion in Gestalt von tantrischer Meditation und christlicher Offenbarungsreligion in Gestalt von Erlösung durch Jesu stellvertretenden Leiden ausdrücklich vollzogen.

Zusammenfassung

Vor und nach der Zeitenwende entwickelte der sich auf den Seidenstraßen ausbreitende Buddhismus in Wechselwirkung mit den einheimischen und mit den parallel sich ausbreitenden westlichen Kulturen immer neue eigene Formen. Die beiden wichtigsten Komponenten dieser gegenseitigen Durchdringung sind vom Osten der Taoismus und vom Westen das Christentum, die beide wiederum schon von anderen, älteren Religionen mitgeprägt sind.

Grundlegend für alle Religionen – sei es explizit, sei es implizit – ist die Philosophia Perennis.

Altägyptisch: alle Dinge entstehen und vergehen aus und in die Leere durch das Wort; die die alle vergänglichen Gestalten und die Leere in sich begreifende, selbst aber unbegreifliche *Mitte* ist das unaussprechliche Geheimnis.

Chinesisch formuliert: Yin, Yang, Tao.

Buddhistisch ist es die Lehre von den drei Wahrheiten: „Die erste Stufe der dreifachen Kontemplation ist die Leere (shunyata): Alles und jedes erscheint als leer. – Dann folgt Bedingheit: Obwohl man weiß, daß jegliches Ding leer ist, zerstört man es nicht, sondern läßt es sicher inmitten von shunyata wohnen. So vermag man, die Myriaden von Dingen bestehen zu lassen, ohne ihnen verhaftet zu sein. – Dies eben ist die Kontemplation der Mitte“[178]. „Wenn man diese Mitte erfahren hat, so braucht man darüber keine Worte zu machen, denn die Mitte ist jenseits aller Worte.“[179]

Christlich: „Die Herrschaft Gottes kommt nicht in beobachtbarer Erscheinung. Auch wird man nicht sagen: Da – hier ist es! Oder dort ist es! Die Herrschaft Gottes ist in eurer **Mitte**. Zu den Jüngern aber sprach er: Es werden Tage kommen, da ihr danach verlangt, einen der Tage des Menschensohnes zu sehen – und nichts zu sehen bekommt! Und sie werden euch sagen: Da – dort! Da – hier! Geht nicht weg und jagt nicht hinterher. Denn wie der Blitz im Aufblitzen von der einen zur anderen Himmelsgegend strahlt – so wird es mit dem Menschensohn sein an seinem Tag“

(Lk. 17,20-24). Hier wird auf den mystischen Leib des kosmischen Christus hingewiesen, der aber nur in der alles Irdische vereinenden Liebe erfahren werden kann: „Ihr seid das Licht der Welt“ (Mt. 5,14) und „Amen, ich sage euch: So viel ihr nur einem dieser meiner geringsten Brüder getan, – **mir** habt ihr es getan“ (Mt. 25,40).

Genau dies ist das Erleuchtungserlebnis: Weder erscheint der Menschensohn, der Purusha, gegenständlich, als ein Gegenüber, noch sind die Erleuchteten getrennt von Gott, sondern wir schauen uns und alles in diesem **einen** LICHT. In dieser einen gestaltlosen, kosmischen, leibhaften Menschen-Gestalt, der Erleuchtungs-, der Buddhanatur, gibt es keinen Schatten.

Ein solch erleuchteter Mensch erkennt, daß nichts Irdisches in sich steht (nichts Irdisches ist ein ‚ens a se‘), sondern alles aus dem Unbegreiflichen *ständig* ur-springt (‚ens ab alio‘).
Alles Irdische ist ein In-Erscheinung-Treten vom unsichtbaren, unerschaffenen, unbegreiflichen **LICHT** (‚Licht‘ ist nur eine, in der Schöpfungsordnung – z.B. Sonne – begründete Metapher für den oder das Unbegreifliche, durch den wir alles erkennen); ein jedes Geschaffene ist aber Licht**schein**.
Wie auf einer Leinwand aus dem einen, blendend weißen Licht des Projektors durch Ausfiltern mit beliebigen Dias unendlich viele Form- und Farbkombinationen als Lichtbilder entstehen können, die aber alle nur durch ausfilternde Teilhabe an der einen Lichtquelle existieren, so existieren alle Geschöpfe durch Teilhabe an dem einen Unbegreiflichen.
Christlich: „Alles wird durch das LICHT, und ohne es wird nicht eines, was geworden ist … Er ist das wahre LICHT, das jeden Menschen erleuchtet, – kommend in die Welt.“ (Jo. 1,3.9).
Buddhistisch: „Die wahre Lehre und Offenbarung der Natur (!) beweist, daß allen lebendigen Wesen seit Urbeginn der wahre reine Geist ursprünglicher Erleuchtung innewohnt und in seinem hellen,

ungetrübten Schein alles klar erkennen läßt. Dies ist die Buddha-Natur." (Tsung-mi, 780-841).
Der Wahrheit liegt also nur eine **Ur**-*sache* zugrunde, die aber gerade keine ‚*Sache*', kein Ding ist. Alles andere ist nur wirklich, wirkt als Teilhaber (Zweit*ur*sache, die aber gerade keine ‚*Ur*'-Sache, sondern Be-*ding*-ung ist) an dieser einen Wirklichkeit, die alles wirkt (Erst*ur*sache). – Gerade deshalb gibt es kein Gegenüber von Geist und Materie, Schöpfer und Schöpfung. Diese zwar schon sehr alte Wahrheit von der Substanzlosigkeit der materiellen, vergänglichen Dinge ist nirgendwo so konsequent durchdacht und in die religiöse Praxis umgesetzt worden wie im Buddhismus.
Alles Körperliche ist minimale Teilhabe an der unermeßlichen Geistfülle (Tao), wie wiederum der Schöpfer nur durch sein Wirken, d. h. nur durch seine Geschöpfe (primär den Menschen als Bild, als In-Erscheinung-Treten Gottes) erkannt werden kann (Jo. 3,8). „Auch nur eine Farbe oder ein Duft ist nichts als die Mitte von Tao." „In einem Hirsekorn ist die ganze Welt enthalten."

Nach diesen typischen Sätzen der T'ien-t'ai-Schule schließen wir mit einer klassischen Geschichte, die vom historischen Buddha erzählt wird: „Buddha saß einst mit seinen Mönchen auf dem Geierberg, als ein Brahma-raja zu ihm trat, ihm eine goldene Blume darbrachte und ihn bat, über den Dharma zu lehren. Der Gesegnete nahm die Blume, hielt sie hoch und betrachtete sie in vollkommenem Schweigen. Da lächelte Mahakashyapa. Dies, sagt man, sei der Ursprung des Zen-Buddhismus."

XV. Zusammenfassung und Schlußfolgerungen

Bevor wir Schlußfolgerungen ziehen, wollen wir uns einen zusammenfassenden Überblick über das Erarbeitete erlauben.

1. Zusammenfassung

Wir hatten unsere Untersuchungen mit der altägyptischen Kultur begonnen, da sie die älteste ist, die sich ausführlich durch Architektur, Bild und Schrift selbst bezeugt. Wir konnten nachvollziehen, daß ihre gesamten, mythisch geprägten Aussagen auf dem kontemplativen Innewerden der mikro-makro-kosmischen Schöpfungsprozesse, also auf der ‚natürlichen Offenbarung' beruhen. **Denn das ist das Wesen aller archaischen oder Urspungsreligionen: durch Sich-Einordnen in die Schöpfungsordnung in Übereinstimmung mit dem Schöpfer zu kommen.** Der Mensch muß sich einordnen in die vom Himmel gegebenen Himmelsrichtungen: Ost-West- bzw. Nord-Süd-Achse und die Himmel-Erde-Unterwelt verbindende Weltachse, sowie Vergangenheit und Zukunft. Der Schnittpunkt (Null) aller Richtungen ist die **Ur-Sprungs-Mitte,** ist die Leere (Nun), aus der alle Geschöpfe entstehen und die alle komplementären Pole in sich begreift. So ist die Schöpfungsordnung (Ma'at) durchgehend polar: dreieinig (zwei Pole, die im umfassenden Feld eins sind). Diese komprehensive Schau ist die transtemporale Djet im Unterschied zu der von dem Himmel, den Gestirnen gegebenen, zyklischen Zeit, Neheh.

Wir erinnern uns hier besonders an den Sonnenaufgang und den Sonnenlauf mit ihren symbolischen Bedeutungen für den Schöp-

fungsmythos, für die jungfräuliche Zeugung und Geburt des Schöpfers als Sohn Gottes aus der Himmelsgöttin Nut, sein Sterben in die Erde, Abstieg in die Unterwelt, Auferstehung, Auffahrt in den Himmel, sitzend zur Rechten des Vaters. Aus dem kontemplativen Innewerden ergibt sich für den Gottkönig und die Seinen, daß auch sie diesen Weg gehen. – Wichtig ist auch die Zerstückelung des Priester-Gott-Königs und seine erneute Zusammensetzung (Mumifizierung), welche eine Auflösung in die ursprüngliche Leere und eine erneute, jungfräuliche Geburt aus ihr ist. Diese wird meist durch Integration von Schlange (Uto: Wasser, unterirdisch, Unterwelt) und Vogel (Nechbeth: Geist, Himmel) dargestellt. Ihre Wirkung ist die Erleuchtung, dargestellt in dem Udja-Auge zwischen Nechbeth und Uto. – Ferner spielt das Mahlopfer als leibhafte Kommunion mit dem Schöpfer und den Ahnen eine große Rolle.
Das gleiche gilt, wie wir es am Beispiel Indiens und Chinas entfalteten, natürlich auch mutatis mutandis für alle anderen archaischen, oft sehr einfachen Ursprungsreligionen, auch wenn es in deren mitunter weniger hochentwickelten Formen dies nicht immer so deutlich erkannt und ausdrücklich überliefert wurde.

Nach Millionen Jahren Matriarchat oder **Ursprungsreligionen**, dem kindlichen Stadium der Menschheits-Entwicklung von den noch den Tieren nahestehenden Formen zum reiferen, mehr denkenden Menschen, tritt mit Abraham die patriarchaische oder **Offenbarungs-Religion** in das Bewußtsein der Menschen. Im Unterschied zu den archaischen Religionen ereignet sie sich weniger durch die mit der mütterlichen Schöpfung gegebenen Bilder, sondern zunehmend durch den durch Menschen ergehenden An-**Spruch** des Schöpfers, der Ant-**Wort** gerade auch in dem von Gott gestifteten Bund erheischt. Die Initiative geht also hier im Unterschied zu den archaischen Religionen weniger aus *von der Suche des Menschen* nach dem Ursprung von allem in der Schöpfung, sondern *von Seiten Gottes im Wort*. Die Gestalt der Offenbarungsreligion ist, im Unterschied zu der weiblich-zyklischen Form der archaischen Religionen, wesenhaft männlich, linear, geschichtlich. Zwar sind beide Formen von Anfang an da und widersprechen einander in keiner Weise, aber mit der Entwicklung des Menschengeschlechtes tritt die im Wort ergehende Weisung erst spät in den Vordergrund. Der An-Spruch des Schöpfers ergeht von dem **personalen „Ich" Gottes** an das Volk über dessen jeweiligen Führer, weshalb die Menschen nun ein **personales Gottesbild** bekommen.

Durch einseitige Fehlentwicklungen zum bildhaften Polytheismus in den archaischen Religionen und zum gesetzhaften, jüdischen Monotheismus geraten beide Formen zunehmend in eine abgrundtiefe Feindschaft. Trotzdem geschieht zwischen beiden Formen immer wieder ein reger Austausch, da sie ja nur zwei Pole ein und derselben, allumfassenden Wahrheit sind. – Im 6. Jh. v. Chr. geschieht eine radikale Neubesinnung auf die Urformen in beiden Religionstypen durch die großen Reformatoren: Buddha, Laotse, Zarathustra und die alttestamentlichen Propheten. Diese radikalen Reformen beruhen deutlich auf Wechselbeziehungen zwischen den Religionen.

In der geschichtlichen Gestalt Jesus, des Christus, werden schließlich die matriarchaischen Ursprungsreligionen und die patriarchaische Offenbarungsreligion ausdrücklich in seinem Leibe und in seiner Person geeint (u. a. Eph. 2,13-16). Vorbereitet wurde diese Einigung durch die hellenistischen Mysterienreligionen, die um die Zeitenwende im ganzen Mittelmeerraum und Vorderen Orient blühten. In ihnen rückt in diesem Raum **mit der zunehmenden Entwicklung der Menschen zur Person die individuelle Erlösung und Unsterblichkeit** in den Vordergrund. Beherrschend waren hier die Isismysterien. Deren altägyptische, aus der gottgegebenen Schöpfung (z. B. Sonne) genommenen Bilder (Jungfrauengeburt, Abstieg in die Unterwelt, Auferstehung, Aufstieg in den Himmel usw.) konnten fast alle vom jungen Christentum übernommen werden, um die historisch-metaphysischen Ereignisse um Jesus Christus zu deuten. Dies ist ein unübersehbares Zeichen für die Integra-

tion der archaischen Religionen mit der jüdischen Offenbarungsreligion: **Die Offenbarungsreligion setzt die natürlichen Religionen voraus und vollendet sie.**
Eines der wichtigsten Beispiele hierfür ist die Selbstoffenbarung Gottes in Jesus Christus als des **Dreieinigen**. Die **polare bzw. dreieinige Struktur** hatten wir schon in der altägyptischen Kultur als **Wesenszug der Schöpfung** gefunden. Wir begegnen ihr nun in der Synthese von panentheistischer Religion (der „Sohn", in dem alles erschaffen ist und alles seinen Bestand hat,) mit der theistischen des Judentums („Vater"), die beide eins sind im Heiligen Geist. Der Dreieinige Schöpfer offenbart sich also in seinem Werk, der Schöpfung.
Hierdurch wird zugleich offenbar, daß jedes Geschöpf – gerade auch die menschliche Person – leer von sich selbst sein sollte, wie es der Buddhismus und lange vor ihm schon der Taoismus gelehrt hatte. Denn jede der drei göttlichen Personen verschenkt sich restlos an die andere, und dieses nicht nur innerhalb der Dreieinigkeit, sondern auch an die Schöpfung. Denn das Leersein von sich selbst ist die Voraussetzung der Liebe.

Deshalb wird wiederum in Jesus Christus offenbar, daß die Liebe die Erfüllung aller Gesetze ist. Dies betrifft sowohl das Naturgesetz, unter dem die archaischen Religionen standen (z. B. Karma und Reinkarnation), als auch die gottgegebenen Weisungen (Thora) des Alten Bundes. Da es für die Menschen kaum möglich ist, diese Gesetze zu erfüllen, verzeiht ihnen Gott ihre Übertretungen (Ab-*Sonde*-rung = *Sünde*), wenn ihnen ihre Fehler leid tun und sie auch ihren Mitmenschen deren Fehler verzeihen.

Jesus verkündet allseits die Großzügigkeit Gottes im Heilen und in der Vergebung der Sünden, gerade auch den (ethisch) Schwachen und Geringen, ‚den Lahmen und den Blinden'. Dies gipfelt in seinem unschuldigen Sterben am Kreuz: **Nicht er bringt uns das Kreuz, sondern wir kreuzigen den Gottmenschen durch unseren Indivi-**

dualismus zu allen Zeiten in uns und unseren Mitmenschen und allen Mitgeschöpfen. In seinem Leerwerden von sich selbst im Leiden und Sterben am Kreuz kommt Gott leibhaft jedem Menschen bis dahin entgegen, wo dieser in seiner Mangelhaftigkeit sich befindet. Prototyp für den angenommenen Menschen ist der mit ihm gekreuzigte, reumütige Verbrecher, der die Worte hören darf: „Heute noch bist du mit mir im Paradies". Hier findet die mythisch erzählte Zerstückelung des Gott-Menschen ihre neuoffenbarte, geschichtlich-existentielle Erfüllung: Der entstellte Mensch muß sich nicht mehr nur durch eigene Leistung regenerieren (jiriki), sondern kann durch das stellvertretende Leiden des Gott-Menschen (tariki) den Frieden mit Gott finden, den ihm die Welt nicht geben kann: Er kann nun zu dem unvorstellbar großen Schöpfergott „Abba", „lieber Vater", sagen, – auch wenn er irdisch gesehen noch recht unvollkommen ist.

Diese durch den historischen, auferstandenen Jesus gebrachte Botschaft verändert in den folgenden Jahrhunderten das Angesicht der Religionen. Das Christentum löst die antiken Religionen im Mittelmeerraum, im Vorderen Orient und in Nordafrika und schließlich im heutigen Europa ab. Oder aber die archaischen Religionen integrieren die neuoffenbarten Wahrheiten in sich.

Letzteres geschah am spektakulärsten im Buddhismus durch die Entstehung des Mahayana. Gerade weil der Buddhismus durch Ausklammern (nicht Leugnen!) aller metaphysischen Spekulationen die reinste Form der Ursprungsreligionen darstellt, konnte er, ohne Abstriche vom Überlieferten zu machen, die neu geoffenbarten Wahrheiten integrieren.

Am deutlichsten wird dies in der Gestalt des Buddha Amitabha (des Erleuchteten des unendlichen Lichtes), des Buddha des Westens (Palästina), welcher den ihn vertrauensvoll mit starkem Glauben anrufenden ‚Lahmen und Blinden' ihre Sünden vergibt und sie in ihrer Todesstunde unmittelbar in sein westliches Paradies aufnimmt, wo sie ohne erneute Wiedergeburt in das Nirvana eingehen können. Diese Botschaft von der Vergebung der Sünden war so überwältigend, daß der Amitabhakult (Amida) bis heute die größte Bewegung im nördlichen Buddhismus ist.

Ferner offenbart sich nun im Lotos-Sutra der Buddha ca. 600 Jahre nach seinem Parinirvana ‚völlig unerwartet' als ‚Vater der Welt', und ‚wir sind alle seine Söhne'. Er zieht sich zerrissene Kleider an und entäußert sich all seiner Herrlichkeit bis in den Schmutz und kommt so seinem verkommenen Sohn bis in dessen Verlorenheit entgegen, um ihn so mit geschickten Mitteln in sein Reich heimzuholen.
All diese aus der christlichen Offenbarung stammenden Züge werden in den folgenden Jahrhunderten bis in unsere Tage immer weiter in den Buddhismus integriert, so daß man mitunter feststellen muß, daß diese Buddhisten bessere Christen sind als „die Seinen" (Joh. 1,11), weil sie Ursprungsreligion und Offenbarungsreligion besser in sich vereint haben als die oft einseitig theistisch orientierten westlichen Christen.

2. Schlussfolgerungen

Der Überblick über die Wechselbeziehungen der wichtigsten Religionen auf den Seidenstraßen in dem Zeitraum von etwa 3000 v. Chr. bis 800 n. Chr. macht es unübersehbar, daß alle Religionen gerade auch durch ihre wechselseitige Beeinflussung eine Entwicklung durchgemacht haben. Der Hauptgrund für ihre Weiterentwicklung scheint ihre wesenhafte Teilhabe an der Gesamt-Evolution der Schöpfung, des Weltalls, und damit auch der der Menschen zu sein.

Zusammengefaßt sind die Religionen in ihrer vielfältigen Entwicklung und Ausgestaltung das Ergebnis von Sinngebung und Sinnsuche:

Sinnsuche: weil die Menschen *letzten Endes* immer neu suchen müssen nach dem Sinn ihres Lebens und Wirkens. Dieser kann aber nur im Transzendenten, in dem das vergängliche Überschrei-

tenden, gefunden werden, weil das Vergängliche in sich *letzten Endes* dem Vergehenden keinen bleibenden Sinn geben kann;
Sinngebung von Seiten des Schöpfers:
einerseits durch die in der Schöpfung gegebenen und den Menschen verständlichen Bilder (natürliche Offenbarung), wie wir es in der Frühzeit der Menschheit beispielhaft in der altägyptischen, indischen und chinesischen Kultur gefunden hatten,
andererseits später in der jüdischen Offenbarungsreligion durch den verbalen Anspruch, vermittelt durch erwählte Menschen,
schließlich im Fleischwerden des WORTES, wodurch offenbar wird, daß die kosmotheistischen und die monotheistischen Religionen komplementär aufeinander hingeordnet sind und sich zur Erfüllung ergänzen.

Wir können in allem unschwer eine lineare, **zielgerichtete Entwicklung entdecken, die** analog zur individuellen Entwicklung des einzelnen Menschen **entsprechend der Entwicklung der Menschheit verläuft**: zuerst das frühe Stadium, welches vordergründig von der Schöpfung, von der *mater*-iellen Seite, von der Großen Mutter her bestimmt ist. Dann tritt mit Abraham das immer schon dagewesene, aber für die Menschen noch recht junge, *patr*iarchaische Stadium in Erscheinung, und schließlich findet deren beider Synthese im menschgewordenen LOGOS bzw. LICHT statt.
Auch dieser Prototyp des Menschen, **der kosmische Gott-Mensch**, ist vom Ursprung der Schöpfung an immer schon da, und alles wurde auf ihn hin erschaffen, und er wurde von den Kontemplativen immer schon – gerade auch als der Zerstückelte – erkannt, wie wir es explizit oder implizit in allen Religionen gefunden haben.
Daß aber der zerstückelte, individuelle Mensch heute noch und auf ewig im Paradies sein kann, wurde erst im historischen, gekreuzigten und mit seinen Wunden auferstandenen Gott-Menschen offenbar.

Jeder Mensch wird in eine besondere Kultur hineingeboren und so von ihr geprägt. Aber innerhalb einer Kultur entwickeln sich die

Menschen immer weiter. **Und durch ihre Weiterentwicklung verändert sich unweigerlich ihre, die Kultur prägende Religion.** Daß bei diesem Wachstum der Kulturen der Einfluß anderer Religionen eine entscheidende Rolle spielt, konnten wir deutlich an unserer Geschichtsbetrachtung ablesen.

Diese Einflüsse sind nie nur einseitig, sondern geschehen durch wechselseitige Befruchtung. Die späteren Formen sollten organisch aus den früheren Formen hervorwachsen, und die früheren Formen sollten ebenso organisch in spätere Formen hineinwachsen, ohne das ehrwürdige Alte als überholt abzuwerten. Leider wurde und wird gegen dieses Grundgesetz jeder Entwicklung oft verstoßen. Dann wird aus der Evolution eine Revolution, meist mit verheerenden Folgen. In dieser Hinsicht ist gerade durch das sich ausbreitende, vor allem westliche Christentum und durch den Islam viel schlimmes Unrecht geschehen, obwohl das im krassen Widerspruch zum offenbarten Wesen beider Religionen steht. Im Unterschied dazu hat der Buddhismus in beispielhafter Weise verstanden, viele christliche Werte nahtlos zu integrieren, wie wir es im Mahayana sahen.

Religion hat entsprechend der Entwicklung der Menschen daher zu Recht viele Gesichter, die man nicht gewalttätig verändern sollte. Diese **eine** Religion hat aber auch zu Unrecht zahllos viele Gesichter, weil die Menschen sie durch kollektiven oder individuellen Egoismus oft schrecklich entstellen. In dieser Hinsicht sollte jeder Mensch und jede Kultur gründlich **an sich arbeiten,** *leerwerden von sich selbst*, sich lebendig verändern, **ORGANISCH AUS DEM GEWORDENEN WEITERWACHSEN.** Hierbei kann jeder Mensch und jede Religion **viel von den anderen Religionen lernen.**

Deshalb gibt es in der *lebendigen*, (in Hinsicht auf das Geschaffene:) stets *neuen* **Wahrheit** nur EINE, aber stets lebendig sich verändernde Religion, die mit der Entwicklung des Menschengeschlechtes immer neue Gesichter entfaltet.

Anmerkungen

1 Ken Wilber, Das Atman-Projekt, Paderborn 1990, S. 9
2 ebd. S. 96
3 Mokusen Miyuki, „Die Erfahrung der Goldenen Blüte", Barth Vlg. 1984, S. 145
4 Aristoteles, „Metaphysik", 1051 b
5 Theologisch gesprochen: „Natürliche Offenbarung". Sie ist eine grundlegende Sichtweise unserer Arbeit
6 H.-J. Klimkeit, „Die Seidenstraße", Köln 1988
7 vgl. H. W. Haussig, Die Geschichte Zentralasiens und der Seidenstraße (Darmstadt 1983) oder Klimkeit, Die Seidenstraße (Köln 1988).
8 Jan Assmann, „Ägypten", München 1996, S. 470
9 E. Brunner-Traut, „Kleine Ägyptenkunde", Stuttg. 1991, 1
10 ebd. 11
11 Assmann, „Ägypten", S. 238
12 J. Assmann, „Moses der Ägypter", München 1998, S. 165 f.
13 Assmann, „Ägypten", S. 240
14 A. Weis, „Die Madonna Platytera", Königstein 1985, S. 26 ff.
15 Assmann, „Ägypten", S. 239
16 R. Merkelbach, „Isis regina – Zeus Sarapis", Stuttg. Leipz. 1995, S. 60
17 z. B. Andreas Schweizer, „Seelenführer durch den verborgenen Raum", München 1994, oder Ingeborg Clarus, „Du stirbst, damit du lebst", Fellbach 1980, oder Gisela Schoeller, „Isis", München 1991
18 Assmann, „Ägypten", S. 32
19 R. Bauval, „Das Geheimnis des Orion", München 1995
20 Andreas Schweizer, „Seelenführer durch den verborgenen Raum", München 1994, S. 13
21 z. B. Drewermann, „Dein Name ist wie der Geschmack des Lebens", Freiburg 1986
22 Assmann, „Ägypten" S. 212

23 ebd. S. 213
24 vgl. Dieter Arnold, „Die Tempel Ägyptens“, Zürich 1992, S. 33 f.
25 J. Assmann, „Das Fest und das Heilige“, Gütersloh SS. 199, 106
26 J. Assmann, „Ägypten“, S. 215
27 ebd. S. 231
28 Jan Assmann, „Ägypten“, München Wien 1996, S. 67 ff.
29 ebd. S. 82
30 ebd. S. 73
31 D. Arnold, „Die Tempel Ägyptens“, Zürich 1992, S. 42
32 Assmann, „Ägypten“, S. 146
33 ebd. S. 149
34 ebd. S. 146
35 ebd. S. 148
36 ebd. S. 148
37 ebd. S. 153
38 ebd. S. 153
39 M. Eliade, Geschichte der religiösen Ideen, Freiburg 1979, II,19
40 E. Rousselle, Konfuzius und das archaische Weltbild der Frühzeit, (Saeculum 1954)
41 a. a. O.
42 a. a. O.
43 a. a. O.
44 a. a. O.
45 „Die Erfahrung der goldenen Blüte“, Miyuki, Weilheim 1984, S. 117
46 E. Rousselle, „Konfuzius ...“
47 a. a. O.
48 „Die Erfahrung der goldenen Blüte“, Miyuki, Weilheim 1972, S. 104
49 „Das Geheimnis der goldenen Blüte“, Wilhelm, Olten 1971, S. 76
50 a. a. O.
51 z. B. Ken Wilber, „Das Atman Projekt“, Paderborn 1990
52 M. Eliade, a. a. O. I,220
53 E. Zenger, „Einleitung in das Alte Testament“, Stuttgart 1995, S. 69
54 Mircea Eliade, a. a. O. I,163
55 M. Görg, „Monotheismus in Israel“, in RHS 5 (1989) S. 277
56 J. Assmann, „Moses der Ägypter“, München 1998, S. 21
57 ebd. S. 49
58 a. a. O.

59 ebd. S. 222
60 ebd. S. 166
61 ebd. S. 261
62 M. Görg, „Israel u. Ägypten“, S. 153
63 ebd. S. 152
64 E. Zenger, „Einleitung in das Alte Testament“, Stuttgart 1995, u. a. S. 74
65 M. Görg, „Die Beziehung zwischen dem alten Israel und Ägypten“, Darmstadt 1997, S. 141 f.
66 ebd. S. 63 ff.
67 E. Zenger, „Einleitung in das Alte Testament“, Stuttg. 1995, u. a. S. 74
68 H. Egli, „Das Schlangensymbol“, Walter Vlg. 1994, S. 64 ff.
69 Vgl. Manfred Görg, Mythos, Glaube und Geschichte, Patmos 1993
70 Erbe und Auftrag, 5 (1974) S. 342
71 Propyl. Weltgesch., Bd. II, Ullstein 1962
72 F. König, Christus und die Religionen der Erde, Wien 1951, II.613
73 ebd. S. 624
74 Werner H. Schmidt, „Der Schöpfungsbericht der Priesterschrift“
75 A. Weis, „Die Madonna Platytera“, Königstein 1985, S. 49
76 ebd. S. 53
77 Dieser Abschnitt verdankt viele Anregungen dem Buch „Meditationen über die großen Arcana des Taro“, Hrsg. E. v. Hippel, Meisenheim 1972, S. 63
78 G. G. Scholem, „Les grands courants de la mystique juive“, Paris 1950, S. 278
79 Laotse, „Tao te king“, Diederichs 1976, Spruch 34
80 „Die großen Arcana des Taro“, Hsg. E. v. Hippel, Meisenheim 1972, S. 63
81 M. v. Brück, „Buddhismus und Christentum“, München 1997, S. 752 Anm. 4
82 Konrad Meisig, „Klang der Stille“, Freiburg 1995
83 ebd. S. 21
84 ebd. S. 45 f.
85 ebd. S. 49
86 Thich Nhat Hanh, Das Diamant-Sutra, Theseus-Verlag 1993, Zürich-München. S. 127
87 Mircea Eliade, Geschichte der religiösen Ideen, II, 90 f., Herder 1993
88 Meisig, a. a. O., S. 72
89 Phil.Jahrbuch, 58 (1948) S. 90

90 M. v. Brück, „Buddhismus und Christentum", München 1997, S. 585
91 ebd. S. 587
92 ebd. S. 588
93 ebd. S. 591 f.
94 ebd. S. 592
95 H. G. Franz, Kunst und Kultur entl. d. Seidenstrasse, Graz 1986, 157 f.
96 H. Lauter, „Ptolemais in Lybien", Archeol. Jahrb. 86 (1971) 1 74
97 ebd.
98 Vgl. F. R. Scheck, „Jordanien", Köln 1995, S. 423
99 Th. Weber/R. Wenning, „Petra", Mainz 1997, S. 93
100 H. Lauter, „Ptolemais ...", S. 178
101 M. Lyttelton „Baroque Architecture in classical Antiquity", London 1974, S. 52
102 U. Levy, „Die Nabatäer", Stuttgart 1996, S. 106
103 H. Stierlin, „Städte in der Wüste", Stuttg. Zürich 1996, S. 59
104 R. Merkelbach, „Isis regina – Zeus Sarapis", Stuttg. Leipz. 1995, S. 165
105 Adolf Weis, „Die Madonna Platytera", Königstein 1985, S. 111 f.
106 Ken Wilber, „Das Atmanprojekt", Paderborn 1990, S. 96
107 Hengel/Schwemer, „Paulus zwischen Damaskus und Antiochien", Tüb. 1998, S. 193
108 K. Berger, „Theologie des Urchristentums", Tübingen 1995, S. 6
109 s. u. a. Gruber/Kersten, Der Ur-Jesus, München 1994. Dieses Buch ist ein tendenziöses Machwerk, welches durch verfälschendes und einseitiges Zitieren solche wissenschaftlich nicht haltbaren Behauptungen aufstellt. Es zeugt von einer profunden Unkenntnis der Autoren bezüglich des Buddhismus und des Christentums.
110 P. Lapide, „Entfeindung leben", Gütersloh 1993, S. 60
111 K. Berger, a. a. O., S. 30
112 Kittel, „Theol. Wörterbuch zum NT.", Stuttg. 1933, S. 5
113 K. Berger, a. a. O., S. 32
114 Franz, „Kunst und Kultur entlang der Seidenstraße", Graz 1986, S. 158
115 „H.-J. Klimkeit, „Die Seidenstraße", Köln 1988, S. 146
116 P. Schmidt-Leukel, „Den Löwen brüllen hören", Paderborn 1992. M. v. Brück, „Buddhismus und Christentum", München 1997
117 Vgl. Lex. d. östl. Weisheitslehren, S. 11
118 Franz, „Kunst und Kultur entlang den Seidenstraßen", Graz 1986, S. 161

119 „Lotus-Sutra“, Übers. M. v. Borsig, Gerlingen 1992. Die in Klammern gesetzten Seitenzahlen im Text verweisen auf diese Ausgabe.
120 Romano Guardini, „Der Herr“, Würzburg 1951
121 Dumoulin in „Christ i. d. Gegenwart“ (Nr. 31/93) S. 254
122 Schmidt-Leukel, „Den Löwen brüllen hören“, Paderborn 1992, S. 25
123 M. Görg, „Mythos, Glaube und Geschichte“, Düsseldorf 1992
124 A. Weis, „Die Madonna Platytera“, Königstein 1985, S. 23
125 Muthmann, „Mutter und Quelle“, Basel 1975, S. 330f.
126 ebd. S. 331 f.
127 ebd. S. 333
128 Morgenland 28 (1936) S. 50
129 R. J. Hazzaya, „Briefe über das geistliche Leben“, Trier 1982, S. 107
130 C. Römer, Forschung – Mitteilungen der DFG 4/91
131 H. J. Klimkeit, „Die Seidenstraße“, Köln 1988, S. 90
132 Baumstark, „Geschichte der syrischen Literatur“, Bonn 1922, S. 227
133 „Christ in der Gegenwart“ (Heft 21, Mai 84)
134 P. Y. Saeki, „The Nestorian Monument in China“, London 1928, S. 94
135 a. a. O.
136 Klimkeit, „Die Seidenstraße“, Köln 1988, S. 21
137 ebd. S. 217f.
138 A. v. LeCoque, „Auf Hellas Spuren in Ostturkestan“, Graz 1974, S. 105
139 M. v. Brück, „Buddhismus und Christentum“, München 1997, S. 618
140 v. Borsig, „Lotossutra“, S. 130
141 v. Brück, „Buddhismus und Christentum“, S. 616f.
142 Lex. d. östl. Weisheitslehren, Scherz 1986, S. 225
143 ebd. S. 457
144 a. a. O.
145 F. Capra, „Der kosmische Reigen“, München 1981, S. 202
146 Lex. d. östl. Weisheitslehren S. 396
147 Miyuki, „Die Erfahrung der Goldenen Blüte“, München 1984, S. 117
148 ebd. S. 145
149 Lex. d. östl. Weisheitslehren, Barth Vlg., 1986, S. 152
150 doketisch = Scheinleib
151 v. Brück, „Buddhismus und Christentum“, München 1997, S. 628f.
152 Lex. d. östl. Weisheitslehren, Barth Vlg., 1986, S. 306f.
153 Lex. östl. Weish. S. 307
154 u. a. z.B. Moody, „Leben nach dem Tod“, Reinbek 1977

155 Evans-Wentz, „Das Tibetanische Totenbuch", Olten 1971, S. 170
156 Lex. östl. Weish., S. 307
157 Miyuki, „Die Erfahrung der Goldenen Blüte", München 1984, oder: R. Wilhelm, „Das Geheimnis der Goldenen Blüte", München 1994
158 Wilhelm, l.c., S. 68
159 Miyuki, l.c. S. 102
160 ebd. S. 184
161 R. Wilhelm, l.c. S. 71 f.
162 Miyuki, Erf. d. gold. Bl., S. 114
163 Herder, Freiburg 1992
164 Miyuki, Erf. d. gold. Blüte, München 1984, S. 109
165 ebd. S. 102
166 China, Tele-Manuskriptdienst, 1999, S. 99
167 Miyuki, Erf. d. gold. Blüte, München 1984, S. 114
168 ebd. S. 147
169 ebd. S. 109
170 (Gregor d. Gr., Leben und Regel des Hl. Vaters Benediktus, Beuron 1929)
171 Teilh. de Chardin, „Das Herz der Materie", Olten 1990, S. 116
172 J. Assmann, „Moses der Ägypter", München, Wien 1998
173 Lex. d. östl. Weisheitslehren, München 1986, S. 12
174 ebd. S. 44
175 Klimkeit, l.c., S. 97
176 Reallex. f. Antike u. Christentum, Stgt. 1950, Bd. I, S. 1194
177 Klimkeit, „Das Kreuzessymbol in der zentralasiatischen Religionsbegegnung", wiss. Buchges., Darmstadt 1980, S. 75
178 Miyuki, „Die Erfahrung der Goldenen Blüte", München 1984, S. 145
179 a. a. O.

Orientierungshilfe

Diese Arbeit will ein grundlegender Beitrag zum Gespräch der Religionen sein. Bei der Fülle des gebotenen Materials kann eine Orientierungshilfe zum Verständnis nützlich sein. Aufbauend auf dem historischen Selbstverständnis der hier behandelten Religionen zeigt sich, daß in allen Religionen immer wieder, weil archätypisch, die gleichen Grundstrukturen mehr oder minder deutlich zu erkennen sind. Diese aber wandeln sich entsprechend des jeweiligen Entwicklungsstandes der betreffenden Menschen. Dadurch entstehen immer neue Formen der **einen** Religion.

A. Die archätypischen Grundstrukturen:

1. Der transpersonale Gottmensch als ursprüngliche Gotteserfahrung.
2. Der kontemplative Mensch, der leer ist von sich selbst, erfährt sich als Teilhaber am Gottmenschen.
3. Die immerwährende Schöpfung aus der *Leere* durch das *Wort* des transpersonalen Gottmenschen.
4. Die polare bzw. dreieinige Grundstruktur der Schöpfung.
5. Die Zerstückelung der Schöpfung und des Menschen durch sein Sich-Identifizieren mit einem Pol auf Kosten des komplementären, wodurch aus Polaritäten Gegensätze werden.
6. Regeneration des Zerstückelten mittels Vereinigung aller Gegensätze durch Integration der für minderwertig gehaltenen Komponente (=Rückkehr zur Mitte aller Polaritäten, zur Leere). Das geschieht durch:
   - Inkarnation (Offenwerden für das Unbewußte)

- Auflösen des bisherigen in der Unterleibshöhle (Wasser)
- Erneute, jungfräuliche Zeugung und Geburt durch Wasser und Geist (Taufe) zur Teilhabe am Gott-Menschen
- „Werde, der du bist“: Wiederherstellung zur ursprünglichen Teilhabe am Gottmenschen durch Verwandlung im Kultmahl
- Auferstehung: Erleuchtung durch den Gottmenschen
- Himmelfahrt mit dem Gottmenschen (= Integration von Himmel, Erde, Unterwelt)
- Sitzend zur Rechten des Vaters: Erfüllung

B. Wir unterscheiden: Ursprungsreligionen und Offenbarungsreligionen:

In den Ursprungsreligionen tasten und suchen die Menschen auf Grund ihrer ureigensten Natur durch sich Einordnen in die Schöpfung nach dem einen Ur-Sprung von allen Geschöpfen, um im Sinne ihres Urhebers, sich und die Schöpfung schöpfungsgerecht zu gestalten. Weil die Natur immer als große Mutter verstanden wurde, wird dieses Rückwärtstasten nach dem Ursprung auf der Linie der *mater*-iellen Geschöpfe *matri*linear genannt und die Ursprungsreligionen *matri*archaisch.
In den Offenbarungsreligionen werden die Menschen durch den *An-Spruch* Gottes vermittels entsprechender Propheten usw. in die Ver*antwort*ung gerufen. Da hier die Initiative nicht vom suchenden Menschen ausgeht, sondern vom Schöpfer, nennt man die Offenbarungsreligionen auch *patri*archaisch.
Beide Religionstypen sind nur die zwei Seiten ein und derselben Münze.

Skandinavien
Nordkap
Nordsee
Ostsee
Alpen
Karpaten
Russ. Tiefland
Moskau
Onega-S.
Tundra
Mittelländisches Meer
Apenn.-Halbi.
Balkan-Halbi.
Sizilien
Kreta
Kleinasien
Schwarzes Meer
Krim
Kaukasus
Kaspischer See
Ust-Urt-Pl.
Aral
Kirgisensteppe
Kisilkum
Karakum
Elburs
Armenien
Mesopotamien
Syrisch-arab. Wüste
Sinai
Rotes Meer
Libysche Wüste
Barka
Nildelta
Iran
Kuhi Dena
Hamun Sumpf
Hindukusch
Pamir
Karakorum
Pandschab
Wüste Thar
Indus
Arabien
Nedschd
Wüste Dana
Hadramaut
Persischer Golf
G. v. Oman
Golf v. Aden
Bab el-Mandeb
Sokotra
Kap Guardafui
Somal-Hl.
Abessinien
Chartum
Rudolf-S.
Kenia
Victoria-See
Kilimandscharo
Tanganika-See
Arabischer Meerbusen
Kuria Muria
Kathiawar
Pl. v. Malva
Vindhja-G.
Vorder-Indien
Dekan
West-Ghats
Ost-Ghats
Nilgiri
Anamalai
Kap Komorin
Lakkadiven
Malediven
Äquator
Ural
Wolga
Kama
Irimel
Kirgisensteppe
Sudan

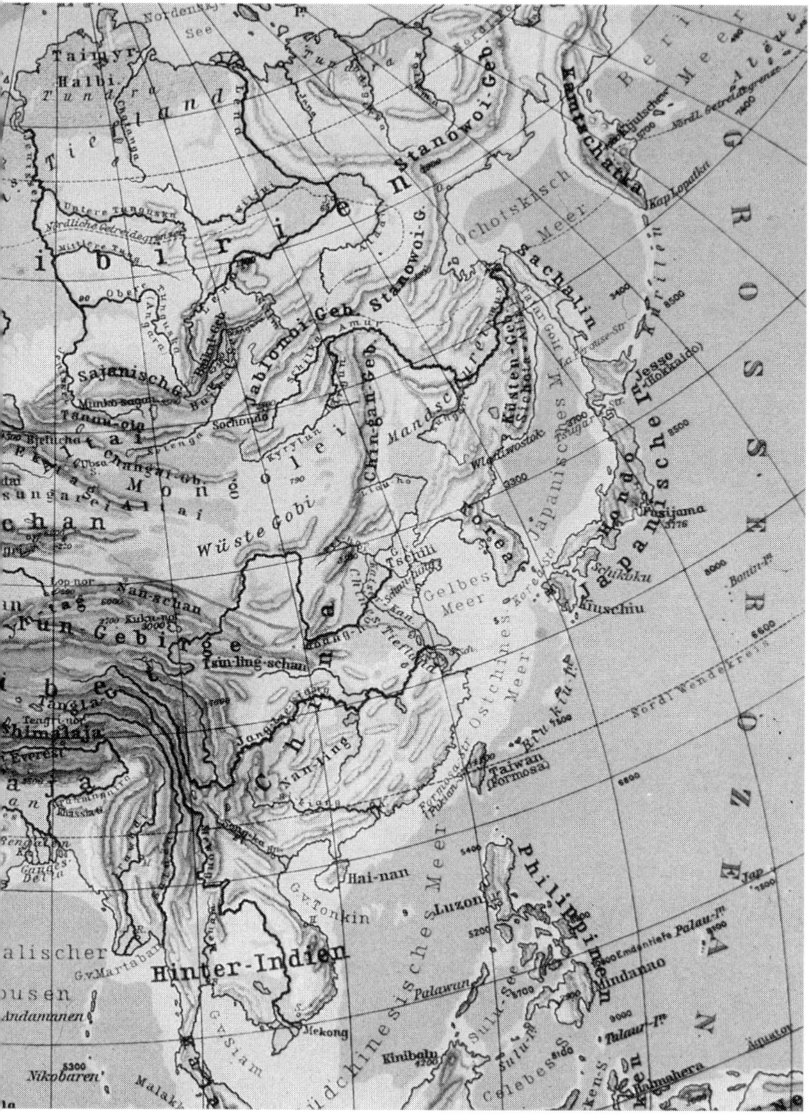

Taimyr Halbi.
Tundra
Tiefland
Sibirien
Untere Tunguska
Nördliche Getreidegrenze
Stanowoi-Geb.
Stanowoi-G.
Kamtschatka
Kap Lopatka
Bering Meer
Nördl. Getreidegrenze
Ochotskisch Meer
Sachalin
Kurilen
Jesse (Hokkaido)
La Perouse-Str.
Japanisches Meer
Japanische In.
Hondo
Fusijama
3776
Schikoku
Kiuschiu
Korea
Korea-Str.
Wladiwostok
Küsten-Geb.
Amur
Jablonoi-Geb.
Sajanisch G.
Tannu-ola
Sochondo
Mongolei
Wüste Gobi
Chingan-Geb.
Mandschurei
Tschili
Gelbes Meer
Ostchines. Meer
Lop-nor
Nan-schan
Kuku-nor
Kün-lün-Gebirge
Tsin-ling-schan
Tibet
Tangla
Himalaja
Everest
China
Nan-ling
Taiwan (Formosa)
Formosa-Str.
Nördl. Wendekreis
Bonin-In.
Hai-nan
G.v.Tonkin
Hinter-Indien
G.v.Martaban
Andamanen
Nikobaren
Mekong
G.v.Siam
Südchinesisches Meer
Luzon
Philippinen
Palau-In.
Jap
Mindanao
Palawan
Sulu-See
Sulu-In.
Kinibalu
4200
Celebes-S.
Talaur-In.
Halmahera
Äquator
Grosser Ozean